GABRIELE WANIORE K

Gestaltungsformen der Teleheimarbeit

Schriften zum Sozial- und Arbeitsrecht

Band 97

Gestaltungsformen der Teleheimarbeit

Von

Dr. Gabriele Waniorek

Duncker & Humblot · Berlin

CIP-Titelaufnahme der Deutschen Bibliothek

Waniorek, Gabriele:
Gestaltungsformen der Teleheimarbeit / von Gabriele Waniorek. — Berlin: Duncker u. Humblot, 1989
(Schriften zum Sozial- und Arbeitsrecht; Bd. 97)
Zugl.: Hamburg, Univ., Diss., 1988
ISBN 3-428-06601-4
NE: GT

Satz: Hagedornsatz, Berlin 46
Druck: Berliner Buchdruckerei Union GmbH, Berlin 61
Printed in Germany

ISSN 0582-0227
ISBN 3-428-06601-4

Vorwort

Die vorliegende Schrift war Gegenstand meines Promotionsverfahrens am Fachbereich Rechtswissenschaft I der Universität Hamburg.

Für die nachhaltige Förderung meiner Dissertation bin ich meinem Doktorvater Herrn Professor Dr. Albrecht Zeuner zu großem Dank verpflichtet. Er hat mir in ausführlichen Gesprächen zahlreiche Anregungen für meine Arbeit gegeben. Danken möchte ich auch der Kooperationsstelle Hochschule und Gewerkschaften, die mir großzügig Material zur Verfügung stellte.

Gabriele Waniorek

Inhaltsverzeichnis

1. Teil

Einleitung

Mit der Entwicklung neuer Informations- und Kommunikationstechniken geht eine Veränderung auch der Arbeitswelt einher. Unter Zuhilfenahme neuer Medien ist es nunmehr möglich, Bürotätigkeiten zu dezentralisieren. So können heute beispielsweise Sekretärinnen anstatt an einem betrieblichen auch an einem häuslichen Arbeitsplatz ihre Tätigkeit ausüben. War bislang der umständliche Austausch von Akten und Schriftstücken ein Hinderungsgrund dafür, daß Bürotätigkeit außerbetrieblich erledigt wurde, so fallen mit dem Übergang zum „papierlosen Büro", bei dem der Aktenschrank durch einen Computer ersetzt wird, und der kommunikationstechnischen Verbindung vom häuslichen Terminal zur betrieblichen EDV-Anlage solche Hemmnisse fort. Distanzarbeit unterschiedlicher Ausprägung verdrängt betriebliche Arbeit.

Gegenstand dieser Untersuchung ist die Teleheimarbeit. Sie ist eine besondere Form informationstechnisch gestützter Distanzarbeit. Es handelt sich um die Arbeit zu Hause im Gegensatz zu dezentraler Arbeitsleistung in Nachbarschaftszentralen, Satellitenbüros oder Computels. In Nachbarschaftszentralen teilen sich Mitarbeiter verschiedener Unternehmen wohnnahe Büroräume samt Ausstattung[1]. Satellitenbüros sind Zweigstellen eines Unternehmens[2]. Ein Computel ist ein Dienstleistungscenter, das die informations- und kommunikationstechnische Ausstattung kurzfristig mietweise zur Verfügung stellt[3].

In der Literatur werden statt Teleheimarbeit[4] auch die Bezeichnungen Telearbeit[5], Computerheimarbeit[6], elektronische Heimarbeit[7], informations-

---

[1] Herrmann Gewerkschaftsreport 1984 Heft 8, 12 (13); Lange / Kubicek / Reese / Reese, S. 246ff, berichten über eine gegenwärtig in Schweden existierende Nachbarschaftszentrale, das Nykvarnprojekt; Kern / Wawrzinek Office Management 1984, 436 (438), berichten über ein Nachbarschaftsbüro, das im Rahmen des Modellversuchs in Baden-Württemberg „Schaffung dezentraler Arbeitsplätze unter Einsatz von Teletex" realisiert worden ist.

[2] Kern ONLINE' 85, 1 N-13; Herrmann Gewerkschaftsreport 1984 Heft 8, 12 (13); als ein Beispiel für ein gegenwärtig existierendes Satellitenbüro nennen Heilmann / de Vitorelli Office Management 1984, 442 (443), das INTEGRATA-Programmierzentrum in Tübingen.

[3] Kubicek / Rolf S. 28.

[4] So auch Kern ONLINE' 85, 1 N-15.

[5] Kappus, Rechtsfragen S. 5; Müllner, Privatisierung S. 15; Küfner-Schmitt S. 12; Wedde S. 19; Kilian, Forschungsbericht S. 2f.

[6] So Kappus NJW 1984, 2384ff.

[7] Bahl-Benker Die Mitbestimmung 1983, 572; Unterhinnighofen Die Mitbestimmung 1983, 577.

technisch gestützte Heimarbeit[8] und auch (elektronische)[9] Fernarbeit[10] gewählt. Wie immer letztlich der Tatbestand bezeichnet werden mag, ist nicht von ausschlaggebender Bedeutung[11]. Die Wahl des Begriffes Teleheimarbeit soll hier die Arbeit zu Hause von der Tätigkeit in Nachbarschaftszentralen und Satellitenbüros unterscheiden. Daß die Voraussetzungen einer Heimarbeit im Sinne des Heimarbeitsgesetzes vorlägen, soll damit nicht ausgedrückt werden.

Wichtiger gegenüber dem lediglich terminologischen Streit erscheint es, eine Klärung darüber herbeizuführen, ob eine kommunikationstechnische Verbindung des Arbeitsplatzes zum Standort des Auftraggebers notwendige Voraussetzung dafür ist, um von einen Teleheimarbeitsplatz zu sprechen. Von der Beantwortung dieser Frage hängt ab, wie der Untersuchungsgegenstand der zur Teleheimarbeit erschienenen Schriften jeweils bestimmt wird. Der überwiegende Teil der Literatur[12] geht davon aus, daß Teleheimarbeit eine kommunikationstechnische Verbindung des häuslichen Arbeitsplatzes mit dem Standort des Auftraggebers voraussetzt. So kann man beispielsweise lesen: „Telearbeit ist eine auf programmgesteuerte Arbeitsmittel gestützte Tätigkeit an einem Arbeitsplatz, der vom Arbeits- bzw. Auftraggeber räumlich getrennt, aber mit ihm durch elektronische Kommunikationsmittel verbunden ist."[13] Demgegenüber schließt Wedde[14] auch solche Telearbeitsplätze in seine Betrachtung ein, die keine kommunikationstechnische Verbindung zum Betrieb aufweisen, sondern die sogenannte off-line-Bildschirmarbeitsplätze sind[15].

Die vorliegende Untersuchung beschränkt sich nicht auf Fälle, in denen eine kommunikationstechnische Verknüpfung zwischen dem häuslichen Arbeitsplatz und dem Standort des Auftraggebers besteht. Vielmehr ist von einem Teleheimarbeitsplatz bereits dann die Rede, wenn der heimische Arbeitsplatz lediglich informations-, nicht jedoch auch kommunikationstechnisch gestützt, also z.B. mit einem Personalcomputer ohne Verbindung zur betrieblichen Zentrale ausgestattet ist, der allein bereits die Dezentralisierung der Tätigkeit erlaubt. Diese Begriffsbildung ermöglicht es, den praktisch bedeutsamen Bereich elektronischer Distanzarbeit in der Druckindustrie einzubeziehen[16] und

---

[8] Ballerstedt, Forschungsbericht S. 37.

[9] Beck WSI Mitteilungen 1985, 550ff; Wahsner/Steinbrück AiB 1984, 1O4ff.

[10] Weichsel/Schröder/Beck, Entwurf für ein Fernarbeitsgesetz, S. 16.

[11] Vgl. zur Kontroverse um die Bezeichnung: Kilian, Forschungsbericht S. 2; Wedde S. 20; Küfner-Schmitt S. 12; Heilmann Blick durch die Wirtschaft (FAZ) vom 20.5.1983, Herrmann Gewerkschaftsreport 1984 Heft 8, S. 12.

[12] Z.B. Ballerstedt Forschungsbericht S. 37; Müllner, Privatisierung S. 15; Kilian, Forschungsbericht S. 4; Simon/Kuhne BB 1987, 201 (201).

[13] Simon/Kuhne BB 1987, 201 (201); Kilian, Forschungsbericht S. 4; Kilian/Borsum/Hoffmeister NZA 1987, 401 (403); Weichsel/Schröder/Beck, Entwurf für ein Fernarbeitsgesetz §1, S. 16.

[14] Wedde S. 2O; unklar Küfner-Schmitt S.12.

[15] Zu den Begriffen on-line-Betrieb bzw. off-line-Betrieb siehe 2. Teil: A.IV.

[16] Siehe dazu 2. Teil: B.II.2., 3. Teil: D.II.5.a) und 3. Teil: E.I.4.b).

außerdem, Stellung zur Bedeutung der unterschiedlichen technischen Gestaltung bei on- oder off-line-Betrieb für die rechtliche Einordnung des Teleheimarbeitsverhältnisses nehmen zu können[17].

Ein so verstandenes Teleheimarbeitsverhältnis soll in dieser Arbeit auf seine möglichen Rechtsformen hin untersucht werden. Der an einem heimischen Arbeitsplatz beschäftigte Teleheimarbeiter befindet sich räumlich außerhalb eines betrieblichen Ordnungsgefüges. Schon dieses äußere Erscheinungsbild seines Teleheimarbeitsplatzes steht damit in Widerspruch zu dem typischen Erscheinungsbild eines Arbeitsplatzes für einen Arbeitnehmer. Deshalb drängt sich die Frage auf, ob Teleheimarbeit überhaupt auf der Basis von Arbeitsverhältnissen ausgeübt werden kann und welche sonstigen Rechtsformen in Betracht zu ziehen sind. Ausschließlich diesem Fragenkomplex soll in der vorliegenden Schrift nachgegangen werden.

Gleichwohl bedürfen auch die betriebsverfassungsrechtlichen Implikationen einer zunehmenden Verbreitung von Teleheimarbeit eingehender Betrachtung[18]. Denn die Regelungen des Betriebsverfassungsrechtes sind untrennbar mit den heute noch typischen Produktionsbedingungen in einem Betrieb verbunden. So dürfte unter anderem die Mitbestimmung bei Gestaltung von Arbeitsplatz, Arbeitsablauf und Arbeitsumgebung nach den §§90, 91 BetrVG bei Teleheimarbeit aus den Fugen geraten. Der Katalog zwingender Mitbestimmungstatbestände in §87 Abs. 1 BetrVG könnte teilweise bedeutungslos werden. Dennoch werden hier betriebsverfassungsrechtliche und tarifrechtliche Fragen zur Teleheimarbeit nur insoweit einbezogen, als ihnen Bedeutung für die Rechtsformen der Teleheimarbeit zukommt.

Zuweilen wird die Ansicht vertreten, Teleheimarbeit führe zu sozial ungeschützten Beschäftigungsverhältnissen. Das Heimarbeitsrecht sei keine sozialpolitisch vertretbare Alternative zum Arbeitsrecht[19]. Um den sozialen Zündstoff, der in der rechtlichen Einordnung eines Teleheimarbeitsverhältnisses liegt, sachlich beurteilen zu können, wird dem Problem der Rechtsformen der Teleheimarbeit eine vergleichende Analyse der Rechtsstellung von Teleheimarbeitern in Abhängigkeit von der zugrundeliegenden Rechtsform (Arbeits-, Heimarbeits- oder sonstiges Vertragsverhältnis) vorangestellt (3. Teil: B.). Eine Beschreibung der technischen Grundlagen und der gegenwärtigen Erscheinungsformen der Teleheimarbeit sowie der rechtspolitischen Kontroverse um diese neue Form der Arbeitsleistung sollen dem Leser den Einstieg erleichtern und ihm eine anschauliche Vorstellung von der Materie vermitteln[20] (2. Teil).

---

[17] Siehe dazu unten 3. Teil: D.II.3.c).

[18] Vgl. dazu Wedde S. 99ff; ders. ArbuR 1987 325 (330); Küfner-Schmitt S. 98ff.

[19] Weichsel/Schröder/Beck, Begründung für den Entwurf eines Fernarbeitsgesetzes, S. 46; Bahl-Benker ONLINE' 85, 8 N-4.

[20] Der Veranschaulichung dienen auch sogenannte „Szenarien", mit denen Futurologen zukünftige Lebensbedingungen beispielhaft beschreiben.Ein Szenario zur Teleheimarbeit findet man etwa bei Schütt Die Mit-bestimmung 1983, 36ff.

Der Schwerpunkt der vorliegenden Schrift liegt auf der Abgrenzung eines Teleheimarbeitsverhältnisses auf der Grundlage eines Arbeitsvertrages von einem solchen auf der Grundlage eines Heimarbeitsvertrages sowie in der Ausgrenzung selbständiger Teleheimarbeiter aus dem Geltungsbereich des Heimarbeitsgesetzes. Es gilt, den Arbeitnehmerbegriff und den Heimarbeiterbegriff so zu fassen, daß sie für die neue Form der Distanzarbeit brauchbare Ergebnisse liefern.

2. Teil

Bestandsaufnahme

A. Technische Voraussetzungen

I. „Neue Informations- und Kommunikationstechniken"

Technische Grundlagen der Teleheimarbeit sind die „neuen Informations- und Kommunikationstechniken". Der Zwischenbericht der Enquete-Kommission „Neue Informations- und Kommunikationstechniken" des Deutschen Bundestages[1] erklärt die Begriffsbildung wie folgt: „Was heute zusammenfassend unter Neuen Informations- und Kommunikationstechniken bezeichnet wird, sind sowohl die in der technischen Vorausschau erkennbaren veränderten Übertragungstechniken als auch die effektiveren Informationserfassungs-, -verarbeitungs-, -speicherungs- und -wiedergabegeräte. Die Berechtigung, in der Zusammenfassung von neuen Informations- und Kommunikationstechniken zu sprechen, liegt darin, daß diese Geräte und Anlagen in der Tendenz zu hochkomplexen Systemen gekoppelt werden können."[2]

Basistechnologien der Teleheimarbeit sind also Computertechnik (Informationsverarbeitung) und Nachrichtentechnik (Informationsübertragung)[3]. Beide Technologien sind jeweils für sich betrachtet nicht neu. Das Neue besteht vielmehr im Verbund von Computer- und Nachrichtentechnik[4].

II. Computertechnik — Informationsverarbeitung

Unter Informationsverarbeitung versteht man die Eingabe, Verarbeitung, Ausgabe und Speicherung von Informationen[5]. Das moderne Hilfsmittel dazu ist der Computer. Ein Computer der heutigen Generation kann in der Regel eine Fülle verschiedener Funktionen durchführen. Mit seiner Hilfe können nicht nur arithmetische Aufgaben gelöst, sondern z.B. auch Textverarbeitung und das computergestützte Zeichnen und Entwerfen (Computer aided design, (CAD)) betrieben werden.

[1] Vom 28.03.1983, BT-Drucksache 9/2242 S. 73.

[2] BT-Drucksache 9/2242 S. 73.

[3] Schröder ONLINE' 85, 2 N-1; Kubicek Die Mitbestimmung 1985, 4 (4); Kern ONLINE' 85, 1 N-6.

[4] Die Wissenschaft, die sich aus dem Zusammenschluß von Telekommunikationswissenschaft und der Informatik ergeben hat, wird heute als Telematik bezeichnet, vgl. Kubicek Die Mitbestimmung 1985, 4 (5).

[5] Schneider S. 147f, Stichwort: Datenverarbeitung.

Am Beginn der technischen Entwicklung aber stand die Automatisierung von Zähl- und anderen Rechenoperationen. So beschränkten sich die Fähigkeiten des ersten tatsächlich funktionierenden Computers[6], der im Jahre 1941 von seinem Konstrukteur Konrad Zuse[7] in Berlin vorgeführt wurde, im wesentlichen auf die vier Grundrechenarten. Die Durchführung einer Multiplikation war noch relativ zeitraubend. Sie dauerte ca. 4-5 Sekunden[8]. Der erste amerikanische Computer, „Mark I", benötigte 1944 für die Multiplikation zweier zehnstelliger Zahlen sogar ca. 6 Sekunden. Das Gerät war nicht nur relativ langsam, sondern es war auch äußerlich ein schwerfälliger Koloß. Es besaß eine Frontfläche von 15m Länge und 2 1/2m Höhe. Dahinter verbargen sich 700.000 Einzelteile, z.B. 80 km Leitungsdraht. Aber schon 1946 konnte der erste kommerzielle amerikanische Computer, E N I A C, zwei zehnstellige Zahlen in 2,8 Millisekunden multiplizieren[9].

Heutzutage befindet sich die Multiplikationsgeschwindigkeit im Nanosekundenbereich. Eine Nanosekunde ist ein Milliardstel einer Sekunde (0,000000001 Sekunde)[10]. Diese Leistungssteigerung beruht wesentlich darauf, daß zum Aufbau von Schaltkreisen keine Metalldrähte mehr verwendet werden. Die Schaltkreise werden vielmehr auf Halbleiterplättchen, die meist aus Silizium bestehen, untergebracht. Dadurch vergrößert sich nicht nur die Schaltgeschwindigkeit, sondern auch das Speicherpotential eines Computers. Auf einem Siliziumplättchen (Chip) von 30 mm^2 Fläche können 64.000 bits gespeichert werden. Ein bit (binary digit) ist die Einheit für die Messung von Informationsmengen. Ein bit kann entweder den Wert „0" oder „1" annehmen[11].

Sowohl die immense Vergrößerung der Speicherkapazitäten als auch die rasante Erhöhung der Schaltgeschwindigkeiten erlauben den Einsatz von Computern für die Aufbewahrung großer Datenmengen und garantieren darüber hinaus die schnelle Wiederauffindbarkeit von einzelnen Datenelementen innerhalb großer Datenmengen. Die wichtigsten Grundoperationen heißen nicht mehr „Addieren" und „Multiplizieren", sondern „Suchen" und „Sortieren". Bei der Textverarbeitung wird die Funktion „Suchen" beispielsweise zur Fehlererkennung eingesetzt. Eine elektronische juristische Bibliographie beruht

---

6 Nachdem bereits Charles Babbage, englischer Mathematiker (1792-1871), im ersten Drittel des letzten Jahrhunderts einen nicht realisierten mechanischen Vorläufer des Computers erdacht hatte, ausführlicher dazu z.B. Mc Williams S. 37; Claus S. 13.

7 Konrad Zuse, Ingenieur, geboren 1910 in Berlin, heute zur Siemens AG gehörend.

8 IBM: „Von Abakus bis Computer".

9 Mc Williams S. 41; IBM: „Von Abakus bis Computer".

10 Auf dem Gebiet der Speichertechnologie ist der Magnetblasenspeicher eine vielversprechende Neuentwicklung. Ein solcher Speicher besteht aus einer dünnen magnetischen Schicht, auf der sich durch magnetische Einflüsse von außen zylindrische Bereiche erzeugen lassen, sogenannte Blasen oder „Bubbles". Diese Informationsträger erlauben extreme Schaltgeschwindigkeiten, die im Picosekundenbereich liegen (1 Picosekunde = 0,000000000001).

11 Schneider S. 85f, Stichwort: Bit.

ebenfalls maßgeblich auf der „Suchfunktion“, die das Auffinden von Texten ermöglicht. Das Sortieren ist für statistische Auswertungen unverzichtbar. Eine nach Einkommen gestaffelte Liste der Mitarbeiter eines Unternehmens könnte ohne die „Sortierfunktion“ nicht erstellt werden.

Die permanente Verkleinerung der Bauelemente in der Mikroelektronik hat zum sogenannten Mikrocomputer geführt. Darunter ist ein Rechnersystem zu verstehen, das auf einem einzigen Chip untergebracht ist[12]. Der Mikrocomputer ist — mit der entsprechenden Software — zur Textverarbeitung geeignet. In dieser Funktion ist er professionell nutzbar und für die Teleheimarbeit als sogenanntes „Endgerät“ geeignet. Der Anschaffungspreis eines solchen Systems, bestehend aus dem Computer, dem Datensichtgerät (Bildschirm) und einem Drucker, liegt zwischen DM 500. und DM 25.000.

In der Bundesrepublik wurden am 1.1.1984 ca. 1 Million Mikrocomputer benutzt. Die Wachstumsrate dieser Branche wird auf etwa 30% jährlich geschätzt[13]. Sollte diese Prognose sich bewahrheiten, dann werden zukünftig in den Haushalten die technischen Voraussetzungen für Teleheimarbeit weitgehend vorhanden sein. Dadurch vermindern sich die Investitionskosten für die Einrichtung eines Teleheimarbeitsplatzes, und es bieten sich vermehrt Chancen zur Teleheimarbeit[14].

III. Nachrichtentechnik — Informationsübertragung

1. Dienste und Netze der Deutschen Bundespost

In der Bundesrepublik gibt es gegenwärtig im wesentlichen zwei Netze[15], auf denen die Deutsche Bundespost unterschiedliche Dienste anbietet[16].

Das eine dieser Netze ist das relativ dichte Fernsprechnetz. 1981 waren ca. 22 Millionen Hauptanschlüsse installiert[17]. Bis zum Jahre 1990 soll die relative Vollversorgung erreicht werden, d.h. 90% aller Haushalte sollen über einen Hauptanschluß verfügen. Das Fernsprechnetz ist ein schmalbandiges Kupferkabelnetz mit einer analogen[18] Übertragungstechnik. Das Fernsprechnetz wird außer für das Telefonieren für folgende weitere Fernsprechdienste genutzt:

---

[12] Schneider S. 342, Stichwort: Mikrocomputer.

[13] Schröder ONLINE' 85, 2 N-12.

[14] So auch Schröder ONLINE' 85, 2 N-15.

[15] Das zum Kabelfernsehen gehörige Netz wird hier außer acht gelassen. Vgl. dazu Prokop S. 15ff; Kubicek/Rolf S. 81.

[16] Ausführlich Kubicek/Rolf S. 79; siehe auch BT-Drucksache 9/2442 S. 17; Zwischenbe-richt der Enquete-Kommission des Deutschen Bundestages „Neue Informations- und Kommu-nikationstechniken“.

[17] Schröder ONLINE'85, 2 N-2.

[18] Analog bedeutet, daß die Signale als Werte in einem Intervall dargestellt werden. In digitaler Darstellung werden die Daten durch Kombinationen von 0 und 1 (Ja/Nein, Strom fließt/Strom fließt nicht) wiedergegeben.

— seit 1965 für die Datenfernübertragung,
— seit 1979 für das Fernkopieren,
— seit 1984 bundesweit für Bildschirmtext[19].

Das andere Netz wird seit 1967 auf der Basis der Schmalbandkupferkabel des Fernsprechnetzes durch Einsatz elektronischer, computergesteuerter Vermittlungsstellen aufgebaut. Es heißt Integriertes Fernschreib- und Datennetz (IDN). Durch den Einsatz elektronischer anstatt mechanischer Vermittlungstechnik ist dieses Netz zur schnelleren Datenübertragung in der Lage. Auf dem IDN werden die Dienste Datex (Data-Exchange) sowie das Bürofernschreiben Teletex und seit 1984 auch das Fernkopieren Telefax betrieben[20].

Das Fernsprechnetz unterscheidet sich vom IDN also im wesentlichen durch die Vermittlungsstellen. Bereits verlegte Telefonkabel können auch im IDN verwendet werden, wenn sie an die entsprechenden Vermittlungsstellen angeschlossen werden. Ein Fernsprechanschluß kann demgemäß auch für einen Datex- oder Teletexanschluß benutzt werden. Aufgrund der derzeitigen Vermittlungstechnik benötigt aber derjenige, der alle drei Dienste in Anspruch nehmen möchte, drei Hauptanschlüsse. Dies wird sich in Zukunft ändern.

2. Ausbaupläne der Deutschen Bundespost

Alle z.Zt. verfügbaren Kommunikationsdienste sind technisch noch zu unzulänglich, um Informationsübertragungen größeren Umfangs in angemessener Zeit zu erlauben. Wenn beispielsweise ein Bewegtbilddialog realisiert werden soll, dann reichen die zur Verfügung stehenden Übertragungskapazitäten nicht aus. Hierzu sind Übertragungsleistungen von 140 Millionen bit/s erforderlich[21].

Um die technische Voraussetzung zum schnellen Transport sehr großer Datenmengen zu schaffen, will die Deutsche Bundespost zunächst ein schmalbandiges Kupferkoaxialkabel mit digitaler Übertragungstechnik für Sprache, das ISDN (Integrated Service Digital Network), aufbauen. Jeder Teilnehmeranschluß soll unter Beibehaltung der gegenwärtigen Kupferdrähte mit zwei leistungsstarken Basiskanälen ausgestattet werden. Dadurch werden Übertragungsraten von 144.000bit/s ermöglicht. Dieser Doppelanschluß erlaubt dann z.B. während eines Telefonates auf dem anderen Kanal Daten oder Texte mit dem Gesprächspartner auszutauschen. Im Gegensatz zum jetzigen Netz benötigt man nicht mehr zwei verschiedene Hauptanschlüsse, um sowohl den Fernsprechdienst als auch einen der Dienste auf dem IDN (Teletex, Datex u.a.) in Anspruch zu nehmen.

Eine weitere wesentliche Verbesserung hinsichtlich der Übertragungskapazitäten wird durch die Verkabelung mit BIGFON (Breitbandiges Integriertes

[19] Kubicek/Rolf S. 86.
[20] Kubicek/Rolf S. 86.
[21] So Schröder ONLINE' 85, 2 N-9.

Glasfaser-Fernmeldeortsnetz) erfolgen. Es werden dann 70.000 (siebzigtausend) voll beschriebene Schreibmaschinenseiten in einer Sekunde übertragen werden können, (Teletex transportiert 1 Seite in ca. 4 Sekunden). BIGFON erlaubt die vollständige Diensteintegration, d.h. es werden dann alle Formen der Nachrichtenübermittlung, auch Hörfunk und Fernsehen, in einem Netz vereinigt sein. Die Deutsche Bundespost strebt an, für das Ende dieses Jahrtausends flächendeckend ein Breitbandglasfaserkabel zur Verfügung zu stellen[22]. Die Endgeräte der Zukunft werden multifunktional sein[23]. Sie werden bisher getrennte Leistungen in einem Apparat vereinigen, der im Gegensatz zu den gegenwärtigen Endgeräten nur einen einzigen (Breitbandkabel-) Anschluß benötigt.

3. Einige Dienste im einzelnen

a) Datenfernübertragung[24]

Von Datenfernübertragung (DfÜ) wird gesprochen, wenn Daten von einem Computer oder einer Eingabestation in einen anderen Computer übertragen und dort gespeichert werden.

Für die DfÜ kommen drei Grundformen in Betracht:
(1) DfÜ über das Fernsprechwählnetz,
(2) DfÜ über das Direktrufnetz mittels Hauptanschluß für Direktruf (HfD),
(3) DfÜ im Rahmen der Datex-Dienste über das IDN.

Die Datenfernübertragung über das Fernsprechwählnetz erfordert nur einen Telefonanschluß und ein Modem (Modulator — Demodulator[25]), um die im Computer digital dargestellten Daten in analoge Tonfrequenzsignale umzuwandeln und umgekehrt. Der Verbindungsaufbau zwischen den Teilnehmern dauert mehrere Sekunden und ist daher langsam. Die Übertragungsleistung im Fernsprechnetz von maximal 4.800 bit/s (bit pro Sekunde) ist gering. Sie entspricht der Übertragung einer vollbeschriebenen Schreibmaschinenseite im Format DIN-A4 in 2 Sekunden. Eine geringe Übertragungsleistung bedeutet aber eine entsprechend lange Übertragungsdauer und damit - da die Fernsprechgebühren zeitabhängig erhoben werden- eine unwirtschaftliche Art der Übertragung großer Datenmengen.

---

[22] Kubicek/Rolf S. 216ff.

[23] Der Trend kündigt sich beispielsweise in einer Werbung aus der Frankfurter Rundschau v. 15.10.1985 an. Dort heißt es:„Mit diesem multifunktionalen Bürokommunikationssystem wird der Informationsaustausch im Unternehmen schneller und effektiver. Ein breites, kombinierbares Software-Angebot ermöglicht eine Vielzahl unterschiedlicher Anwendungen im Unternehmen. System M 32 läßt sich vom Einzel- bis zum Mehrplatz-Verbundsystem ausbauen. Über entsprechende Schnittstellen kann es sogar mit anderen fremden Netzen und Großrechenanlagen kommunizieren. Auch die Nutzung von Btx oder Teletex ist vorgesehen".

[24] Zur Datenfernübertragung vgl. Kubicek/Rolf S. 90ff.

[25] Dazu ausführlich Schneider S. 349, Stichwort: Modem.

Um diese Mängel zu beheben, wurde von der Bundespost ein Direktrufnetz für digitale Nachrichtenübertragung eingerichtet, das seit Mitte 1974 zur Benutzung allgemein angeboten wird. Hierbei werden zwei Hauptanschlüsse für Direktruf ständig miteinander verbunden. Zwischen zwei Teilnehmern erlaubt die festgeschaltete und daher ständig betriebsbereite Standleitung die Datenübertragung ohne vorherige Wählversuche. Die Übertragungsgeschwindigkeit reicht bis zu 48.000 bit / s[26]. Sie ist daher zehn mal so schnell wie die Übertragung mit Hilfe eines Modems über das Telefonnetz.

Schließlich kann Datenfernübertragung auch im Rahmen der Datex-Dienste erfolgen. Im Gegensatz zum Direktrufnetz handelt es sich um ein Wählnetz für Datenübertragung, das einen sehr schnellen Verbindungsaufbau erlaubt. Anders als beim Fernsprechwählnetz wird dafür nach Eingabe der Rufnummer nur ein Sekundenbruchteil benötigt. Die Teilnehmer der Datex-Dienste verfügen über ähnliche Übertragungskapazitäten wie beim Direktrufdienst, sie zahlen aber nur für die Dauer der Verbindung Gebühren. Für gelegentlichen Datenaustausch ist der Datex-Dienst daher wirtschaftlicher als eine Standleitung.

b) Teletex[27]

Teletex ist eine erweiterte, verbesserte Form des Fernschreibens, das bislang im Telex- Dienst abgewickelt wurde. Mit Teletex können Texte fortlaufend geschrieben werden. Bei dem bisherigen Telex-Fernschreiben konnte der Fernschreiber des Empfängers nur gleichzeitig mit dem Fernschreiber des Absenders schreiben. Sender und Empfänger von Telex-Nachrichten waren während des gesamten Schreibvorganges blokkiert. Beim Teletex-Dienst dagegen wird durch die Übertragung in den Speicher des angewählten Teletex-Endgerätes dieses in seinen übrigen Funktionen für die Textverarbeitung nicht gestört. Vielmehr wird die Ankunft der Teletex-Nachrichten dem Empfänger durch ein Signal angezeigt, ohne den laufenden Textverarbeitungsvorgang zu unterbrechen. Der Empfänger kann den übermittelten Text später auf Papier drucken lassen oder auf einem Bildschirmgerät (sofern vorhanden) sichtbar machen. Weil der Text maschinenlesbar gespeichert ist, kann er beim Empfänger ohne Neuerstellung weiterverarbeitet, z.B. korrigiert oder redigiert werden. Diese Weiterverarbeitungsmöglichkeit stellt den entscheidenden Vorteil des neuen Fernschreibdienstes gegenüber dem bisherigen Telex-Verfahren dar. Ebenfalls vorteilhaft gegenüber dem Telex-Fernschreiben ist, daß der Text annähernd lay-out-getreu übertragen werden kann. Unbefriedigend ist bei

---

[26] Siehe hierzu auch Zwischenbericht der Enquete-Kommission „Neue Informations- und Kommunikationstechniken", BT-Drucksache 9/2442 S. 14.

[27] Teletex ist z.B. beschrieben bei: Kubicek/Rolf S. 114; Prokop S. 49; Ballerstedt, Forschungsbericht S. 51; Zwischenbericht der Enquete-Kommission „Neue Informations- und Kommunikationstechniken", BT-Drucksache 9/2442 S. 14; Die Deutsche Bundespost informiert: Teletex.

Teletex die Übertragungsgeschwindigkeit von 2.400 bit/s[28]. Die Übertragung einer vollbeschriebenen DIN-A4-Seite dauert ca. 4 Sekunden[29].

Teletex-Endgeräte sind z.B. Speicherschreibmaschinen, Textautomaten oder Mikrocomputer[30]. Sie kosten ca. DM 20.000[31]. Die einmalige Postanschlußgebühr beträgt DM 400, die monatliche Grundgebühr DM 170, und je Sekunde Verbindungsdauer werden entfernungsabhängig tagsüber zwischen DM 0,0076 und DM 0,014 erhoben[32].

In einem Vergleich mit der üblichen Briefpost schneidet die Teletexübermittlung gut ab. Ein zweiseitiger Brief von Hamburg nach München ist mindestens einen Tag unterwegs und kostet DM 0,80. Mit Teletex dauert der Übertragungsvorgang ca. 15 Sekunden und kostet — ohne Beachtung von Postanschluß- oder Grundgebühr — DM 0,26[33].

c) Telefax[34]

Bei Telefax handelt es sich um die Erzeugung von Faksimiles. Vorlagen werden in einzelne Bildpunkte aufgelöst, übertragen und anschließend wieder zusammengefügt. Technisch ist dazu ein Telefonanschluß und ein mit Sende- und Empfangsteil ausgestattetes Kopiergerät erforderlich. Weil auf Papier geschriebene Texte als Vorlage dienen und nicht eigens zum Zweck der Übertragung eingegeben werden müssen, ist Telefax eine Alternative zu Telex oder Teletex. Der Vorteil dieses Dienstes ist, daß sogar handgeschriebene Texte und Zeichnungen, Briefe mit Briefkopf u.ä. übertragen werden können. Er eignet sich damit besonders für die Übermittlung handausgefüllter Formulare (Aufträge, Belege etc.). Der Nachteil von Telefax ist die sehr langsame Übertragung. Der Ausdruck einer fernkopierten DIN-A4-Seite dauert 3 bis 6 Minuten. Die Endgeräte kosten zwischen DM 6.000 und DM 22.000[35]. Die Benutzung von Telefax wird nach den Telefongebührensätzen abgerechnet[36].

---

[28] Information der Deutschen Bundespost „... Tippen und Schicken: Teletex...", Bestellnummer 163B.

[29] Ballerstedt, Forschungsbericht S. 51; demgegenüber heißt es sogar in „...Tippen und schicken: Teletex...": „Auf diese Weise gelangt eine vollgeschriebene DIN-A4-Seite in 10 bis 20 Sekunden vom Absender zum Empfänger".

[30] Information der Deutschen Bundespost: Teletex; Wawrzinek/Fröschle, S. 26, berichten, daß sich herausgestellt habe , daß das Endgerät möglichst komfortabel sein und über ein Diskettenlaufwerk verfügen sollte, um Disketten als Heimspeicher zur Sicherung gegen Übertragungsfehler anlegen zu können.

[31] Ballerstedt, Forschungsbericht S. 52; Wawrzinek/Fröschle S. 30.

[32] Information der Deutschen Bundespost: Teletex.

[33] Kubicek/Rolf S. 117.

[34] Telefax ist z.B. beschrieben in: Kubicek/Rolf S. 115; Ballerstedt, Forschungsbericht S. 53; Die Post informiert: Telefax — Fernkopieren per Telefon.

[35] Ballerstedt, Forschungsbericht S. 54.

[36] Die Deutsche Bundespost informiert: Telefax Fernkopieren per Telefon.

d) Bildschirmtext — Btx[37]

Im Gegensatz zu den bisher dargestellten Diensten benötigt man für Btx keine speziellen, relativ teuren Endgeräte. Die Btx-Grundausstattung besteht aus einem Telefon mit einem Modem als Übertragungseinrichtung, einem Fernsehgerät mit einem Decoder für die Umsetzung und Speicherung der eingehenden Signale in Fernsehsignale sowie einer Fernbedienungseinrichtung für die Programmwahl.

Der Btx-Teilnehmer nutzt den Dienst, indem er Verbindung zu einer der Btx-Zentralen aufnimmt. In den dort befindlichen Großcomputern haben sogenannte Anbieter Btx-Seiten gespeichert, die zum Abruf bereitstehen.

Für die Teleheimarbeit ist Btx in erster Linie deshalb verwendbar, weil über den Btx-Nachrichtendienst ein Informationsaustausch erfolgen kann. Eine Btx-Nachricht wird in der Btx-Zentrale zwischengespeichert. Schaltet sich der Empfänger in das System ein, so erhält er automatisch den Hinweis, daß für ihn eine Mitteilung bereit liegt, die er abrufen kann. Diese Nachricht erscheint dann auf dem Empfängerbildschirm und kann auch mit Hilfe eines Zusatzgerätes ausgedruckt werden. Unzureichend ist Btx z. Zt. wegen der geringen Übertragungsleistung von 1.200 bit/s. Für den Aufbau eines Fernsehbildes, das etwa einer halben DIN-A4-Seite entspricht, werden 5 bis 10 Sekunden benötigt.

Eine Btx-Nachricht kann kostengünstiger sein als eine Postkarte oder ein Brief. Im ganzen Bundesgebiet gilt für Btx der Fernsprechtarif von DM 0,23 pro 8 Minuten. Hinzu kommen für das Absenden einer Nachricht DM 0,40 Gebühren. Damit liegt die Attraktivität von Btx vor allem in der günstigen Benutzungsgebühr sowie den geringen Anschaffungskosten für die Geräte.

IV. On-line- / off-line-Betrieb

In der Literatur zur Teleheimarbeit spielt die Art und Weise der kommunikationstechnischen Verbindungen des Teleheimarbeitsplatzes zur betrieblichen Rechenanlage eine entscheidende Rolle. Dabei kommt den Begriffen „on-line-Betrieb“ und „off-line-Betrieb“ eine überragende Bedeutung zu. Deshalb soll an dieser Stelle der technische Hintergrund geklärt werden.

1. Begriff

„On-line-Betrieb“, „on-line-Verfahren“, oder „on-line-System“ bezeichnet eine Arbeitsart mit Rechnersystemen, bei der die Daten direkt in das Rechnersystem über eine Datenleitung eingegeben werden. „Off-line“ hingegen wird die Arbeitsart genannt, bei der die Daten mittels eines Datenträgers (Lochkarten, Magnetplatten, Disketten o.ä.) dem System zugeführt werden[38]. Vereinfachend,

[37] Bildschirmtext ist beschrieben bei: Kubicek / Rolf S. 119ff; Prokop S. 44; Zwischenbericht der Enquete-Kommission „Neue Informations- und Kommunikationstechniken“, BT-Drucksache 9/2442 S. 14; Die Deutsche Bundespost informiert über Bildschirmtext.

aber für diese Untersuchung ausreichend, läßt sich sagen, daß mit on- oder offline beschrieben wird, ob eine externe Datenstation (hier: das Endgerät beim Teleheimarbeiter) durch eine Leitung mit einer räumlich entfernten Rechenanlage (hier: dem Computer im Betrieb) verbunden ist oder nicht[39].

Eine on-line-Verbindung kann — je nach der Programmierung des Gesamtsystems — eine Einwege- oder Zweiwegekommunikation ermöglichen. Bei der ersten Alternative kann nur einer der beiden Teilnehmer der Verbindung Informationen übermitteln. Der andere kann sie lediglich empfangen. Bei einer Zweiwegekommunikation hingegen können in beiden Richtungen Informationen gesendet werden.

2. Beispiele

In der Regel stellen die oben erwähnten HfD-Leitungen[40] und Datex-Verbindungen[41] technische Realisierungen für einen on-line-Betrieb dar. Diese Technik wird häufig für die Teleprogrammierung benutzt. Dafür ist in der Regel ein Zweiwegedialog erforderlich.

Eine Tätigkeit am heimischen Mikrocomputer ist dagegen Arbeit im off-line-Verfahren, wenn die Arbeitsergebnisse z.B. auf Speicherplatten oder Disketten aufgezeichnet und mit Hilfe dieses Datenträgers in die Zentrale transportiert werden. Dort können die Daten zur Weiterverarbeitung wiederum eingegeben werden[42].

Bei Teletex-gestützter Schreibarbeit können lediglich die Arbeitsergebnisse, nicht hingegen die Arbeitsaufträge über das Teletex-Netz übermittelt werden. Da der Teletex-Dienst darüber hinaus nicht den Abruf von Informationen aus der Zentrale, sondern lediglich die Sendung von Texten in die Zentrale ermöglicht, ist das Teletex-System nur in einem sehr eingeschränkten Sinne noch als „on-line-Verfahren“ zu bezeichnen. Keinesfalls ermöglicht Teletex einen Zweiwegedialog[43].

Die Btx-gestützte Tätigkeit kann hingegen im on-line-Betrieb erfolgen. Zwar ist die Verbindung der Btx-Teilnehmer nicht unbedingt eine „direkte“. Denn es ist eine Zwischenspeicherung der Nachrichten in der Btx-Zentrale notwendig. Dieser Umstand darf allerdings als nicht entscheidend angesehen werden, weil

---

[38] Schneider, S. 399 Stichwort: off-line-Betrieb und S. 400 Stichwort: on-line-Betrieb.

[39] Anders Kilian, Forschungsbericht S. 101; Kilian / Borsum / Hoffmeister NZA 1987, 401 (403).

[40] HfD bedeutet Hauptanschluß für Direktruf, vgl. oben 3.a).

[41] Vgl. oben 3.a).

[42] Vgl. dazu unten B. II. 2.

[43] Nach Kilian / Borsum / Hoffmeister NZA 1987, 401 (403) ist Teletex allerdings ein off-line-Verfahren. Auch hier ist nicht entscheidend, welche Begriffe gewählt werden. Bedauerlich ist nur, daß angesichts der schwerwiegenden Schlußfolgerungen, die aus der Tätigkeit im on- oder off-line-Betrieb gezogen werden, keine Einigkeit darüber besteht, was darunter zu verstehen ist.

eine kommunikationstechnische Unterbrechung durch Benutzung herkömmlicher Kommunikationswege der zwischengespeicherten Daten auf gegenständlichen Datenträgern nicht stattfindet.

Wenn die in diesem Abschnitt vorgestellten technischen Innovationen auf breiter Basis Realität geworden sind, dann stehen einer breiten Einführung von Teleheimarbeit aus technischer Sicht keine Hindernisse mehr im Wege. Aber auch bereits heute findet auf der Basis der vorhandenen Technologien Teleheimarbeit statt. Die gegenwärtigen Erscheinungsformen sollen im folgenden kurz skizziert werden.

B. Teleheimarbeit in der Praxis

I. Verbreitung der Teleheimarbeit[44]

In einer Studie des Batelle-Instituts über Auswahl, Eignung und Auswirkung von informationstechnisch ausgestalteten Heimarbeitsplätzen wurde für 1982 nach umfangreichen Recherchen festgestellt, es gebe in der Bundesrepublik bis auf Teleprogrammierung keine informationstechnisch gestützte Heimarbeit[45]. Zu demselben Ergebnis kam ca. ein Jahr später die Enquete-Kommission „Neue Informations- und Kommunikationstechniken". In ihrem Zwischenbericht heißt es: „Gegenwärtig gibt es selbst in Tätigkeitsbereichen, die bereits unter den gegebenen technischen Bedingungen auslagerungsfähig wären, z.B. in der Textverarbeitung, in der Bundesrepublik keine Heimarbeitsplätze."[46]

Diese Aussagen lassen sich für die Gegenwart nicht mehr aufrechterhalten. Die Schätzung über den momentanen Verbreitungsgrad der Telearbeit in der Bundesrepublik schwanken zwischen 50 bis 100 Teleheimarbeitsplätzen insgesamt[47] und 500 bis 1.000 allein in der Teleprogrammierung[48]. Für die USA wird die Zahl von gegenwärtig 100.000 Teleheimarbeitsplätzen genannt[49].

Die Prognosen für den zukünftigen Verbreitungsgrad fallen ebenfalls unterschiedlich aus. Eine im Auftrage der National Science Foundation erstellte amerikanische Untersuchung schätzt, daß die Zahl der Telearbeiter um die Jahrtausendwende bei 40% der Bevölkerung liegen werde[50]. Eine Studie des Massachusetts Institute of Technology (MIT) geht davon aus, daß bereits 1990 zehn Millionen Amerikaner Heimarbeiter sein werden[51]. Das Unternehmen

[44] Vgl. dazu auch Müllner, Privatisierung S. 16; Kilian, Forschungsbericht S. 35ff.

[45] Ballerstedt, Forschungsbericht S. 64.

[46] Zwischenbericht der Enquete-Kommission „Neue Informations- und Kommunikationstechniken" BT-Drucksache 9/2442 S. 107.

[47] Weber-Nau „Kinder, Küche und Computer", Frankfurter Rundschau vom 8.12.1984.

[48] Heilmann ONLINE' 85, 4 N-3.

[49] Kern ONLINE'85, 1 N-15.

[50] Berichtet von: Schütt S. 13; Beck WSI- Mitteilungen 1985, 550 (551).

ADV/ORGA aus der Bundesrepublik meint, „daß 1990 ca. 30% in irgendeiner Weise ihre Berufstätigkeit zu Hause ausüben werden“[52].

Gegenüber diesen allzu pauschalen Einschätzungen ist einzuwenden, daß neben der technischen und wirtschaftlichen Entwicklung vor allem auch die Akzeptanz der neuen Technologie bei den potentiellen Benutzern wesentlicher Bestimmungsfaktor künftiger Verbreitung auch von Teleheimarbeit ist[53]. Zusammenfassend läßt sich sagen, daß es zur Zeit keine hinreichend gesicherte Prognose über den künftigen Verbreitungsgrad von Teleheimarbeit gibt[54].

II. Tätigkeitsfelder der Teleheimarbeit

1. Texterfassung

Die Texterfassung ist eine Tätigkeit, die bereits vor der Einführung der „Neuen Informations- und Kommunikationstechniken“ häufig zu Hause erledigt wurde und wird. Traditionellerweise gehört das Adressenschreiben zu den in Heimarbeit ausgeführten Verrichtungen[55]. Auch gibt es eine Fülle kleiner und kleinster Schreibbüros, die das Abschreiben von Manuskripten, etwa Examensarbeiten oder Dissertationen, anbieten. Die in diesem Bereich tätigen Personen verwenden in unterschiedlichem Umfang technische Hilfsmittel. Während einige mit einer herkömmlichen Schreibmaschine auskommen, sind andere bereits dazu übergegangen, die Hilfe von Textautomaten oder Personalcomputern in Anspruch zu nehmen. Es verwundert daher nicht, daß besonders die Dezentralisierung von Texterfassungstätigkeiten unter dem Einfluß der neuen Techniken forciert wird.

a) Teletex-Modellversuch in Baden-Württemberg[56]

Am 1. Januar 1984 begann der Modellversuch „Schaffung dezentraler Arbeitsplätze unter Einsatz von Teletex“. Er endete am 31. Dezember 1985. Sein Ziel war es zu klären, inwieweit sich Teletex für die dezentrale Erbringung von

---

51 Berichtet von: Schütt a.a.O.; Beck a.a.O.

52 Zitiert nach Gitter/Herrmann/Lohmar S. 14.

53 Vgl. aber Müllner, Privatisierung S. 16: „Entscheidend für die Ausbreitung von Telearbeit dürfte aber die Schnelligkeit der Durchsetzung neuer Kommunikationstechnologien und das Vorhandensein von preiswerten, leistungsfähigen Endgeräten sein“.

54 So auch Ballerstedt „Der Hase starrt auf die Schlange Breitbandverkabelung“, in Frankfurter Rundschau vom 4.5.1983; Ballerstedt/Rolf „Wenn der Schreibtisch im Wohnzimmer steht“, Frankfurter Rundschau vom 4.5.1983; Schröder ONLINE'85, 2 N-16; Tippmann Der Arbeitgeber 1984, 236 (238); ähnlich Kilian DSWR 1986, 83 (83).

55 Vgl. die Gleichstellung betreffend Adressenschreiben, Schreibarbeiten und ähnliche Arbeiten, BAnz. 1976 Nr.54.

56 Dieser Modellversuch ist aufgrund der Begleituntersuchung des Fraunhofer-Instituts für Arbeitswirtschaft und Organisation der am umfassendsten und zuverlässigsten dokumentierte. Vgl. hierzu: Kern/Wawrzinek Office Management 1984, 436f; Wawrzinek ONLINE'85, 3-N; Prokop S. 173ff.

Schreibleistungen eignet und welche organisatorischen, technischen, wirtschaftlichen und sozialen Auswirkungen sich daraus ergeben. Am Versuch beteiligten sich sechs private Unternehmen sowie vier Ministerien, eine Justizverwaltung, ein Regierungspräsidium, eine Forschungsgesellschaft und eine Industrie- und Handelskammer. Es wurden sieben Teleheimarbeitsplätze, zwei Arbeitsplätze in einem Nachbarschaftsbüro, sieben Arbeitsplätze in drei Satellitenbüros sowie weitere dezentrale Arbeitsplätze in anderen Organisationsformen eingerichtet, die sich nicht in das Schema „Heimarbeitsplatz, Nachbarschafts- oder Satellitenbüro“ einordnen ließen[57].

Das Fraunhofer-Institut hat Wirtschaftlichkeitsberechnungen angestellt[58], denen zufolge dezentrale Arbreitsplätze zur Zeit aufgrund des zu betreibenden organisatorischen Aufwands, der ungleichmäßigen Auslastung der Geräte und der relativ teuren Technikausstattung für die Unternehmen zumindest dann nicht attraktiv sind, wenn ein Arbeitsvertrag mit dem Teleheimarbeiter geschlossen wird.

b) Siemens-AG-Modellversuch[59]

Optimistischer beurteilt die Siemens-AG die Chancen dezentraler Schreibarbeit mit Teletex. Siemens beschäftigte im Rahmen eines Modellversuches vom 1.1.1982 bis zum 30.9.1982 drei (Tele-)typistinnen in deren Wohnungen. Das Unternehmen stellte diesen Mitarbeiterinnen die dafür nötige Geräteausstattung zur Verfügung. Sie bestand aus einer Teletexstation, aus einem Diktiergerät und aus und einem Telefonadapter für die automatische Speicherung von Telefondiktaten. Die Lage und Dauer der Arbeitszeiten bestimmten die Mitarbeiterinnen selbst. Sie verdienten DM 4,- pro angefangene DIN-A4-Seite.

Nach Ansicht des Projektleiters hat sich das Siemens-Organisationsmodell grundsätzlich bewährt und die Erwartungen erfüllt[60]. In einer Wirtschaftlichkeitsberechnung[61] kam er zu dem Schluß, daß Teletex-gestützte Heimarbeit wesentlich günstigere Kostenwerte als etwa Schreibarbeit im Zentralbüro liefere. Eine DIN-A4-Seite kostet nach seiner Analyse bei Erstellung in einer Privatwohnung DM 6,81, bei Erstellung in der Zentrale DM 9,40. In seiner Berechnung wird jedoch der Anschaffungspreis für die Endgeräte nicht als Kostenfaktor des Unternehmens berücksichtigt[62]. Bei Siemens ging man davon

---

57 So geben beispielsweise zwei selbständige Journalisten, von denen der eine in Baden-Württemberg, der andere in Berlin ansässig ist, mit Hilfe von Teletex einen Pressedienst heraus. Ein Teil dieser Broschüre wird in Berlin erstellt und via Teletex nach Baden-Württemberg übertragen. Dort wird sie redaktionell überarbeitet und ergänzt; vgl. hierzu ausführlich Wawrzinek / Fröschle S. 9 ff (14); Prokop S. 176ff.

58 Ausführlich Wawrzinek / Fröschle S. 38ff.

59 Projektleiter dieses Modellversuches war Hans-Ulrich Wegener, der über die Erfahrung berichtet in: Der Erfolg 1982, Heft 12 und 1983 Heft 1 / 2; ders. data report 1983 Heft 1, S. 4ff.

60 Wegener data report 1983, Heft 1, 4 (5).

61 Wegener Der Erfolg 1982, Heft 12.

aus, daß die Teletex-gestützte Schreibarbeit künftig von Selbständigen ausgeführt wird[63], die die Geräte auf eigene Rechnung kaufen und darüber hinaus den Auftraggeber nicht mit Sozialversicherungsbeiträgen belasten.

2. Fotosatzerstellung in der Druckindustrie

Das nordrhein-westfälische Landesinstitut „Sozialforschungsstelle Dortmund" erarbeitet gegenwärtig eine Studie über Voraussetzungen, betriebliche Strategien und soziale Folgen der Auslagerung von informationstechnisch gestützten Büro- und Verwaltungsarbeitsplätzen sowie über deren Gestaltungsmöglichkeiten und -erfordernisse. Der Arbeitstitel lautet: „Teleheimarbeit in 'typischen' Frauenarbeitsbereichen".

Im Dezember 1985 wurde als Zwischenergebnis eine arbeitssoziologische Untersuchung über Teleheimarbeitsplätze in der Druckindustrie veröffentlicht[64]. Daraus ergibt sich, daß in der Druckindustrie die Auslagerung von Satzerstellungstätigkeiten seit Einführung des Fotosatzverfahrens praktiziert wird. Die Setzer(innen) arbeiten mit Hilfe eines Mikrocomputers zu Hause. Bei den Teleheimarbeitsplätzen in dieser Branche handelt es sich nicht um Einzelfälle wie in anderen Bereichen, in denen Modelle zur Dezentralisierung computergestützter Tätigkeit erprobt werden. Sie sind vielmehr in diesem Industriezweig bereits üblich[65].

Daher ist es nicht verwunderlich, daß die bislang einzigen in den Fachzeitschriften erwähnten Gerichtsentscheidungen zur Teleheimarbeit aus dem Bereich der Druckindustrie stammen[66].

An dieser Stelle sei noch einmal deutlich unterstrichen, daß bei keinem der untersuchten Teleheimarbeitsplätze in der Druckindustrie eine on-line-Verbindung zu den Auftraggebern bestand. Vielmehr erfolgte sowohl die Übermittlung der Arbeitsaufträge als auch die der -ergebnisse auf konventionellem Wege, z.B. durch Boten. Teleheimarbeit begrifflich auf eine Heimarbeit mit on-line-Verbindung zu den Auftraggebern zu reduzieren hieße, den „traditionellen" computergestützten Telearbeitsbereich der Fotosatzerstellung nicht miterfassen zu können[67].

---

[62] Wegener Der Erfolg 1982, Heft 12 veranschlagt immerhin Investitionskosten von DM 29.226,- und Einrichtungskosten von DM 824,- pro Arbeitsplatz.

[63] So Wegener data report 1983 Heft 1, S. 4.

[64] Goldmann/Richter pp.

[65] Goldmann/Richter S. 3f.

[66] Beschluß des AG München vom 24.2.1984 (Az.: 10 BV 142/83) mit Besprechung von Nies AiB 1984, 78; Beschluß des LAG München vom 30.11.1984 (Az.: 4 TaBV 14/84) mit Besprechung von Nies AiB 1985, 94 und Wahsner AiB 1985, 95.

[67] Die Feststellung, daß computergestützte Teleheimarbeitsplätze ohne kommunikationstechnische Zusatzausrüstung quantitativ eine wesentlich größere Bedeutung habe als diejenigen mit entsprechender Übermittlungstechnik, wurde auch in einer vom japanischen Arbeitsministerium in Auftrag gegebenen Untersuchung getroffen. Es wurden 43

3. Datenerfassung — Blue Cross / Blue Shield of South Carolina, USA[68]

Als Beispiel für Teleheimarbeitsplätze zur Datenerfassung seien hier diejenigen der amerikanischen Krankenversicherungsgesellschaft Blue Cross / Blue Shield of South Carolina erwähnt. Das Unternehmen beschäftigt Teleheimarbeiter, die über ein Home-Terminal und eine Datenfernübertragungsleitung[69] in Kontakt mit der Zentrale stehen. Ihre Aufgabe ist es, Geldforderungen, die die Ärzte gegenüber der Versicherung geltend machen, in das computerisierte Erstattungs- und Abrechnungs-system der Zentrale einzugeben. Dazu senden die Ärzte ihre Honorarrechnungen an die Zentrale, die die Unterlagen an die Teleheimarbeiter weiterleitet. Diese besorgen dann zu Hause die Dateneingabe. Die Teleheimarbeiter erhalten Stücklohn.

4. Sachbearbeitung — Rank-Xerox, London, England[70]

Das bekannteste Beispiel für die Dezentralisierung von Sachbearbeitungsaufgaben ist das „Networking-Program" des Unternehmens Rank-Xerox in London. Es sind 18 Sachbearbeiter einbezogen. Sie sind als Personalsachbearbeiter, Einkäufer, Werbefachleute und Steuerexperten tätig. Die Datenkommunikation erfolgt über einen Personal-computer, der über eine Telefonleitung mit der Zentrale verbunden ist. Über die Vertragsgestaltung besteht Unsicherheit. Einerseits wird berichtet, es handle sich um freie Mitarbeiter[71], andererseits wird von Angestellten mit „normalen" Arbeitsverträgen gesprochen[72].

5. Programmierung

Die Programmierung ist eine Tätigkeit, die sich besonders gut in Teleheimarbeit ausüben läßt[73], weil es sich dabei um eine logisch-analytische Aufgabenstellung handelt, die nur eine geringe Kommunikation erfordert.

Unternehmen überprüft, welche entweder die neue Form der Heimarbeit bereits eingeführt hatten oder einzuführen beabsichtigten. Dabei ergab sich, daß Übermittlungseinrichtungen nur in 3 von 16 Fällen benutzt wurden. Überwiegend mußten sich die Mitarbeiter im Betrieb einfinden, um ihre Anweisungen zu erhalten und ihre fertigen Arbeiten abzuliefern (Quelle: Bundesarbeitsblatt 1986 S. 24f).

[68] Berichtet von Jentzsch ÖTV-Magazin 1985, Heft 6 S. 36; Plous Nachrichten aus der Arbeitswelt, vom 28.2.1983.

[69] Vgl. dazu oben S. 18f.

[70] Berichtet von Heilmann Blick durch die Wirtschaft (FAZ) vom 20.5.1983; Tippmann Der Arbeitgeber 1984, 236; Christ Welt der Arbeit vom 16.12.1982 S. 4.

[71] Christ Welt der Arbeit vom 16.12.1982 S. 4.

[72] Tippmann Der Arbeitgeber 1984, 236 (236).

[73] Heilmann / Heilmann Handbuch der modernen Datenverarbeitung 1983, Heft 110 S. 95; eine ausführliche Darstellung der Arbeitsphasen bei der Programmentwicklung befindet sich bei Ballerstedt S. 132ff, der eine Analyse der Eignung der verschiedenen Phasen für Telearbeit durchgeführt hat; ebenfalls bei Müllner, Privatisierung S. 42f.

Die Einführung von Teleheimarbeit in der Computerbranche wird auch dadurch erleichtert, daß die technischen Voraussetzungen für Teleheimarbeit firmenseitig weitgehend bereits vorhanden sind. Einige Firmen stellen ihren Mitarbeitern ein Terminal und einen DfÜ-Anschluß[74] zur häuslichen Benutzung zur Verfügung. Folglich ist bei der Programmierung die gelegentliche Heimarbeit üblich[75]. Die überwiegende und nicht nur gelegentliche Tätigkeit zu Hause ist in dieser Branche ebenfalls relativ weit verbreitet[76]. Dies geht aus einer umfangreichen empirischen Untersuchung hervor, die im folgenden auszugsweise wiedergegeben ist.

a) Statistische Angaben

Heilmann[77] hat von 1982 bis 1984 172 dezentrale Arbeitsplätze (AP) für Teleprogrammierer in der Bundesrepublik statistich ausgewertet, die von 17 Unternehmen, davon 12 Softwareherstellern, eingerichtet worden sind. Dabei standen Arbeitsplätze in der eigenen Wohnung im Vordergrund (73 AP = 42%). Die anderen Arbeitsplätze befanden sich in Nachbarschaftszentralen (70 AP = 41%) oder Satellitenbüros (35 AP = 20,5%). Als Übertragungsmittel wurden hauptsächlich HfD-Leitungen[78] (106 AP = 62%) verwandt. 31 Arbeitsplätze (= 18%) waren über Telefonleitungen, 20 Arbeitsplätze (= 12%) durch einen Datex-P-Anschluß[79] mit der Zentrale verbunden. Datex-L[80] und private Leitungen verwandten 7 (= 4%) der Teleprogrammierer, weitere 7 arbeiteten ohne kommunikationstechnische Verbindung zur Zentrale. In 131 Fällen (= 76%) hatten die Teleprogrammierer einen Arbeitsvertrag, in 36 (= 21%) einen freien Dienstvertrag, und in 5 Fällen (= 3%) wurde auf Werksvertragsebene gearbeitet. Die Teleprogrammierer verbrachten unterschiedliche Zeitanteile für Besprechungen in der Zentrale.

---

[74] DfÜ bedeutet Datenfernübertragung, vgl. dazu oben 3.a).

[75] Über „gelegentliche" Heimarbeit bei der Programmentwicklung berichten Heilmann/de Vitorelli Management Office 1984, 442; Plous Nachrichten aus der Arbeitswelt vom 28.12.1983 beschreibt, daß in den USA die Firmen „Control Data Corporation", „Data General Corporation" und „Digital Equipment Corporation" umfassende Heimarbeitsprogramme — als Ergänzung zur regulären Bürozeit — anbieten. Heilmann/ Heilmann Handbuch der modernen Datenverarbeitung 1983 Heft 110 S. 95 berichten ausführlich über gelegentliche Heimarbeit im Thomas J. Watson Research Center der IBM, Yorktown Heights.

[76] In der Bundesrepublik hat die Integrata GmbH mit Sitz in Tübingen eine Vorreiterstellung eingenommen. Ihr Geschäftsführer Heilmann hat in zahlreichen Publikationen dezentrale Programmierung beschrieben. Hervorgehoben sei hier der Bericht von Heilmann/de Vitorelli Office Management 1984, 442, in dem die Teleprogrammiererin J. de Vitorelli ihre Arbeitsbedingungen vorstellt, siehe dazu auch den Bericht von Christa Kölblinger „Kinder, Küche und Computer", Stern Nr. 37, 1984, S. 112.

[77] Heilmann ONLINE'85, 4 N-3ff.

[78] HfD bedeutet: Hauptanschluß für Direktleitung, vgl. dazu oben 3.a).

[79] Datex-P bedeutet: Datex-Paketvermittlung, vgl. Kubicek/Rolf S. 99.

[80] Datex-L bedeutet: Datex -Leitungsvermittlung, vgl. Kubicek/Rolf S. 96.

b) Freelance International Ltd., London, England[81]

Das derzeit interessanteste Beispiel für Programmierung auf Heimarbeitsbasis liefert der englische Software-Hersteller „Freelance International Ltd."

Freelance International wurde 1962 gegründet und gehört heute mit 4,2 Millionen englischen Pfund (ca. 16 Millionen DM) Umsatz zu den größten Software-Herstellern Großbritanniens. Es werden gezielt Frauen eingestellt, die in der Computerbranche gearbeitet haben und aufgrund häuslicher Verpflichtungen aus dem Berufsleben ausgeschieden sind. Alle Teleprogrammiererinnen verfügen über eine mindestens 4-jährige praktische EDV-Erfahrung. Sie gehen eine vertragliche Verpflichtung ein, an mindestens 20 Stunden in der Woche zu arbeiten und bis zu zwei Tage wöchentlich beim Kunden zu verbringen. Wegen der Arbeitsverpflichtung bei dem Kunden wird die Tätigkeit nicht als „homework", sondern als „homebased" bezeichnet.

Die Arbeitsplätze sind (noch) nicht informationstechnisch gestützt. Als Arbeitsmittel werden lediglich Telefon, Papier und Bleistift eingesetzt. Obwohl die so ausgestatteten Arbeitsplätze keine Teleheimarbeitsplätze im Sinne dieser Untersuchung sind, wird das englische Organisationsmodell in dieser Arbeit einen breiten Raum einnehmen. Denn in über 20-jähriger Unternehmenspraxis haben sich hier Konturen der Heimprogrammierung entwickelt, die für die Teleprogrammierung charakteristisch und wegweisend zugleich sein dürften[82]. Es fällt nicht schwer sich vorzustellen, daß den Mitarbeitern ein Computer für die Programmentwicklung zu Hause zur Verfügung gestellt wird. Dabei bereitet es keinerlei technische Probleme, das heimische Terminal an die zentrale Rechenanlage des Unternehmens anzuschließen. Wären diese technischen Randbedingungen erfüllt, handelte es sich um Arbeitsplätze, die Gegenstand der vorliegenden Untersuchung sind.

C. Rechtspolitische Auseinandersetzung um Teleheimarbeit

Chancen und Risiken der Teleheimarbeit werden kontrovers diskutiert.

Die Befürworter der neuen dezentralen Arbeitsformen weisen darauf hin, daß durch Verlagerung der Arbeitsplätze in wohnungsnahe Gebiete verkehrsberuhigende und energiesparende Effekte zu erwarten seien[83]. Auch beseitige die Teleheimarbeit die erst durch die Industriegesellschaft geschaffene künstliche

---

[81] Ausführlich hierzu: Ballerstedt Forschungsbericht S. 80ff; Heilmann/Krcmar Handbuch der modernen Datenverarbeitung 1983, Heft 112 S. 71ff.

[82] Ballerstedt, Forschungsbericht S. 63; Heilmann/de Vitorelli Office Management 1984 S. 442; a.A. Wedde S. 27, der diese Arbeitsformen aus seiner Betrachtung ausgrenzt, da mangels Informations- und Kommunikationstechnik am Arbeitsplatz keine Teleheimarbeit vorliege.

[83] Müllner, Privatisierung S. 48f; Heilmann Blick durch die Wirtschaft vom 20.5.1983 (FAZ); Olson Chip Heft 2 1983, 16 (20).

und inhumane Trennung von Privat- und Berufsleben[84]. Behinderten und Frauen mit kleinen Kindern werde die Möglichkeit der Teilnahme am Berufsleben eröffnet, dem sie ohne Teleheimarbeitsplätze fern bleiben müßten[85].

Von den Gegnern der Teleheimarbeit wird scharf kritisiert, daß die Arbeit zu Hause für weibliche Beschäftigte die herkömmliche Frauenrolle als Hausfrau und Mutter zementiere und in verschleierter Form die Doppelbelastung von Beruf und Haushalt mit sich bringe[86]. Die Gegner warnen ferner davor, daß die berüchtigte Kinderarbeit des vorigen Jahrhunderts eine Wiederbelebung erfahren könnte[87]. Besonders bei einfachen, monotonen Tätigkeiten könnten auch Kinder zur Teleheimarbeit hinzugezogen werden. Demgegenüber hält Müllner[88] „das frühzeitige Erleben der neuen Kommunikationstechnik innerhalb des häuslichen Bereiches" für vorteilhaft, weil es „bei Kindern und Jugendlichen ein natürliches Akzeptanzverhalten" fördere. Als weitere Nachteile der Teleheimarbeit werden von ihren Gegnern die Isolation am Arbeitsplatz, der Verlust betriebsbezogener Identifikationsmöglichkeiten und eine Verschlechterung der materiellen Arbeitsbedingungen ins Feld geführt[89]. Insbesondere für Frauen, die aufgrund ihrer häuslichen Bindung den zahlenmäßig weitaus überwiegenden Anteil der Teleheimarbeit stellen würden, eröffne die Teleheimarbeit die Gefahr, sie auf Arbeitsplätze abzuschieben, die monotone Arbeitsinhalte und keine Qualifizierungschancen aufwiesen[90].

Zu diesen gesellschaftspolitischen Argumenten für und wider die Teleheimarbeit soll hier keine Stellungnahme abgegeben werden. Es ist lediglich auf eine das Arbeitsrecht unmittelbar berührende Entwicklung aufmerksam zu machen.

Die isolierte Arbeitssituation zu Hause vermittelt nicht die Erfahrung, durch kollektive Interessenvertretung eigene Belange fördern und durchsetzen zu können. Damit wird Teleheimarbeit einen Entsolidarisierungseffekt in der Arbeitnehmerschaft zur Folge haben. Für die Gewerkschaften wachsen infolgedessen die Schwierigkeiten, den Streik als traditionelle Kampfform effektiv einsetzen zu können. Die Gewerkschaften befürchten deshalb zu Recht, an Einfluß vor allem auf der Ebene des Tarif- und Streikrechtes zu verlieren[91]. Auf

---

[84] Müllner, Privatisierung S. 21.

[85] Tippmann Der Arbeitgeber 1984, 236 (238).

[86] Bahl-Benker ONLINE'85, 8 N-4; Dobberthien WSI-Mitteilungen 1983, 387; vgl. demgegenüber auch Frankfurter Rundschau v. 13.2.1985, : „Ich arbeite gern am Computer im Wohnzimmer — Zufriedene Frauen beim Modellversuch in Baden Württemberg".

[87] Dobberthien WSI-Mitteilungen 1983, 387.

[88] Müllner, Privatisierung S. 186.

[89] Dobberthien WSI-Mitteilungen 1983, 387; dieselbe druck + papier Heft 14 1983, 18.

[90] Pfarr Die Angestellten, 1985, Nr. 376/38 S. 21; Bahl-Benker Die Mitbestimmung 1983, 572.

[91] So auch Beck WSI-Mitteilungen 1985, 550 (554); Pfarr Die Angestellten 1985, Nr. 376/38 S. 21; Herrmann Gewerkschaftsreport 1984 Heft 8, 12 (18).

lange Sicht droht durch „Privatisierung von Arbeit" die gewerkschaftliche Mitgliederbasis zu schwinden.

Folgerichtig rekrutieren sich die Gegner der Teleheimarbeit vor allem aus Gewerkschaftskreisen[92]. Dort wird z.T. für ein generelles Verbot der Teleheimarbeit votiert[93], während andere für ein „Ja" unter dem Vorbehalt umfassender Regelung durch den Gesetzgeber plädieren, um die Verbreitung der Teleheimarbeit einzuschränken und Mißbräuchen vorzubeugen[94].

Den gleichen Standpunkt vertritt auch die SPD-Bundestagsfraktion, die den Gesetzgeber aufgefordert hat, die Teleheimarbeit gesetzlich zu regeln[95]. Die Bemühungen um eine rechtliche Strukturierung der Teleheimarbeit im besonderen und der Telearbeit im allgemeinen sind bereits in Vorschläge an den Gesetzgeber umgesetzt worden[96]. Der Entwurf der Hamburger Behörde für Arbeit, Jugend und Soziales für ein Fernarbeitsgesetz[97] enthält in seinen Kernpunkten die folgenden Regelungen:

— ein Verbot mit Erlaubnisvorbehalt für die Einrichtung von Teleheimarbeitsplätzen, § 3 Abs. 1 FernArbG
— ein Verbot der Beschäftigung von Telearbeitern in anderen Rechtsformen als der des Arbeitsvertrages, § 2 Abs. 1 FernArbG.

Von anderer Seite hingegen wird angeraten, die rechtliche Ausgestaltung der Teleheimarbeit zunächst nicht gesetzlich festzuschreiben, um die Entwicklung in der Praxis abwarten zu können[98].

---

92 Vgl. Loderer Gewerkschaftliche Monatshefte 1983, 385; Bahl-Benker ONLINE'85, 8 N-6; Dobberthien druck^papier Heft 14 1983, 18; dieselbe DBG-Angestellten-Magazin Heft 7 1983; Issaias S. 147.

93 Der 14. ordentliche Gewerkschaftstag der IG-Metall hat 1983 in München als Punkt 6 die folgende Entschließung verabschiedet: „Die bisher in der Diskussion befindlichen Formen der elektronischen Heimarbeit laufen auf eine elektronische Einsiedelei hinaus, die keine ausreichenden Möglichkeiten bietet, Arbeitnehmerinteressen zu schützen. Aus diesem Grunde ist ein gesetzliches Verbot der elektronischen Heimarbeit zu fordern." Zitiert nach Bahl-Benker Die Mitbestimmung 1983, 572 (577).

94 Beck WSI-Mitteilungen 1985, 550 (557f).

95 BT-Drucksache 10/1283.

96 Weichsel/Schröder/Beck, Entwurf für ein Fernarbeitsgesetz.

97 Weichsel/Schröder/Beck, Entwurf für ein Fernarbeitsgesetz.

98 Heilmann ONLINE'85, 4 N-11; Kappus ist der Ansicht, ein arbeitsrechtlicher Regelungsbedarf bestehe nicht. Das Heimarbeitsgesetz sei allerdings in einigen Punkten, die jedoch nicht den Kern seiner Regelungen betreffen, novellierungsbedürftig, NZA 1987,408 (411).

3. Teil

Rechtsformen der Teleheimarbeit

A. Problemaufriß

I. Bedeutung des Rechtsformenproblems

Der Status[1] eines Teleheimarbeiters entscheidet darüber, nach welchen rechtlichen Grundsätzen die Rechtsbeziehungen zwischen ihm und dem Empfänger der Arbeitsleistung zu beurteilen sind.

Von herausragender Bedeutung ist die Einordnung eines Teleheimarbeiters als Arbeitnehmer, welche die Anwendung des Arbeitsrechtes zur Folge hat. Bei einer Qualifizierung als Heimarbeiter, Hausgewerbetreibender oder als ihnen Gleichgestellter hingegen kommen die Vorschriften des Heimarbeitsgesetzes und eine Fülle von Sonderregelungen zum Zuge. Für arbeitnehmerähnliche Personen, die nicht dem Heimarbeitsgesetz unterstehen, gibt es lediglich wenige Spezialvorschriften. Ansonsten gelten die allgemeinen Bestimmungen des Bürgerlichen Gesetzbuches. Diese allgemeinen Bestimmungen sind auch der Maßstab, der für die Geschäftsbeziehungen von Teleheimarbeitern anzulegen ist, denen weder der Status des Arbeitnehmers noch der einer arbeitnehmerähnlichen Person zuzuerkennen ist.

Die Erörterung der Frage, welcher Status einem Teleheimarbeiter zukommt, ist daher kein klassifikatorischer Selbstzweck. Es steht das praktische Problem dahinter, ob und gegebenenfalls welches Sonderrecht den Beurteilungsmaßstab für das Rechtsverhältnis bildet[2]. Im folgenden soll das Spektrum möglicher Rechtsformen der Teleheimarbeit skizziert werden.

---

[1] Das Bundesarbeitsgericht bezeichnet die Klage auf „Feststellung der Arbeitnehmereigenschaft" als Statusklage, so z.B.: BAG v. 7.5.1980 AP Nr. 36, bes. Bl. 2 Rs., BAG v. 9.9.1981 AP Nr. 38, bes. Bl. 2, BAG v. 9.5.1984 AP Nr. 45, bes. Bl. 2, jeweils zu §611 BGB Abhängigkeit. Mittlerweile hat sich im arbeitsrechtlichen Schrifttum und in der arbeitsgerichtlichen Praxis ein Sprachgebrauch durchgesetzt, bei welchem die Rechtsform, in der Arbeitsleistungen erbracht werden, auf die Person des Arbeitsleistenden bezogen und verkürzend ihr „Status" genannt wird, so z.B.: LAG Berlin v. 16.8.1983 AP Nr. 44 zu §611 BGB Abhängigkeit, Küfner-Schmitt S. 10; Rüthers DB 1982, 1869 (1869), Martens RdA 1979, 347 (348). Dementsprechend wird auch hier gelegentlich vom Status eines Teleheimarbeiters die Rede sein. Dabei ist zu beachten, daß ein bestimmter Status keine absolute Eigenschaft ist. Der Status eines Teleheimarbeiters bezeichnet vielmehr das Ergebnis der klassifikatorischen Einordnung einer zweiseitigen Rechtsbeziehung, die anläßlich der Leistung von Arbeit begründet wird. Unklar Kilian, Forschungsbericht S. 164, der nur den arbeitnehmerähnlichen Status für nicht absolut sondern durch die konkrete Situation bedingt ansieht.

II. Das Spektrum möglicher Rechtsformen der Teleheimarbeit

1. Teleheimarbeiter als Arbeitnehmer

Nur weniger Bemerkungen bedarf es, um festzustellen, daß Teleheimarbeit im Arbeitsverhältnis verrichtet werden kann. Arbeitnehmer ist, wer im Rahmen eines Dienstvertrages in persönlicher Abhängigkeit Arbeitsleistungen erbringt[3]. Trotz der zahllosen Unwägbarkeiten im Arbeitnehmerbegriff ist allseits anerkannt, daß eine räumliche Eingliederung der Person in einen Betrieb keine Voraussetzung für ihre Einstufung als Arbeitnehmer ist[4]. Wenn daher im übrigen genügend Anhaltspunkte vorhanden sind, um die Arbeitserbringung als Dienstleistung in persönlicher Abhängigkeit anzusehen, ist der Teleheimarbeiter als Arbeitnehmer zu qualifizieren.

2. Teleheimarbeiter als arbeitnehmerähnliche Personen

Die neuen dezentralen Arbeitsformen werden nicht nur eine Vergrößerung der räumlichen Distanz zwischen dem Beschäftigten und seinem Auftraggeber ermöglichen, sondern darüber hinaus auch eine Lockerung seiner organisatorischen Einbindung in einen betrieblichen Arbeitsablauf und einen Zuwachs an persönlicher Freiheit bei der Art und Weise der Arbeitsgestaltung mit sich bringen. Deshalb vermehrt Teleheimarbeit Chancen, persönlich unabhängig zu arbeiten. Eine wirtschaftliche Abhängigkeit von Auftraggebern, die mit ihren Aufträgen die Existenzgrundlage für den Teleheimarbeiter bilden, dürfte dabei häufig bestehen bleiben. In diesen Fällen kommt für den Teleheimarbeiter die Rechtsstellung einer arbeitnehmerähnlichen Person in Betracht. Diese Personen erbringen ebenso wie Arbeitnehmer in der Regel persönliche Arbeitsleistungen, sind dabei jedoch nicht persönlich, sondern lediglich wirtschaftlich abhängig[5].

Nach überwiegender Ansicht sind Personen, die vom Regelungsbereich des Heimarbeitsgesetzes erfaßt werden, eine besondere Gruppe der arbeitnehmerähnlichen Personen[6]. Für sie gilt das Heimarbeitsrecht, das unbestritten für alle

[2] Die hohe praktische Bedeutung wird durch die Fülle der sogenannten „Statusprozesse" belegt. Von 1974 bis zur Entscheidung des BVerfG v. 13.1.1982 AP Nr. 1 zu Art. 5 Abs. 1 GG Rundfunkfreiheit klagten allein im Bereich der ARD etwa 550 ständige freie Mitarbeiter auf Feststellung, daß sie sich in einem unbefristeten Arbeitsverhältnis befänden, siehe Rüthers DB 1982, 1869 (1869).

[3] BAG v. 13.1.1983 AP Nr. 42 zu §611 BGB Abhängigkeit, bes. Bl. 3; Hueck/Nipperdey I §9 III. 3., S. 41; Söllner §3 I, S. 25; kritisch Lieb, Arbeitsrecht §1 I, S. 1.

[4] Vgl. hierzu z.B. Zeuner, Soziale Abhängigkeitsverhältnisse S. 16ff; Hueck/Nipperdey I §9 IV. 5., S. 49; Schaub §10 I. 4., S. 40; Wedde S. 49.

[5] BAG v. 8.6.1967 AP Nr. 6 zu §611 BGB Abhängigkeit, bes. B. 2; Wiedemann/Stumpf §12a TVG Rn. 8; Schaub §9 I. 1., S. 37; Dersch/Neumann §2 BUrlG Rn. 70.

[6] Schaub §9. I 1, S. 37; Hanau/Adomeit E 5, S. 147; Brox Rn. 34; MünchKomm-Söllner §611 Rn. 148; Küfner-Schmitt S. 61; Brecht §2 HAG Rn. 21; a.A. Maus/Schmidt Anh. nach §19 HAG Rn. 5; Drygala BlStSozArbR 1978, 356 (357); vgl. auch Kappus, Rechtsfragen S. 190 f m.w.Nw. zum Meinungsstand.

anderen arbeitnehmerähnlichen Personen keine Anwendung findet[7]. Es bedarf aber eingehender Prüfung, ob die neuen Formen informations- und kommunikationstechnisch gestützter Arbeitsleistung vom Regelungsbereich des Heimarbeitsgesetzes erfaßt werden. Denn das Heimarbeitsgesetz ist ein altes Gesetz[8]. Die Tätigkeitsfelder heutiger Teleheimarbeit weichen von denen der klassischen Heimarbeit erheblich ab. Die traditionelle Heimarbeit ist dadurch gekennzeichnet, daß manuelle Arbeiten eines niedrigen Qualifikationsniveaus zu in der Regel weitaus geringerem Entgelt als für Betriebsarbeit üblich verrichtet werden. Beispiele für traditionelle Heimarbeit sind etwa das „Schneiden von Trinkstrohhalmen" oder auch das „Krabbenschälen"[9]. Teleheimarbeiter sind demgegenüber in Angestelltenberufen tätig, die zum Teil eine sehr hohe Qualifikation voraussetzen[10].

a) In Heimarbeit Beschäftigte

Das Heimarbeitsgesetz faßt Heimarbeiter und Hausgewerbetreibende unter dem Oberbegriff der „in Heimarbeit Beschäftigten" nach §1 Abs.1 HAG begrifflich zusammen.

aa) Heimarbeiter

Heimarbeiter ist gemäß §2 Abs.1 HAG, wer in selbstgewählter Arbeitsstätte (eigener Wohnung oder selbstgewählter Betriebsstätte) allein oder mit seinen Familienangehörigen im Auftrag von Gewerbetreibenden oder Zwischenmeistern erwerbsmäßig arbeitet, jedoch die Verwertung der Arbeitsergebnisse dem unmittelbar oder mittelbar auftraggebenden Gewerbetreibenden überläßt.

Nach dem Wortlaut dieser Definition liegt es nahe, alle Tätigkeitsfelder bei Vorliegen der sonstigen Voraussetzungen dem Heimarbeitsgesetz zu unterstellen. Gleichwohl sollen nach einer in der Literatur vertretenen Ansicht hochqualifizierte Angestelltentätigkeiten keine Heimarbeit im Sinne des Heimarbeitsgesetzes sein. Denn zur Einbeziehung von Angestelltentätigkeiten ins Heimarbeitsrecht bedürfe es einer Verkehrsanschauung, welche die Tätigkeit als Heimarbeit im Sinne des Heimarbeitsgesetzes ansehe. Dies sei gegenwärtig aber nur für solche Angestelltentätigkeiten der Fall, die eine geringe Qualifikation verlangten[11]. Demzufolge wäre z.B. für Teleprogrammierer der Heimarbeiter-

---

[7] Vgl. statt vieler Wiedemann/Stumpf §12a TVG Rn. 11.

[8] Heimarbeit wurde erstmals im Jahre 1911 einer gesetzlichen Regelung unterstellt Hausarbeitsgesetz v. 20.12.1911 (RGBl. S. 976). Nach dem ersten Weltkrieg, im Jahre 1923, wurde mit dem Heimarbeiterlohngesetz (RGBl. I S. 467) eine Regelung geschaffen, die in ihrer Grundstruktur dem heute geltenden Heimarbeitsgesetz entspricht.

[9] Maus/Schmidt §2 HAG Rn. 7; vgl. auch „Verordnung über das Krabbenschälen in Heimarbeit" vom 13.7.1935 RGBl I S. 1025.

[10] Vgl. oben 2. Teil: B.II.

[11] Vgl. Maus/Schmidt §2 HAG Rn. 63; Küfner-Schmitt S. 69ff; Gitter/Küfner-Schmitt Die Angestelltenversicherung 1986, 54 (56); Gitter S. 101; Herb DB 1986, 1823

status ausgeschlossen. Auch Telesachbearbeitung könnte bereits den so vorgegebenen Qualifikationsrahmen sprengen[12]. Lediglich einfache Text- oder Datenerfassung kann unzweifelhaft auf der Basis von Heimarbeitsverträgen erledigt werden.

Gegen eine einschränkende Interpretation spricht jedoch zunächst bereits der Wortlaut des §2 Abs.1 HAG. Die Verkehrsanschauung ist im Normtext nicht genannt[13]. Darüber hinaus widerspricht diese Auffassung der Zwecksetzung, die mit der Novellierung des Heimarbeitsgesetzes aus dem Jahre 1974 verbunden war. Damals wurde in §2 Abs.1 HAG das Wort „gewerblich" durch „erwerbsmäßig" ersetzt, um auch Angestelltentätigkeiten ins Heimarbeitsrecht einzubeziehen[14]. Diese Änderung war notwendig, weil man unter „gewerblicher" Tätigkeit an sich nur solche verstand, die der Verrichtung eines Arbeiters im Betriebe vergleichbar ist[15]. Angestelltentätigkeiten waren nach herkömmlicher Betrachtung keine gewerblichen Tätigkeiten. Der Gesetzgeber wollte mit dieser Änderung dem wachsenden Schutzbedürfnis von Heimangestellten Rechnung tragen. Schon vor der Gesetzesnovellierung waren sowohl das Bundesarbeits- als auch das Bundessozialgericht dazu übergegangen, Angestelltenverrichtungen unter den Begriff der gewerblichen Tätigkeit zu subsumieren. Die Gerichte standen seinerzeit vor der Schwierigkeit, ihre Rechtsprechung mit dem Gesetzeswortlaut zu vereinbaren. Zur Begründung ihrer Auffassung beriefen sie sich auf eine entsprechende Verkehrsanschauung[16]. Der Hinweis auf eine solche Verkehrsanschauung hatte damals die Funktion, eine Argumentationsstütze für das weite Verständnis von gewerblicher Tätigkeit zu liefern. So hieß es, auch Angestelltentätigkeiten könnten gewerblich sein, wenn sich eine Verkehrsanschauung gebildet habe, die sie als Heimarbeit betrachte[17]. Mit der Novellierung des Heimarbeitsgesetzes hatte dieses Hilfsargument ausgedient. Es bedeutet, sowohl den Zweck der Gesetzesneufassung als auch den Impetus der damaligen Rechtsprechung in sein Gegenteil zu verkehren, wollte man jetzt unter Berufung auf eine Verkehrsanschauung das Heimarbeitsrecht neuen Tätigkeitsfeldern gegenüber verschließen. Im übrigen ist darauf hinzuweisen, daß auch bei der Auslegung des §6 Abs.2 Satz 2 BetrVG nicht nach der Qualifikation der Heimangestellten differenziert wird[18].

(1825); a.A. Kappus NJW 1984 2384 (2387); ders. Rechtsfragen S. 170; Müllner, Privatisie-rung S. 99; Däubler S. 836; Wedde S. 66ff; Ulber AiB 1985, 22 (23); Kilian, Forschungsbericht S. 123ff.

[12] Vgl. Maus/Schmidt §2 HAG Rn. 64.

[13] So auch Müllner, Privatisierung S. 99.

[14] Vgl. BT-Drucksache 7/975 S. 12ff, bes. S. 14.

[15] Maus, Kommentar zum Heimarbeitsgesetz 1953, 1. Aufl., §2 Rn. 6; zur Unterscheidung von Arbeitern und Angestellten vgl. z.B. Schaub §13 I., S. 48ff.

[16] BAG v. 10.7.1963 AP Nr. 3 zu §2 HAG, bes. Bl. 2; BSG v. 22.10.1971 AP N. 7 zu §2 HAG, bes. Bl. 3.

[17] BSG v. 22.10.1971 AP Nr. 7 zu §2 HAG, bes. Bl. 3.

[18] GK-Kraft §6 BetrVG Rn. 9; Kappus, Rechtsfragen S. 167.

Deshalb ist die Ansicht abzulehnen, nur minderqualifizierte Angestelltenverrichtungen seien erwerbsmäßige Tätigkeiten im Sinne von §2 Abs.1 HAG. Vielmehr können Angestelltentätigkeiten aller Art in Heimarbeit ausgeführt werden. Folglich kann das gesamte Tätigkeitsspektrum der Teleheimarbeit von Heimarbeitern im Sinne des §2 Abs.1 HAG erledigt werden, sofern die sonstigen Voraussetzungen dafür vorliegen[19].

bb) Hausgewerbetreibende

Dem Heimarbeitsgesetz unterstehen nicht nur die Heimarbeiter, sondern auch die Hausgewerbetreibenden. Nach §2 Abs.2 Satz 1 HAG ist Hausgewerbetreibender, wer in eigener Arbeitsstätte (eigener Wohnung oder Betriebsstätte) mit nicht mehr als zwei fremden Hilfskräften oder Heimarbeitern im Auftrage von Gewerbetreibenden oder Zwischenmeistern Waren herstellt, bearbeitet oder verpackt, wobei er selbst wesentlich am Stück mitarbeitet, jedoch die Verwertung der Arbeitsergebnisse dem unmittelbar oder mittelbar auftraggebenden Gewerbetreibenden überläßt.

In der Literatur zur Teleheimarbeit ist umstritten, ob die Tätigkeiten, die in Teleheimarbeit ausgeübt werden können, als Tätigkeiten Hausgewerbetreibender aufgefaßt werden dürfen[20]. Die ablehnende Ansicht stützt sich auf den Wortlaut des §2 Abs.2 HAG. Hausgewerbetreibender könne nur sein, wer Waren herstelle, bearbeite oder verpacke. Teleheimarbeiter übten Angestelltentätigkeiten aus, die von §2 Abs.2 HAG allesamt nicht erfaßt würden. Einer großzügigen Interpretation dieser Vorschrift stehe darüber hinaus entgegen, daß der Gesetzgeber den Absatz 2 des §2 HAG bei der Neufassung des Gesetzes im Jahre 1974 bewußt unverändert gelassen habe. Er habe also die Angestelltenberufe nur in §2 Abs.1 HAG zulassen wollen. Nach dieser Auffassung können Teleheimarbeiter, die nicht als Heimarbeiter einzustufen sind, den Schutz des Heimarbeitsrechtes nur durch eine Gleichstellung gemäß §1 Abs.2 Buchstabe c HAG erreichen.

---

[19] Wie hier Müllner, Privatisierung S. 99; Wedde S. 66f; Kappus, Rechtsfragen S. 166f; Simon/Kuhne BB 1987 201 (203); Kilian, Forschungsbericht S. 129.

[20] Dagegen: Küfner-Schmitt S. 71 ff; Müllner, Privatisierung S. 100; Simon/Kuhne BB 1987, 201 (203); Kilian, Forschungsbericht S. 145; Kilian/Borsum/Hoffmeister NZA 1987, 401 (405); vgl. auch Brecht §2 HAG Rn. 26; Gröninger/Rost §2 HAG Anm. 3. b) S. 17; Maus/Schmidt §2 HAG Rn. 36; dafür: Wedde S. 75. Die Stellungnahme von Kappus ist nicht ganz deutlich herausgearbeitet. So heißt es einerseits: „Eine unter den Bedingungen der Heimarbeit ausgeübte Arbeitertätigkeit kann in beiden Formen (Heimarbeit oder Hausgewerbe, Anm. v.Verf.) ausgeübt werden, eine Angestelltentätigkeit dagegen nicht, da sich §2 Abs.2 HAG auf die Herstellung, Verarbeitung und Verpackung von Waren beschränkt" (Kappus, Rechtsfragen S. 171). Unverständlich demgegenüber seine Formulierung, „daß nach der Änderung des HAG jede unter den Bedingungen der Heimarbeit ausgeübte Tätigkeit, die bei betrieblicher Ausübung als die eines Angestellten zu beurteilen wäre, von §2 Abs.2 HAG erfaßt wird" (Kappus, Rechtsfragen S. 174).

Wedde[21] hält diese Konsequenz für nicht tragbar, da sie zu Rechtsverlusten führe. Er schlägt vor, die Tätigkeit von Hausgewerbetreibenden nicht auf den klassischen gewerblichen Bereich zu beschränken. Vielmehr sollten zumindest dann, wenn aufgrund eines Wandels der Verkehrsanschauung auch andere Tätigkeiten als hausgewerbetypisch und deshalb als im besonderen Maße schutzbedürftig anzusehen seien, diese unter §2 Abs.2 HAG subsumiert werden. Zur Begründung seiner Auffassung weist er unter anderem darauf hin, daß im Jahre 1974 das Fehlen einer entsprechenden Verkehrsanschauung Ursache für die nicht erfolgte Änderung von §2 Abs.2 HAG gewesen sei.

Die Materialien zur Neufassung des Heimarbeitsgesetzes im Jahre 1974 geben keinen Hinweis auf die Motive des Gesetzgebers für seine Unterlassung einer Novellierung des Absatzes 2 des §2 HAG[22]. Deshalb kann eine pauschale Ablehnung, Angestelltentätigkeiten unter diese Vorschrift zu fassen, nicht auf einen bewußten entsprechenden gesetzgeberischen Willen gestützt werden. Aber auch die These von Wedde, es habe lediglich eine Verkehrsanschauung gefehlt, bleibt Spekulation.

Sowohl die Ansicht, die eine Einordnung von Teleheimarbeitern als Hausgewerbetreibende von vornherein ausschließt, als auch die gegenteilige Meinung von Wedde lassen eine sorgfältige Auseinandersetzung mit dem Wortlaut des §2 Abs.2 HAG vermissen. Beide Auffassungen kommen vorschnell zu dem Schluß, bereits der Wortlaut der Vorschrift stünde einer Klassifizierung von Teleheimarbeitern als Hausgewerbetreibende entgegen. Zu fragen ist demgegenüber, ob nicht zumindest einige Tätigkeiten, die von Teleheimarbeitern ausgeführt werden können, als Herstellung oder Bearbeitung von Waren anzusehen sind.

Der Begriff „Ware" wird vom Heimarbeitsgesetz nicht definiert. Es ist gleichwohl allgemein anerkannt, daß Waren alle beweglichen Sachen sind, die Gegenstand des Handelsverkehrs sein können[23]. Bei unbefangener Betrachtung kann daher die „Herstellung eines EDV-Programms" zumindest dann als „Herstellung einer Ware" angesehen werden, wenn sogenannte Standard-Software entwickelt wird, die auf dem Absatzmarkt zum Verkauf angeboten wird.

Dem kann nicht entgegengehalten werden, daß die Tatsache der Nichtänderung des §2 Abs.2 HAG zwar in den Materialien nicht ausdrücklich motiviert worden ist, daß sie jedoch die Folgerung erlaube, der Gesetzgeber habe hier an einer festgefügten Verkehrsanschauung festhalten wollen, die das Hausgewerbe den gewerblichen Tätigkeiten vorbehält. Mit der Änderung sollte klargestellt werden, daß Angestelltentätigkeiten in den Schutzbereich des Heimarbeitsgesetzes einzubeziehen sind, wenn die sonstigen Voraussetzungen dafür vorliegen[24].

---

[21] Wedde S. 75; ders. ArbuR 1987, 325 (328).

[22] Siehe Begründung des Regierungsentwurfes, BT-Drucksache 7/975 S. 14.

[23] Maus/Schmidt §2 HAG Rn. 26; Brecht, §2 HAG Rn. 27; vgl. auch Landmann/Rohmer Anm. 8 zu §55 GewO.

Diesem Anliegen würde es zuwiderlaufen, den Absatz 2 der Vorschrift für Angestelltentätigkeit zu sperren.

Der Einstufung eines Teleprogrammierers als Hausgewerbetreibenden steht auch nicht das relativ hohe Qualifikationsniveau dieser Tätigkeit entgegen. Eine derartige Beschränkung ist dem Wortlaut des §2 Abs.2 HAG ebensowenig wie dem des §2 Abs.1 HAG zu entnehmen. Wie bereits für den Heimarbeiterbegriff festgestellt, muß es auch für denjenigen des Hausgewerbetreibenden gelten, daß seine Auslegung nicht so erfolgen sollte, daß das Heimarbeitsgesetz auf dieser begrifflichen Ebene neuen Tätigkeitsfeldern gegenüber verschlossen wird.

In welchem Umfang und unter welchen Voraussetzungen im einzelnen eine Klassifizierung von Teleheimarbeitern als Hausgewerbetreibende vorzunehmen ist, bedarf an dieser Stelle keiner abschließenden Erörterung. Es genügt hier die Feststellung, daß der Status eines Hausgewerbetreibenden auch für Teleheimarbeiter in Betracht zu ziehen ist[25].

b) Personen, die den in Heimarbeit Beschäftigten gleichgestellt sind

Das Heimarbeitsgesetz eröffnet nach §1 Abs.2 HAG die Möglichkeit, bestimmte Personen oder Personengruppen den in Heimarbeit Beschäftigten gleichzustellen, wenn dies wegen deren Schutzbedürftigkeit gerechtfertigt erscheint.

So können nach §1 Abs.2 Buchstabe a HAG Personen gleichgestellt werden, die in der Regel allein oder mit ihren Familienangehörigen in eigener Wohnung oder selbstgewählter Betriebsstätte eine sich in regelmäßigen Arbeitsvorgängen wiederholende Arbeit im Auftrag eines anderen gegen Entgelt ausüben, ohne daß ihre Tätigkeit als gewerblich anzusehen oder der Auftraggeber ein Gewerbetreibender ist. Nach dieser Vorschrift können z.B. Teleheimarbeiter, die im öffentlichen Dienst beschäftigt und deren Auftraggeber daher in der Regel mangels Gewinnerzielungsabsicht keine Gewerbetreibenden sind[26], den Heimarbeitern gleichgestellt werden. Für einen solchen Teleheimarbeiter kommt folglich der Status einer nach §1 Abs.2 Buchstabe a HAG gleichgestellten Person in Betracht.

Nach §1 Abs.2 Buchstabe b HAG können Personen gleichgestellt werden, denen die Eigenschaft eines Hausgewerbetreibenden deshalb nicht zukommt, weil sie mit mehr als zwei fremden Hilfskräften oder Heimarbeitern arbeiten. Folglich ist die Rechtsstellung einer nach §1 Abs.2 Buchstabe b HAG gleichgestellten Person für solche Teleheimarbeiter in Betracht zu ziehen, die mit mehr als zwei fremden Hilfskräften Waren herstellen.

---

[24] BT-Drucksache 7/975 S. 14.

[25] Im Ergebnis ebenso, wenngleich mit anderer Begründung Wedde S. 75ff.

[26] Vgl. BGHZ 49, 258 (260); Baumbach/Duden/Hopt §1 HGB Anm. 7.

Schließlich können nach § 1 Abs.2 Buchstabe c HAG andere im Lohnauftrag arbeitende Gewerbetreibende den Hausgewerbetreibenden gleichgestellt werden. Voraussetzung ist, daß sie infolge ihrer wirtschaftlichen Abhängigkeit eine ähnliche Stellung wie Hausgewerbetreibende einnehmen. Nach dieser Vorschrift könnten z.B. Teleheimarbeiter gleichgestellt werden, deren Tätigkeit nicht als Herstellung oder Bearbeitung von Waren angesehen werden kann und die aus diesem Grunde keine Hausgewerbetreibenden sind.

Nach § 1 Abs.2 Buchstabe d HAG können auch Zwischenmeister gleichgestellt werden. Dies sind Personen, die, ohne Arbeitnehmer zu sein, die ihnen von Gewerbetreibenden übertragene Arbeit an Heimarbeiter oder Hausgewerbetreibende weitergeben, § 2 Abs. 3 HAG. Diese Personen spielen bei der Teleheimarbeit bislang keine Rolle, was sich jedoch ändern könnte, wenn auch die Vermittlung von Telearbeit praktische Bedeutung erlangt.

Die Rechtsstellung eines Gleichgestellten kann gemäß § 1 Abs.4 HAG nur dadurch erworben werden, daß der zuständige Heimarbeitsausschuß nach Anhörung der Beteiligten eine Gleichstellungsentscheidung trifft. Fehlt eine solche Gleichstellungsentscheidung, unterstehen diese Personen nicht dem Heimarbeitsrecht. Sie sind dann zwar unter Umständen gleichstellungsfähig. Aber dadurch kommt ihnen allenfalls die Rechtsstellung einer sonstigen arbeitnehmerähnlichen Person zu.

c) Sonstige arbeitnehmerähnliche Personen

Im folgenden werden diejenigen arbeitnehmerähnlichen Personen betrachtet, die außerhalb des personellen Geltungsbereiches des Heimarbeitsgesetzes stehen. Sie werden in §§ 2 BUrlG, 5 ArbGG und 12a TVG erwähnt. Überragende Bedeutung besitzt für diesen Personenkreis § 12a TVG. Er eröffnet die Möglichkeit, Tarifverträge für sie abzuschließen. Deshalb beschränkt sich diese Untersuchung auf die Arbeitnehmerähnlichkeit im Sinne von § 12a TVG. Vernachlässigt werden damit Randgruppen, die unter Umständen zwar nicht nach § 12a TVG arbeitnehmerähnlich sind, jedoch von § 5 ArbGG oder von § 2 BUrlG noch erfaßt werden.

Der Status einer sonstigen arbeitnehmerähnlichen Person kommt z.B. für diejenigen Teleheimarbeiter in Frage, die im Auftrag einer Behörde und nicht im Auftrag eines Gewerbetreibenden tätig sind. Sie sind keine Heimarbeiter nach § 2 Abs.1 HAG. Ihnen dürfte in der Regel die Heimarbeitereigenschaft auch nicht nach § 2 Abs.4 HAG zugeordnet werden können. Diese Vorschrift erfaßt als Auftraggeber nur solche Personen, Personenvereinigungen und Körperschaften des privaten oder öffentlichen Rechts, welche die Herstellung, Bearbeitung oder Verpackung von Waren nicht zum Zweck der Gewinnerzielung betreiben. Sie könnten daher regelmäßig nur nach § 1 Abs.2 Buchstabe a HAG gleichgestellt werden. Bislang gibt es eine solche Gleichstellung bei Angestelltentätigkeiten nur für „Adressenschreiben, Schreibarbeiten und ähnliche

Arbeiten"[27]. Ähnliche Arbeiten sind auf Bürohilfsarbeiten beschränkt[28]. Wenn daher höher qualifizierte Tätigkeiten dezentral erledigt werden, sind die Beschäftigten von dieser Gleichstellungsentscheidung nicht erfaßt. Sie können dann allenfalls als sonstige arbeitnehmerähnliche Personen eingeordnet werden.

3. Teleheimarbeiter als freie Unternehmer

Letztlich kommt in Betracht, daß ein Teleheimarbeiter als freier Unternehmer zu klassifizieren ist. So werden die Personen bezeichnet, die bei ihrer Tätigkeit über eine eigene innere und äußere Unternehmensorganisation verfügen, über die sie frei disponieren können und dafür ein eigenes unternehmerisches Risiko tragen[29].

Zusammenfassung

Abschließend kann festgestellt werden, daß Teleheimarbeiter als Arbeitnehmer, als arbeitnehmerähnliche Personen sowie als freie Unternehmer tätig werden können. Hervorzuheben ist, daß alle Rechtsformen des Heimarbeitsgesetzes in Betracht zu ziehen sind und daß insbesondere Teleheimarbeit auch als Hausgewerbe denkbar ist.

Im folgenden sollen die Unterschiede in der Rechtsstellung des Teleheimarbeiters herausgearbeitet werden, die sich ergeben, wenn ein Teleheimarbeitsverhältnis der einen oder der anderen möglichen Rechtsform zugeordnet wird. Dabei wird allerdings dem Status „freier Unternehmer" keine Beachtung zuteil. Dieser Personenkreis untersteht keinem Sonderrechtskomplex, der hier von Interesse ist.

B. Soziale Sicherheit der Teleheimarbeiter

Die soziale Sicherheit von Personen, die Arbeitsleistungen erbringen, wird hierzulande durch zwei grundsätzlich verschiedene Regelungsmechanismen verwirklicht. Zum einen obliegt es den Gewerkschaften durch den Abschluß von Tarifverträgen ihren Mitgliedern einen Mindestarbeitsschutz zu gewährleisten. Zum anderen hat der Gesetzgeber in einer Fülle arbeits- und sozialrechtlicher Gesetze eine untere Grenzlinie sozialen Standards gezogen.

---

[27] Siehe BAnz. 1976 Nr. 54.

[28] Vgl. I 1. und 2. der Gleichstellungsentscheidung betreffend Adressenschreiben, Schreibarbeiten und ähnliche Arbeiten, BAnz. 1976 Nr.54.

[29] Meyer S. 42; Trinkhaus S. 47; Küfner-Schmitt S. 93; Wedde S. 91; Simon/Kuhne BB 1987, 201 (204).

I. Absicherung durch Tarifverträge

1. Umfang der Regelungsmacht der Tarifvertragsparteien für Teleheimarbeiter

Die Tarifvertragsparteien schließen Tarifverträge, deren normative Regelungen gemäß §1 Abs.1 TVG zugunsten der gewerkschaftlich organisierten Arbeitnehmer unmittelbar und zwingende Schutznormen darstellen. Für Teleheimarbeiter, die als Arbeitnehmer eingestuft werden können, gilt daher das allgemeine Tarifvertragsrecht. Hervorzuheben ist daher lediglich, daß — sieht man einmal von der Ausnahme in §3 Abs.2 TVG für betriebliche und betriebsverfassungsrechtliche Normen ab und vernachlässigt an dieser Stelle auch die Möglichkeit, einen Tarifvertrag nach §5 TVG für allgemeinverbindlich zu erklären — sich die normative Schutzwirkung eines Tarifvertrages auf die Mitglieder derjenigen Gewerkschaft beschränkt, die Vertragspartener des Tarifvertrages ist.

Die gesetzliche Ausgangssituation für die in Heimarbeit Beschäftigten und ihnen Gleichgestellte stellt sich nicht anders dar. Aus §17 Abs.1 HAG geht hervor, daß Tarifverträge auch für die in Heimarbeit Beschäftigten und für die ihnen Gleichgestellten geschlossen werden dürfen[1].Darüber hinaus können auch sogenannte schriftliche Vereinbarungen getroffen werden. Gemäß §17 Abs.1 HAG gelten sie als Tarifverträge. Parteien einer schriftlichen Vereinbarung sind die Gewerkschaften einerseits und Auftraggeber oder deren Vereinigungen andererseits. Als Vereinigung von Auftraggebern kommen auch solche wirtschaftlichen Vereinigungen und Organisationen in Betracht, deren Aufgabe es an sich nicht ist, Kollektivvereinbarungen abzuschliessen. Es muß sich auch nicht um tariffähige Koalitionen handeln[2]. Sowohl ein Tarifvertrag als auch eine schriftliche Vereinbarung begünstigt mit normativer Wirkung nur die Mitglieder der vertragsschließenden Gewerkschaft.

Für sonstige arbeitnehmerähnliche Teleheimarbeiter können nach Maßgabe des §12a TVG Tarifverträge geschlossen werden.

Somit kann sowohl für Teleheimarbeiter, die Arbeitnehmer, als auch für solche, die in Heimarbeit Beschäftigte, ihnen Gleichgestellte oder sonstige arbeitnehmerähnliche Personen sind, ein Mindestarbeitsschutz in Tarifverträgen vereinbart werden. Es fragt sich, ob bereits dieser gesetzliche Befund es gestattet, Sorgen um die soziale Sicherheit von Teleheimarbeitern als unbegründet zu erachten[3].

---

[1] §17 Abs.1 HAG setzt die Möglichkeit, Tarifverträge für Heimarbeiter und ihnen Gleichgestellte zu schließen voraus. Eine ausdrückliche gesetzliche Ermächtigung für die Tarifvertragsparteien, zugunsten der in Heimarbeit Beschäftigten Tarifverträge mit normativer Wirkung abzuschließen, fehlt. Nach einhelliger Auffassung ist §17 Abs. 1 HAG als Ermächtigung zur tariflichen Normsetzung ausreichend, so BAG v. 15.11.1963 AP Nr. 14 zu §2 TVG, bes. Bl. 3ff; Maus/Schmidt §17 HAG Rn. 7; Küfner-Schmitt S. 99.

[2] Maus/Schmidt §17 HAG Rn. 27; Küfner-Schmitt S. 101.

Dabei bliebe unberücksichtigt, daß die Organisationswilligkeit unter den außerhalb einer betrieblichen Einheit beschäftigten Personen als gering einzuschätzen ist[4], so daß die normative Schutzwirkung tariflicher Vereinbarungen den Kreis der Teleheimarbeiter weitgehend nicht erreichen dürfte. Zwar können Tarifnormen für nicht gewerkschaftlich organisierte Teleheimarbeiter dadurch verbindlich werden, daß eine entsprechende einzelvertragliche Abrede getroffen wird. Eine Gleichbehandlung gewerkschaftlich nicht organisierter mit gewerkschaftlich organisierten Personen ist jedoch von Rechts wegen nicht geboten[5]. Sie ist lediglich in der Praxis häufig anzutreffen, da in Arbeitsverträgen in der Regel die Geltung eines branchenüblichen Tarifvertrages vereinbart wird. Die auf einzelvertraglicher Grundlage zur Geltung gelangten tariflichen Vereinbarungen sind im Gegensatz zu den unmittelbar geltenden Tarifnormen individualrechtlich kündbar. Auf den Bestand tariflichen Mindestarbeitsschutzes kann sich der nicht gewerkschaftlich organisierte Teleheimarbeiter folglich nur in wesentlich geringerem Maße als ein Gewerkschaftsmitglied verlassen.

Sollten sich daher die Prognosen bewahrheiten, daß Teleheimarbeiter nur zu einem geringen Prozentsatz gewerkschaftlich organisiert sein werden, dann könnten die Arbeitsbedingungen von Teleheimarbeitern mit dem Mittel des Tarifvertrages nicht wirksam abgesichert werden. Diese Feststellung ist gleichermaßen für Teleheimarbeiter im Arbeitnehmer- und für solche im Heimarbeiterstatus sowie für Hausgewerbetreibende und Gleichgestellte zu treffen. Sie gilt darüber hinaus ebenso für die sonstigen arbeitnehmerähnlichen Personen, für die nach §12a TVG Tarifverträge geschlossen werden können. Insbesondere kann das tarifliche Regelungsdefizit nicht dadurch ausgeglichen werden, daß für Teleheimarbeiter die Rechtsform des Arbeitsverhältnisses angeordnet wird[6].

Bei dieser tatsächlichen Ausgangssituation ist entgegen dem Standpunkt von Müllner[7] die Sorge, Teleheimarbeiter könnten von der allgemeinen Tarifentwicklung ausgeschlossen werden, nicht als schlechthin unbegründet zu erachten. Vielmehr wirft Teleheimarbeit das Problem auf, ob und gegebenenfalls welche Auswege aus dem tariflichen Regelungsdefizit aufgezeigt werden können.

---

3 So aber Müllner, Privatisierung S. 176; ebenfalls unkritisch: Küfner-Schmitt S. 100; Kilian, Forschungsbericht S. 210f.

4 Vgl. Dobberthien druck^papier Heft 14 1983 S. 18; Beck WSI-Mitteilungen 1985, 550 (555); vgl. auch Drygala BlStSozArb 1978 356 (356); Brecht §19 HAG Rn. 17.

5 Vgl. z.B. BAG v. 16.7.1985 AP Nr. 32 zu §112 BetrVG 1972, bes. Bl. 5 ff = DB 1985, 2207; BAG v. 20.7.1960 AP Nr. 7 zu §4 TVG, bes. Bl. 1 Rs, mit zustimmender Anmerkung von G. Hueck ebenda, Bl. 2; Däubler/Hege Anm. 162; Hagemeier/Kempen/Zachert/Zilius §4 TVG Rn. 4; a.A. Wiedemann/Stumpf §3 TVG Rn. 125.

6 So aber Weichsel/Schröder/Beck, Entwurf für ein Fernarbeitsgesetz §2 Abs.1.

7 Müllner, Privatisierung S. 176.

2. Auswege aus dem tariflichen Regelungsdefizit

a) Allgemeinverbindlicherklärung eines Tarifvertrages

Das Tarifvertragsgesetz sieht in seinem §5 die Möglichkeit vor, einen Tarifvertrag für allgemeinverbindlich zu erklären. Dadurch werden die Rechtsnormen eines Tarifvertrages auf nicht tarifgebundene Arbeitgeber und Arbeitnehmer erstreckt. Die Möglichkeit, einen Tarifvertrag für allgemeinverbindlich zu erklären, ist nicht auf Tarifverträge beschränkt, die Arbeitsbedingungen von Arbeitnehmern regeln. Es können ebenso Tarifverträge für Heimarbeiter, Hausgewerbetreibende oder Gleichgestellte für allgemeinverbindlich erklärt werden[8].

Gleichwohl vermag eine Allgemeinverbindlicherklärung die oben aufgezeigten, durch einen geringen gewerkschaftlichen Organisationsgrad von Teleheimarbeitern bedingten Defizite nicht restlos auszugleichen. Durch eine Allgemeinverbindlicherklärung kann nämlich der persönliche, räumliche oder sachliche Geltungsbereich eines Tarifvertrages nicht verändert werden[9]. So kann beispielsweise der persönliche Geltungsbereich nicht auf Teleheimarbeiter erstreckt werden, wenn der Tarifvertrag ausdrücklich Regelungen nur für Betriebsarbeitnehmer enthält. Mit Hilfe einer Allgemeinverbindlicherklärung kann ein Mindestarbeitsschutz auf nicht gewerkschaftlich organisierte Teleheimarbeiter nur dann erstreckt werden, wenn es bereits einen Taifvertrag gibt, der Regelungen für sie enthält. Das Instrument der Allgemeinverbindlicherklärung versagt demgemäß, wenn kein derartiger Tarifvertrag als Anknüpfungspunkt vorhanden ist.

Ob ein Tarifvertrag für Teleheimarbeiter geschlossen wird oder nicht, liegt in der Hand der Tarifparteien. Es ist zumindest zweifelhaft, ob die Gewerkschaften Interessenvertreter gerade derjenigen sein werden, die nur zu einem geringen Prozentsatz bereit sind, ihrer Organisation beizutreten. Dieser Zweifel ist in besonderem Maße dann angebracht, wenn es darum gehen wird, Vereinbarungen notfalls zu erstreiken.

Festzuhalten ist, daß eine Allgemeinverbindlicherklärung tariflichen Mindestarbeitsschutz nur dann auf nicht tarifgebundene Teleheimarbeiter und ihre Arbeit-/Auftraggeber ausdehnen kann, wenn ein Tarifvertrag für den Personenkreis der Teleheimarbeiter bereits abgeschlossen wurde.

---

[8] Allgemeine Ansicht, vgl. z.B. Maus/Schmidt §17 HAG Rn. 18.

[9] Maus/Schmidt §17 HAG Rn. 7; Wiedemann/Stumpf §5 TVG Rn. 23; Schaub §207 V., S. 1219.

b) Bindende Festsetzung für in Heimarbeit Beschäftigte und ihnen Gleichgestellte

Eine schwache Organisationswilligkeit ist seit je ein spezifisches Problem der Heimarbeit. Deshalb hat sich der Gesetzgeber hier schon früh entschlossen, Gegenmaßnahmen zu ergreifen, um einer sozialen Verelendung dieser Personen entgegenzuwirken. So wurde erstmals im Heimarbeiterlohngesetz vom 27. Juni 1923[10] hoheitlichen Instanzen die Befugnis zur Festsetzung von Mindestentgelten für Heimarbeiter gegeben. Bis heute kann auf derartige Maßnahmen nicht verzichtet werden[11]. Sie finden jetzt in §19 HAG ihre Rechtsgrundlage.

Nach §19 Abs.1 Satz 1 HAG kann der zuständige Heimarbeitsausschuß Entgelte und sonstige Vertragsbedingungen mit Wirkung für alle Auftraggeber und Beschäftigten innerhalb seines Zuständigkeitsbereiches regeln. Alle Heimarbeiter, Hausgewerbetreibende und Gleichgestellte können somit durch bindende Festsetzungen begünstigt werden, sofern die sonstigen Voraussetzungen dafür gemäß §19 Abs. 1 HAG erfüllt sind.

Nach §19 Abs.3 HAG hat die bindende Festsetzung die gleiche Wirkung wie ein allgemeinverbindlicher Tarifvertrag. Die festgesetzten Arbeitsbedingungen gelten unmittelbar und zwingend. Von ihnen darf nur zugunsten des Beschäftigten einzelvertraglich abgewichen werden. Für die Konkurrenz zwischen bindender Festsetzung und Tarifvertrag regelt §19 Abs.1 Satz 3 HAG, daß in einer bindenden Festsetzung keine für die Beschäftigten günstigeren Entgelte oder sonstige günstigere Vertragsbedingungen festgesetzt werden sollen. Durch bindende Festsetzungen können Arbeitsbedingungen von Teleheimarbeitern, die Heimarbeiter, Hausgewerbetreibende oder ihnen Gleichgestellte sind, der tariflichen Lohnentwicklung angepaßt werden, sie sollen jedoch den tariflichen Standard nicht überbieten[12].

Es gibt eine Reihe bindender Festsetzungen für den Heimarbeitsbereich. Als einziges Beispiel, das auch für Teleheimarbeit Bedeutung besitzt, ist die Bindende Festsetzung von Entgelten und sonstigen Vertragsbedingungen für Adressenschreiben, Abschreibarbeiten und ähnliche Arbeiten in Heimarbeit zu nennen[13].

---

[10] RGBl. I, S. 467.

[11] So ist in der amtlichen Begründung zum Entwurf des Heimarbeitsgesetzes vom 15.9.1950 (BT-Drucks. Nr. 1357/1949 S. 26) zu lesen, daß mit Rücksicht auf die in manchen Gewerbezweigen besonders schwache Organisationswilligkeit der Auftraggeber und der in Heimarbeit Beschäftigten nicht auf verbindliche Regelungen der Entgelte verzichtet werden könne; vgl. auch Bundestagsprotokoll der 43. Sitzung S. 1450; Maus/Schmidt § 19 HAG Rn. 1.

[12] Vgl. Küfner-Schmitt S. 103; Maus/Schmidt §19 HAG Rn. 16.

[13] Siehe BAnz. 1983, Nr. 95, BAnz. 1986 Nr.87.

c) Festsetzung von Mindestarbeitsbedingungen für Arbeitnehmer

Wenig bekannt und auch praktisch bislang bedeutungslos ist die Tatsache, daß nicht nur für die in Heimarbeit Beschäftigten und die ihnen Gleichgestellten, sondern nach dem Gesetz über die Festsetzung von Mindestarbeitsbedingungen vom 11. Januar 1952[14] auch für Arbeitnehmer Fachausschüsse Mindestarbeitsbedingungen festsetzen können[15].

Die Voraussetzungen für den Erlaß von Mindestarbeitsbedingungen sind in § 1 Abs.2 MindestarbbedG festgelegt. Danach können Mindestarbeitsbedingungen festgesetzt werden, wenn

a) Gewerkschaften oder Vereinigungen von Arbeitnehmern für den Wirtschaftszweig oder die Beschäftigungsart nicht bestehen oder nur eine Minderheit der Arbeitnehmer oder der Arbeitgeber umfassen und

b) die Festsetzung zur Befriedigung der notwendigen sozialen und wirtschaftlichen Bedürfnisse der Arbeitnehmer erforderlich erscheint und

c) eine Regelung von Entgelten oder sonstigen Arbeitsbedingungen durch Allgemeinverbind-licherklärung eines Tarifvertrages nicht erfolgt ist.

Der Vorrang tarifvertraglicher Bestimmungen ist im Mindestarbeitsbedingungsgesetz nicht nur als Sollvorschrift wie in § 19 Abs.1 Satz 3 HAG ausgestaltet. Vielmehr geht gemäß § 8 Abs.2 MindestarbbedG jede tarifliche Regelung den Mindestarbeitsbedingungen vor, selbst wenn sie für die Arbeitnehmer ungünstiger ist[16].

Es wurde oben bereits erwähnt, daß eine mangelnde Bereitschaft, einer Gewerkschaft beizutreten, ungeachtet des Status eines Teleheimarbeiters zu erwarten ist und insbesondere auch bei Arbeitnehmern auftreten dürfte. Möglicherweise ergibt sich deswegen für dieses bisher kaum beachtete Gesetz in der Zukunft ein Anwendungsfeld.

Festzuhalten ist an dieser Stelle, daß das gesetzliche Instrumentarium vorhanden ist, um ein Absinken unter tariflichen Standard zu verhindern. Dies gilt jedenfalls für Teleheimarbeit, die in der Rechtsform eines Arbeits- oder Heimarbeitsvertrages geleistet wird, und ebenso für Teleheimarbeiter, die als Hausgewerbetreibende oder Gleichgestellte tätig sind. Eine Verschlechterung des Lohnniveaus dürfte aber trotz des vorhandenen gesetzlichen Instrumentariums letztlich nur dann verhindert werden, wenn eine wirksame Kontrolle der Einhaltung dieser Mindestarbeitsbedingungen ebenfalls gewährleistet ist.

---

[14] BGBl. I S. 17; ausführliche Erläuterung dazu bei Goldschmidt AR-Blattei D-Mindestarbeitsbedingungen; vgl. auch Schaub § 162 S. 946.

[15] Diese Möglichkeit übersieht z.B. Küfner-Schmitt S. 98ff.

[16] Vgl. auch Goldschmidt AR-Blattei D-Mindestarbeitsbedingungen, 4.Forts.-Blatt.

Zusammenfassung

Wenn sich in Zukunft herausstellen sollte, daß nur ein geringer Prozentsatz von Teleheimarbeitern gewerkschaftlich organisiert sein wird, dann versagt der Tarifvertrag als Instrument zur Festsetzung von Mindestarbeitsbedingungen für Teleheimarbeiter. Das durch eine geringe Organisationswilligkeit bedingte Defizit in der tariflichen Regelungsmacht besteht für alle Teleheimarbeiter ungeachtet des ihnen zukommenden Status. Dieses Defizit kann durch Allgemeinverbindlicherklärung eines Tarifvertrages nur dann ausgeglichen werden, wenn ein Tarifvertrag mit Regelungen auch für die Gruppe der Teleheimarbeiter existiert. Fehlt ein solcher Tarifvertrag, so mangelt es an einem Anknüpfungspunkt für eine Allgemeinverbindlicherklärung. In einem solchen Fall kann einem Absinken des Lohnniveaus und einer Verschlechterung sonstiger Arbeitsbedingungen für Teleheimarbeiter nur durch hoheitliche Festsetzung von Mindestarbeitsschutz begegnet werden. Für die in Heimarbeit Beschäftigten und ihnen Gleichgestellte steht dafür das Instrument der bindenden Festsetzung gemäß §19 HAG zur Verfügung. Für Teleheimarbeiter im Arbeitnehmerstatus können nach dem Gesetz über die Festsetzung von Mindestarbeitsbedingungen entsprechende Maßnahmen ergriffen werden.

II. Absicherung durch arbeits- und sozialrechtliche Gesetze

Im folgenden soll die Rechtsstellung der Teleheimarbeiter untersucht werden, die sich direkt aus arbeits- und sozialrechtlichen Schutzgesetzen ergibt.

Bei der Darstellung der Rechtsstellung der Gleichgestellten besteht die Schwierigkeit, daß nach §1 Abs.3 Satz 2 HAG in der Gleichstellungsentscheidung der Kreis der für die Gleichgestellten gültigen Vorschriften des Heimarbeitsgesetzes bestimmt werden kann. Außerhalb des Heimarbeitsgesetzes werden die Gleichgestellten nur dann wie die Heimarbeiter oder Hausgewerbetreibenden behandelt, wenn das Gesetz dies ausdrücklich vorsieht[1]. Rechtsfolge einer Gleichstellung ist daher nicht die völlige Gleichbehandlung der Gleichgestellten mit Heimarbeitern oder Hausgewerbetreibenden, sondern zunächst nur die Anwendung von Vorschriften des Heimarbeitsgesetzes nach Maßgabe von §1 Abs. 3 Satz 2 HAG sowie der Gleichstellungsentscheidung.Für die nachstehende Untersuchung wird von einer Gleichstellungsentscheidung ausgegangen, die gegenüber dem gesetzlich vorgesehenen Kreis von Vorschriften keine abweichende Regelung enthält. Eine derartige Gleichstellungsentscheidung ist z.B. die für Adressenschreiben, Schreibarbeiten und ähnliche Arbeiten in Heimarbeit[2].

---

[1] Maus/Schmidt §1 HAG Rn. 122 ff (124).

[2] BAnz. 1976 Nr. 54.

Um auch die sozialrechtliche Rechtsstellung von Teleheimarbeitern einbeziehen zu können, ist es notwendig, die für alle Zweige der Sozialversicherung geltenden Begriffsbestimmungen, soweit sie hier von Interesse sind, im Rahmen einer Vorbemerkung zu klären.

1. Begriffliche Vorbemerkung

Gemäß §2 Abs.2 Nr.1 SGB IV sind in allen Zweigen der Sozialversicherung nach Maßgabe der besonderen Vorschriften Personen versichert, die gegen Arbeitsentgelt beschäftigt sind. Zu den Beschäftigten gehören nach §7 Abs.1 SGB IV die Arbeitnehmer und nach §12 Abs.2, 2.Halbsatz auch die Heimarbeiter. Nach §2 Abs.2 Nr.4 SGB IV sind nach Maßgabe der besonderen Vorschriften ferner die Hausgewerbetreibenden versichert.

Das Sozialversicherungsrecht legt in §12 Abs.2 SGB IV einen von §2 Abs.1 HAG im Wortlaut abweichenden Heimarbeiterbegriff zugrunde. Die Unterschiede können der folgenden Synopse entnommen werden:

§2 Abs.1 HAG	§12 Abs.2 SBG IV
Heimarbeiter im Sinne dieses Gesetzes ist, wer	Heimarbeiter sind sonstige Personen (im Gegensatz zu Hausgewerbetreibenden im Sinne von §12 Abs.1 SBG IV, Anm. d. Verf.),
in selbstgewählter Arbeistsstätte (eigener Wohnung oder selbstgewählter Betriebsstätte)	die in eigener Arbeitsstätte
allein oder mit seinen Familienangehörigen	
im Auftrag von Gewerbetreibenden oder Zwischenmeistern	im Auftrag ... von Gewerbetreibenden, gemeinnützigen Unternehmen oder öffentlichrechtlichen Körperschaften
erwerbsmäßig arbeitet,	erwerbsmäßig arbeiten,

§ 2 Abs. 1 HAG	§ 12 Abs. 2 SBG IV
jedoch die Verwertung der Arbeitsergebnisse dem unmittelbar oder mittelbar auftraagge- mittelbar auftraggebenden Gewerbetreibenden überläßt.	für Rechnung von Gewerbetreibenden, gemeinnützigen Unternehmen oder öffentlich- men oder öffentlichrechtlichen Körperschaften,(durch Verf. hier eingefügt)
Beschafft der Heimarbeiter die Roh- oder Hilfsstoffe selbst, so wird hierdurch seine Eigenschaft als Heimarbeiter nicht beeinträchtigt.	auch wenn sie Roh- oder Hilfsstoffe selbst beschaffen.

Der Heimarbeiter im Sinne von § 12 Abs.2 SGB IV ist also im Gegensatz zum Heimarbeiter im Sinne von §2 Abs.1 HAG eine Person, die nicht notwendig allein oder nur mit Familienangehörigen arbeitet. Ferner ist beim sozialrechtlichen Heimarbeiterbegriff die Reihe der in Betracht kommenden Auftraggeber auf gemeinnützige Unternehmen und öffentlich-rechtliche Körperschaften erweitert. Personen, die nicht im Auftrag von Gewerbetreibenden arbeiten und daher keine Heimarbeiter nach § 2 Abs.1 HAG sind, können deshalb durchaus Heimarbeiter nach § 12 Abs.2 SGB IV sein. Es bedarf keiner Gleichstellung nach § 1 Abs.2 Buchstabe a HAG, um diesen Personen den sozialrechtlichen Schutz für Heimarbeiter zukommen zu lassen. Im übrigen sind die Begriffe im wesentlichen identisch.

Auch die Hausgewerbetreibenden sind in § 12 Abs. 1 SGB IV mit anderen Worten umschrieben als im Heimarbeitsgesetz. Die Unterschiede und Gemeinsamkeiten sind in der folgenden Synopse zusammengestellt:

§2 Abs.2 HAG	§12 Abs.1 SGB IV
Hausgewerbetreibender im Sinne des HAG ist,	Hausgewerbetreibende
	sind selbständig Tätige,
wer in eigener Arbeitsstätte(eigener Wohnung oder Betriebsstätte)	die in eigener Arbeitsstätte

§ 2 Abs. 2 HAG	§ 12 Abs. 1 SGB IV
mit nicht mehr als zwei fremden Hilfskräften oder Heimarbeitern	
im Auftrag von Gewerbetreibenden oder Zwischenmeistern	im Auftrag ... von Gewerbetreibenden, gemeinnützigen Unternehmen oder öffentlich-rechtlichen Körperschaften
Waren herstellt, bearbeitet oder verpackt,	gewerblich arbeiten,
wobei er selbst wesentlich am Stück mitarbeitet,	
jedoch die Verwertung der Arbeitsergebnisse dem unmittelbar oder mittelbar auftraggebenden Gewerbetreibenden überläßt.	für Rechnungen von Gewerbetreibenden, gemeinnützigen Unternehmen oder öffentlich-rechtlichen Körperschaften (eingefügt v. Verf.)
Beschafft der Hausgewerbetreibende die Roh-und Hilfsstoffe selbst oder arbeitet er vorübergehend unmittelbar für den Absatzmarkt, so wird hierdurch seine Eigenschaft als Hausgewerbetreibender nicht beeinträchtigt.	auch wenn sie Roh- oder Hilfsstoffe selbst beschaffen oder vorübergehend für eigene Rechnung tätig sind.

In § 12 Abs. 1 SGB IV ist der Kreis der Auftraggeber gegenüber demjenigen in § 2 Abs. 2 HAG erweitert. Ferner ist die Tätigkeit eines Hausgewerbetreibenden im Sinne des Sozialversicherungsrecht nicht auf die „Herstellung, Bearbeitung oder Verpackung von Waren“ beschränkt, sondern lediglich darauf, „gewerblich“ zu arbeiten. Auch die wesentliche Mitarbeit am Stück ist nach § 12 Abs. 1 SGB IV keine Voraussetzung. Folglich ist jeder Hausgewerbetreibender im

Sinne des Heimarbeitsgesetzes auch ein Hausgewerbetreibender im Sinne des Sozialgesetzbuches IV. Teleheimarbeiter können als Hausgewerbetreibende nach §12 Abs.1 SGB IV eingestuft werden, ohne daß die Probleme auftreten, die durch die Tätigkeitsbeschreibung „Herstellung, Bearbeitung oder Verpackung von Waren" in §2 Abs.2 HAG entstehen. Da in §12 Abs.1 SGB IV keine Beschränkung in der Anzahl der noch zulässigen Hilfskräfte festgeschrieben ist, sind die Personen, die nach §1 Abs.2 Buchstabe b HAG den Hausgewerbetreibenden gleichgestellt werden können, von §12 Abs. 1 SGB IV direkt erfaßt.

Gemäß §12 Abs. 5 SGB IV werden Personen, die nach §1 Abs.2 Buchstabe a HAG gleichgestellt sind, sozialversicherungsrechtlich wie Heimarbeiter behandelt. Zum Teil sind die nach §1 Abs.2 Buchstabe a HAG gleichstellungsfähigen Personen allerdings ohnehin Heimarbeiter im Sinne der Definition in §12 Abs.2 SGB IV. Das Sozialgesetzbuch erweitert nämlich die Reihe der Auftraggeber auf bestimmte nicht gewerbliche Unternehmen. Eine förmliche Gleichstelungsentscheidung ist für diese Teilgruppe nicht erforderlich, um ihnen sozialversicherungsrechtlichen Schutz für Heimarbeiter zu gewähren. Aus §12 Abs.5 SGB IV geht ferner hervor, daß diejenigen, die nach §1 Abs.2 Buchstabe c HAG gleichgestellt sind, sozialversicherungsrechtlich als Hausgewerbetreibende einzuordnen sind. Die Aussparung der nach §1 Abs.2 Buchstabe b HAG gleichgestellten Personen in §12 Abs.5 SGB IV ist dadurch gerechtfertigt, daß Hausgewerbetreibende mit mehr als zwei fremden Hilfskräften aufgrund der erweiterten Definition eines Hausgewerbetreibenden in §12 Abs.1 SGB IV im Gegensatz zu der in §2 Abs.2 HAG ohnehin Hausgewerbetreibende im Sinne des Sozialversicherungsrechts sind. Eine Gleichstellung ist für die nach §1 Abs.2 Buchstabe b HAG gleichstellungsfähigen Personen nicht vonnöten, um ihnen die sozialversicherungsrechtliche Rechtsstellung eines Hausgewerbetreibenden zukommen zu lassen.

2. Krankheitsfall

Wesentlicher Prüfstein für die soziale Absicherung von Teleheimarbeitern ist der Krankheitsfall. Hier zeigt sich besonders deutlich, ob Teleheimarbeiter in einem erhöhten Maße allgemeinen Existenzrisiken ausgesetzt sind.

a) Gesetzliche Ausgangssituation

aa) Arbeitnehmer

(1) Lohn- und Gehaltfortzahlung

Für Arbeitnehmer besteht im unverschuldeten Krankheitsfall ein Lohn- oder Gehaltfortzahlungsanspruch gegen den Arbeitgeber, §§1 LFZG; 616 Abs.2 BGB. Lohnfortzahlung wird für die Zeit der krankheitsbedingten Arbeitsunfähigkeit bis zur Dauer von sechs Wochen gewährt. Ein Arbeitnehmer, der innerhalb von zwölf Monaten infolge derselben Krankheit fortgesetzt erkrankt, behält seinen Fortzahlungsanspruch lediglich für die ersten sechs Wochen seiner Krankheit. Ist der Arbeitnehmer jedoch vor der erneuten krankheitsbedingten Arbeitsunfähigkeit mindestens sechs Monate lang nicht infolge der zur erneuten Arbeitsunfähigkeit führenden Krankheit arbeitsunfähig gewesen, so besitzt er wegen der erneuten Arbeitsunfähigkeit wiederum einen Anspruch auf Fortzahlung seiner Bezüge[3]. Dieser Anspruch besteht ebenfalls höchstens sechs Wochen lang.

Die soziale Situation im Krankheitsfall ist nur vor dem Hintergrund der zusätzlichen Sicherung durch die gesetzliche Krankenversicherung vollständig zu erfassen. Deshalb sind die Voraussetzungen und der Umfang des Krankengeldes an dieser Stelle kurz zu erläutern.

(2) Krankengeld

Wenn der Arbeitnehmer während seiner Krankheit keine Lohnfortzahlung erhält, wird sein Lebensunterhalt durch den Bezug von Krankengeld sichergestellt, §§182 Abs.1 Nr. 2, 189 RVO. Voraussetzung für den Bezug von Krankengeld ist seine Mitgliedschaft in der gesetzlichen Krankenversicherung. Arbeiter sind gemäß §165 Abs.1 Nr. 1 RVO stets in der gesetzlichen Krankenversicherung pflichtversichert. Angestellte hingegen unterliegen gemäß §165 Abs.1 Nr.2 RVO der Pflichtversicherung nur, wenn ihr Jahresverdienst eine bestimmte Höchstgrenze nicht übersteigt[4]. Da Teleheimarbeiter ausschließlich Angestelltentätigkeiten ausüben, sind sie nur dann Mitglieder in der gesetzlichen Krankenversicherung, wenn ihr Gehalt die Jahresarbeitsverdienstgrenze nach §165 Abs.1 Nr.2 RVO nicht überschreitet. Das Krankengeld beträgt gemäß §182 Abs.4 Satz 1 RVO 80% des Regellohnes. Die Berechnung des Regellohnes richtet sich nach §182 Abs.5,6 und 9 RVO. Für die vorliegende Untersuchung kommt es auf Einzelheiten nicht an. Es genügt vielmehr die Feststellung, daß das Krankengeld gemäß §182 Abs.4 Satz 2 RVO durch das Nettoarbeitsentgelt nach oben begrenzt ist.

bb) In Heimarbeit Beschäftigte und Gleichgestellte

(1) Entgeltzuschläge

Im Bereich der Heimarbeit regelt §8 LFZG die Sicherung für den Krankheitsfall. Heimarbeiter, Hausgewerbetreibende und die ihnen nach §1 Abs.2

---

[3] Die Gehaltfortzahlung bei Angestellten ist nach einhelliger Auffassung ebenso wie die Lohnfortzahlung der Arbeiter zu handhaben, obwohl dies dem Wortlaut des §616 Abs.2 BGB nicht entnommen werden kann. Siehe z.B. MünchKomm-Schaub §616 Rn. 96ff; Palandt-Putzo §616 Anm. 3) a) bb).

[4] Diese Jahresarbeitsverdienstgrenze lag im Jahre 1988 bei jährlich DM 53.000,- siehe Aichberger Sozialgesetzbuch/ Reichsversicherungsordnung zu §165 RVO.

Buchstaben a bis c HAG Gleichgestellten haben danach gegen ihren Auftraggeber Anspruch auf Zahlung eines Zuschlages zum Arbeitsentgelt, hingegen grundsätzlich keinen Anspruch auf Lohn- und Gehaltfortzahlung während ihrer Krankheit. Der Zuschlag wird prozentual nach der Höhe des Arbeitsentgeltes vor Abzug der Steuern, des Beitrages zur Bundesanstalt für Arbeit und der Sozialversicherungsbeiträge, aber nach Abzug des Unkosten-, des Feiertags- und des Urlaubszuschlages berechnet, §8 Abs.1 Satz 2 LFZG. Er beträgt für Heimarbeiter, Hausgewerbetreibende ohne fremde Hilfskräfte und die nach §1 Abs.2 Buchstabe a HAG den Heimarbeitern gleichgestellten Personen 3,4%. Für sonstige Hausgewerbetreibende und die nach §1 Abs.2 Buchstaben b und c Gleichgestellten sind 4,8% als Zuschlag zu zahlen. Der Prozentsatz ist für diese Personengruppe höher, weil er zugleich zur Sicherung der Ansprüche der von ihnen Beschäftigten dient, §8 Abs.1 Satz 3 LFZG.

Der Zuschlag wird mit dem Entgeltanspruch fällig. Er ist ständig und zusammen mit jeder Auszahlung von Arbeitsentgelt an den Anspruchsberechtigten auszuzahlen[5]. Dadurch entsteht die Gefahr, daß die Zuschläge mit dem Arbeitsentgelt zum laufenden Lebensunterhalt verwendet werden und im Falle einer Krankheit tatsächlich nicht mehr zur Verfügung stehen.

(2) Krankengeld

Da den in Heimarbeit Beschäftigten und den ihnen Gleichgestellten kein Lohn während ihrer Krankheit fortgezahlt wird, ruht ihr Krankengeldanspruch nach §189 RVO nicht. Vielmehr erhalten die von §8 LFZG erfaßten Personen vom ersten Tag ihrer Krankheit an Krankengeld, sofern sie Mitglieder der gesetzlichen Krankenversicherung sind. Deshalb ist zu klären, ob und unter welchen Voraussetzungen Teleheimarbeiter, die zu den in Heimarbeit Beschäftigten gehören, in der gesetzlichen Krankenversicherung pflichtversichert sind[6].

Aus §12 Abs.2 2. Halbsatz SBG IV folgt, daß Heimarbeiter ebenso wie die Arbeitnehmer sozialversicherungsrechtlich einzustufen sind. Demnach ist ein Büroheimarbeiter ebenso wie ein angestellter Arbeitnehmer nur dann versicherungspflichtig, wenn sein Jahresarbeitseinkommen die in §165 Abs.1 Nr.2 RVO bestimmte Höchstgrenze nicht übersteigt. Da Teleheimarbeiter stets Angestelltentätigkeiten verrichten, sind sie sowohl als Arbeitnehmer als auch als Heimarbeiter nur bis zu der genannten Verdienstgrenze krankenversicherungspflichtig.

§166 Abs.1 Satz 1 RVO bestimmt, daß Hausgewerbetreibende krankenversicherungspflichtig sind, wenn ihr regelmäßiges Jahreseinkommen fünfundsiebzig vom Hundert der für Jahresbezüge in der Rentenversicherung der Arbeiter

---

[5] Kaiser/Dunkl §8 LFZG Rn. 20.

[6] Versicherungsberechtigung und Versicherungsfreiheit von Teleheimarbeitern sollen hier außer Betracht gelassen werden. Vgl. dazu z.B. Küfner-Schmitt S. 201 ff; dies. SGb 1986, 398 ff.

geltenden Beitragsbemessungsgrenze nicht übersteigt. Für sie gilt also die gleiche Jahreseinkommensgrenze wie für die angestellten Arbeitnehmer und Büroheimarbeiter nach §165 Abs.1 Nr.2 RVO. Teleheimarbeiter sind deshalb als Hausgewerbetreibende ebenso wie Teleheimarbeiter im Arbeitnehmer- oder Heimarbeiterstatus bis zu der genannten Jahreseinkommensgrenze in der Krankenversicherung pflichtversichert.

Aus §§12 Abs. 5 SGB IV ergibt sich, daß gleichgestellte Teleheimarbeiter ebenfalls Krankengeld erhalten. Für sie gilt ebenfalls die in §165 Abs.1 Nr.2 RVO bezeichnete Jahresverdienstgrenze.

cc) Sonstige arbeitnehmerähnliche Personen

Sonstige arbeitnehmerähnliche Personen im Sinne von §12a TVG können durch Tarifvertrag im Krankheitsfall arbeitsrechtlich abgesichert werden. Im Sozialversicherungsrecht gehören sie zu den Selbständigen. Als solche unterliegen sie der Krankenversicherungspflicht nur dann, wenn sie zu den in §166 RVO abschließend aufgezählten Berufsgruppen gehören. Dort sind außer den Hausgewerbetreibenden noch Lehrer, Erzieher, Hebammen und Pfleger aufgeführt. Da diese Tätigkeiten nicht von Teleheimarbeitern verrichtet werden können, sind Teleheimarbeiter als sonstige arbeitnehmerähnliche Personen oder als Selbständige nach der Reichsversicherungsordnung nicht versicherungspflichtig. Sie können jedoch gemäß §§1,2 KSVG pflichtversichert sein. Dies kommt für Teleheimarbeiter in Betracht, die im journalistischen Bereich als „freie Mitarbeiter" tätig sind[7]. Auch sie sind nur dann versicherungspflichtig, wenn sie die in §165 Abs.1 Nr.2 RVO bezeichnete Jahresarbeitsverdienstgrenze nicht überschreiten, §5 Nr.2 KSVG.

b) Vergleich des Lohnfortzahlungs- mit dem Zuschlagsprinzip

aa) Aus der Sicht der Teleheimarbeiter

Im folgenden soll untersucht werden, ob sich für einen Teleheimarbeiter im Heimarbeiterstatus im Vergleich zu einem Teleheimarbeiter im Arbeitnehmerstatus ein gravierender Unterschied in der Absicherung im Krankheitsfall ergibt, oder ob der These zuzustimen ist, auch Heimarbeiter seien im Krankheitsfall ausreichend versorgt[8].

Häufig wird in der Literatur geäußert, die Zuschläge des Heimarbeiters dienten dazu, die Differenz zwischen Krankengeld und Arbeitsentgelt auszugleichen. Krankengeld betrage nur 80% des Arbeitentgeltes. Dabei wird der Eindruck erweckt, das Krankengeld unterschreite stets das Nettoarbeitsent-

---

[7] Vgl. hierzu auch Küfner-Schmitt S. 231 ff; dies. SGb 1986, 318 (400).

[8] Küfner-Schmitt S. 173 ff (175).

gelt[9]. Dem ist entgegenzuhalten, daß die Berechnungsgrundlage für das Krankengeld das Bruttoarbeitsentgelt ist[10] und daß das Krankengeld gemäß §§ 3 Nr.1 a) EStG; 179 Abs.1 Nr.2, 182 Abs.1 Nr.2 RVO nicht einkommenssteuerpflichtig ist. Diese Vorschriften gelten auch für Heimarbeiter. Für sie ist nach § 182 Abs.6 RVO der sogenannte Grundlohn im Sinne des § 180 RVO Regellohn und damit die Bemessungsgrundlage für das Krankengeld. Auch der Grundlohn wird jedoch nach dem Bruttoarbeitsentgelt bestimmt[11]. Deshalb ist die in § 182 Abs.4 Satz 2 RVO getroffene Regelung, derzufolge das Krankengeld das entgangene Nettoarbeitsentgelt nicht übersteigen darf, nicht etwa eine (praktisch bedeutungslose) Klarstellung. In der Praxis kommt es vor, daß das Krankengeld die Höhe des während der Arbeitsfähigkeit bezogenen Nettoarbeitsentgeltes erreicht. Dann aber ist ein Heimarbeiter gegenüber einem Arbeitnehmer nicht schlechter sondern sogar besser gestellt. In Zeiten seiner Arbeitsfähigkeit erhält er zusätzlich zur Grundvergütung seine Zuschläge. Bei Arbeitsunfähigkeit durch Krankheit bezieht er mit seinem Krankengeld summenmäßig 100% des Nettoarbeitsentgeltes. Dies ist ebensoviel wie er als Arbeitnehmer durch Lohnfortzahlung erhalten würde.

Ein Spannungsverhältnis zwischen der Absicherung durch das Lohnfortzahlungsprinzip für einen Arbeitnehmer und der Absicherung durch das Zuschlagsprinzip für einen Heimarbeiter ergibt sich erst dann, wenn das Krankengeld das Nettoarbeitsentgelt nicht erreicht. Dann steht der Zuschlag des Heimarbeiters während der Zeiten der Arbeitsfähigkeit seiner Einbuße durch den Erhalt des geringeren Krankengeldes bei Arbeitsunfähigkeit gegenüber.

Beispielhaft sei angenommen, daß das Krankengeld nur 80% des Nettoarbeitsentgeltes (ohne Zuschläge) beträgt. Um Arbeitnehmer und Heimarbeiter vergleichen zu können, ist ferner davon auszugehen, daß ihre Arbeitsleistung in gleicher Höhe vergütet wird. Dann fragt sich, ab welcher Krankheitsdauer ein Heimarbeiter gegenüber einem Arbeitnehmer finanziell benachteiligt ist. Wie die folgende grobe Überschlagsrechnung zeigt, tritt eine Benachteiligung bei einer Krankheitsdauer von sechs Wochen noch nicht ein. Ein Heimarbeiter erhält in diesem Fall nämlich:

— 46 Wochen lang sein „normales" Entgelt,

— 46 Wochen lang seinen Krankengeldzuschlag,

— 6 Wochen lang Krankengeld.

Bezeichnet man sein wöchentliches Nettogehalt mit E, so ergibt sich als Jahresnettoeinkommen aus unselbständiger Arbeit mindestens der folgende Betrag:

---

[9] So Küfner-Schmitt S. 172; Gitter S. 113.

[10] Vgl. Heinze RVO-Gesamtkommentar § 162 Anm. 20 b).

[11] Siehe Heinze RVO-Gesamtkommentar § 180 Anm. 3).

E x 46	(Nettoentgelt im Jahr)
+ E x 46 x 3,4%	(Zuschlag)
+ E x 6 x 80%	(Krankengeld)
= E x(46 + 46 x 3,4% + 6 x 80%)	
= E x(46 + 1,564 + 4,8)	
= E x 52,364	(Jahresnettoeinkommen)

Demgegenüber erhält ein Arbeitnehmer mit dem gleichen wöchentlichen Nettoverdienst E bei einer krankheitsbedingten Arbeitsunfähigkeit von sechswöchiger Dauer in einem Jahr aufgrund der für ihn während der Krankheitszeit fortzuzahlenden Bezüge im laufenden Jahr:

E x 52 (Jahresnettoeinkommen).

Das Einkommen des Heimarbeiters ist somit höher als das des Arbeitnehmers.

Bei krankheitsbedingter Arbeitsunfähigkeit von längerer als sechswöchiger Dauer ist zu differenzieren: Beruht die Arbeitsunfähigkeit auf verschiedenen Krankheiten, sodaß der Arbeitnehmer während der gesamten Krankheitszeit den vollen Lohn erhält, ist die Lohnfortzahlung im Krankheitsfall schon bald günstiger als der Bezug von Krankengeld und Zuschlägen. Denn schon bei wiederholter Arbeitsunfähigkeit von insgesamt acht Wochen ist die finanzielle Situation eines Arbeitnehmers besser als diejenige eines Heimarbeiters. Der Arbeitnehmer erhält das ungeschmälerte Jahreseinkommen in Höhe von

E x 52.

Der Heimarbeiter hingegen bekommt:

E x 44	(Nettoentgelt im Jahr)
+ E x 44 x 3,4%	(Zuschlag)
+ E x 8 x 80%	(Krankengeld)
= E (44 + 44 x 3,4 + 8 x 80%)	
= E (44 + 1,496 + 6,4)	
= E x 51,896	(Jahresnettoeinkommen)

Beruht die länger als sechs Wochen währende Arbeitsunfähigkeit auf fortgesetzter Erkrankung an einer einzigen Krankheit, so stellt sich die finanzielle Situation für einen Arbeitnehmer und einen Heimarbeiter annähernd gleich dar. Für die sechs Wochen überschreitende Krankheitszeit ist auch ein Arbeitnehmer auf den Bezug von Krankengeld angewiesen. Seine Situation gleicht dann nach Ablauf von sechs Wochen der des Heimarbeiters. Für die übrige Zeit steht der Vorteil des Arbeitnehmers, den dieser durch Lohnfortzahlung während der ersten sechs Wochen seiner Krankheit hat, dem Vorteil des Heimarbeiters gegenüber, der durch den Erhalt des Zuschlages für die Zeit der

Arbeitsfähigkeit begründet ist. Je kürzer die Arbeitsfähigkeits-zeiten sind, je länger also die Erkrankung dauert, um so weniger Zuschlag erhält der Heimarbeiter und um so geringer wird sein darauf gründender finanzieller Vorteil. Ab einer Krankheitsdauer von mehr als 17 Wochen ist der Heimarbeiter benachteiligt. Dies ergibt sich aus dem folgenden: Die Dauer der Krankheit wird mit D bezeichnet. Der Vorteil des Arbeitnehmers durch die Lohnfortzahlung gegenüber dem Heimarbeiter läßt sich mit

6 x E x 20%

beziffern. Dem steht der Vorteil des Heimarbeiters durch den Zuschlag während der Zeit der Arbeitsfähigkeit gegenüber. Er beträgt

(52 — D) x E x 3,4%.

Es folgt:

6 x E x 20% ist größer als
(52 — D) x E x 3,4%,
wenn D größer als 17 ist.

Diese Überlegungen zeigen, daß auch unter der Annahme, daß das Krankengeld das Nettoarbeitsentgelt nicht erreicht, davon ausgegangen werden kann, daß ein Heimarbeiter im Krankheitsfall „ausreichend" versorgt ist. Je größer die Spanne zwischen Krankengeld und Nettoarbeitsverdienst ist und je länger die Krankheit währt, umso ungünstiger wird die finanzielle Situation des Heimarbeiters.

bb) Aus der Sicht der Arbeit- bzw. der Auftraggeber

Es fragt sich abschließend, ob die Lohnfortzahlung oder die Zuschläge zum Entgelt einen Arbeit-/Auftraggeber stärker belasten, so daß sich aus diesem Grund ein Anreiz ergibt, die eine oder die andere Rechtsform für Teleheimarbeit zu bevorzugen.

Einem Heimarbeiter ist in den Zeiten seiner Arbeitsfähigkeit nicht nur das Entgelt, sondern auch der Krankengeldzuschlag zu zahlen. Aus der Sicht des Auftraggebers ist das Zuschlagssystem dann ungünstig, wenn der Krankenstand eines Heimarbeiters niedrig ist. Ist ein Heimarbeiter im Laufe eines Jahres kein einziges Mal arbeitsunfähig erkrankt, so sind ihm das ganze Jahr über 3,4% des Entgelts als Zuschlag zu gewähren. Diese Beträge wären bei einer Einstellung als Arbeitnehmer nicht angefallen. Die Situation ändert sich jedoch schon bei relativ kurzer krankheitsbedingter Arbeitsunfähigkeit. Ein Arbeitgeber mit mehr als 20 Beschäftigten hat bereits bei zweiwöchiger krankheitsbedingter Fehlzeit eines Arbeitnehmers Lohnkosten von mindestens 2 E, da er bei dieser Beschäftigtenzahl keinen Erstattungsanspruch gemäß § 10 LFZG besitzt. Dem steht als Belastung durch den Krankengeldzuschlag für einen Heimarbeiter bei dessen zweiwöchiger Erkrankung die Zuschlagszahlung für die übrige Zeit des Jahres gegenüber. Dies sind ungefähr

50 x E x 3,4%, also circa 1,57 E.

Die Lohnfortzahlung im Krankheitsfall eines Arbeitnehmers ist also eine finanzielle Belastung, der gegenüber die Zahlung von Krankengeldzuschlag an einen Heimarbeiter nur geringfügig ins Gewicht fällt. Vom Standpunkt des Arbeits- / Auftraggebers aus betrachtet, ist daher die Beschäftigung auf der Basis eines Heimarbeitsvertrages durchaus derjenigen auf der Basis eines Arbeitsvertrages vorzuziehen.

c) Lohnfortzahlung für Nicht-Arbeitnehmer aufgrund tarifvertraglicher Vereinbarung

Nach §8 Abs.4 LFZG kann für Heimarbeiter im Tarifvertrag geregelt werden, daß sie anstatt des Entgeltzuschlages im Krankheitsfall ebenso wie Arbeiter Lohnfortzahlung erhalten sollen. Ihnen wird dann bei entsprechender tariflicher Regelung das Arbeitsentgelt fortgezahlt. Der Entgeltzuschlag darf dann entfallen. Nach einhelliger Ansicht besteht diese Möglichkeit nur bei Heimarbeitern, nicht aber bei Hausgewerbetreibenden oder gleichgestellten Personen[12]. Z.B. könnten demgemäß Teleheimarbeiter im öffentlichen Dienst durch Regelung im Bundesangestelltentarifvertrag für den Krankheitsfall keinen Anspruch auf Lohnfortzahlung erhalten, der ihren Anspruch auf Zuschlag entfallen ließe. Sie können nämlich allenfalls dem Personenkreis der nach §1 Abs.2 Buchstabe a HAG Gleichgestellten zugerechnet werden und unterfallen damit nicht §8 Abs.4 LFZG.

§8 Abs.4 LFZG beschränkt also die Regelungsmacht der Tarifvertragsparteien. Ihnen ist es verwehrt, das gesetzliche Regelungsmodell für Hausgewerbetreibende und Gleichgestellte, das als Sicherung im Krankheitsfall das Zuschlagssystem vorsieht, durch das für Arbeitnehmer geltende Lohnfortzahlungssystem zu ersetzen. Offen steht den Tarifvertragsparteien lediglich, eine Lohnfortzahlung für den Krankheitsfall tarifvertraglich zu vereinbaren, ohne die Zuschlagszahlung dadurch aufzuheben. Diese Möglichkeit dürfte praktisch uninteressant sein, da sie für die Auftraggeber mit keinerlei Vorteilen verbunden ist.

Da der Gesetzgeber für die sonstigen arbeitnehmerähnlichen Personen im Sinne von §12a TVG keine arbeitsrechtliche Regelung für den Krankheitsfall vorgesehen hat und deshalb keine auch für die Tarifvertragsparteien unverrückbaren Regelungskonzepte existieren, kann für diesen Personenkreis Lohnfortzahlung im Krankheitsfall vereinbart werden[13].

---

[12] Kaiser / Dunkl §8 LFZG Rn. 25; Doetsch / Schnabel / Paulsdorf §8 LFZG Rn. 9; Kehrmann / Pelikan §8 LFZG Rn. 19; Küfner-Schmitt S. 173.

[13] Vgl. Wiedemann / Stumpf §12a TVG Rn. 46, §1 TVG Rn. 164, 166.

Zusammenfassung zur Rechtsstellung der Teleheimarbeiter im Krankheitsfall

Im Krankheitsfall sind die Teleheimarbeiter im Arbeitnehmerstatus durch die Lohnfortzahlung und die sie ergänzende Krankengeldzahlung versorgt. Im Heimarbeitsbereich fußt die soziale Absicherung im wesentlichen auf dem Bezug von Krankengeld, das Teleheimarbeiter sowohl als Heimarbeiter als auch als Hausgewerbetreibende als auch als Gleichgestellte aus der gesetzlichen Krankenversicherung beziehen, wenn ihr Jahresarbeitsverdienst die in §165 Abs.1 Nr.2 RVO genannte Höchstgrenze nicht übersteigt. Der Entgeltzuschlag nach §8 LFZG soll hier lediglich die Einkommenseinbuße ausgleichen, die aus dem Verlust des Arbeitsentgeltes resultiert und die möglicherweise durch den Bezug von Krankengeld nicht in voller Höhe aufgefangen wird. Ein Vergleich der finanziellen Absicherung eines Teleheimarbeiters im Arbeitnehmerstatus mit derjenigen eines Teleheimarbeiters im Heimarbeiterstatus zeigt, daß jedenfalls bei kürzeren Erkrankungen die Heimarbeiter geringfügig finanziell im Vorteil sind. Bei längerer Erkrankung verschlechtert sich die Situation für Heimarbeiter. Für den Auftraggeber stellt die Entlastung durch den Wegfall der Lohnfortzahlungspflicht bei Beschäftigung eines Heimarbeiters durchaus einen Anreiz dar, das Heimarbeitsverhältnis einem Arbeitsverhältnis vorzuziehen. Nach §8 Abs. 4 LFZG können nur Heimarbeiter, nicht jedoch Hausgewerbetreibende oder Gleichgestellte tarifvertraglich anstatt durch Entgeltzuschlag durch Lohnfortzahlung für den Krankheitsfall abgesichert werden.

3. Erholungsurlaub

Der Geltungsbereich des Bundesurlaubsgesetzes erstreckt sich gemäß §2 BUrlG auf Arbeitnehmer sowie auf Personen, die wegen ihrer wirtschaftlichen Unselbständigkeit als arbeitnehmerähnliche Personen anzusehen sind. Daraus ergibt sich, daß alle Arbeitnehmer und alle arbeitnehmerähnlichen Personen Anspruch auf bezahlten Erholungsurlaub von mindestens 18 Werktagen jährlich haben, §§1, 3 BUrlG[14]. Eine völlige Gleichbehandlung dieser Personengruppen sieht das Gesetz aber nicht vor.

a) Vergleich der Urlaubsregelungen für in Heimarbeit beschäftigte Personen mit denjenigen für Arbeitnehmer

In §12 BUrlG werden besondere Bestimmungen für den Bereich der Heimarbeit getroffen. Während Arbeitnehmern nach §11 Abs.1 BUrlG ein Urlaubsentgelt gezahlt wird, das sich nach dem durchschnittlichen Arbeitsverdienst der letzten 13 Wochen vor dem Beginn des Urlaubes bemißt, erhalten Heimarbeiter und nach §1 Abs.2 Buchstabe a HAG Gleichgestellte ein

[14] Vgl. hierzu Küfner-Schmitt S. 160ff.

Urlaubsentgelt von 6 3/4 vom Hundert des in der Zeit vom 1. Mai bis zum 30. April des folgenden Jahres oder bis zur Beendigung des Beschäftigungsverhältnisses verdienten Arbeitentgeltes vor Abzug der Steuern und Sozialversicherungsbeiträge ohne Unkostenzuschlag und ohne die für den Lohnausfall an Feiertagen, den Arbeitsausfall infolge Krankheit und den Urlaub zu leistenden Zahlungen. Der Gesetzgeber hat für diese Personen als Berechnungsgrundlage für ihr Urlaubsentgelt ein Jahr gewählt, um die bei ihnen typischen Einkommensschwankungen auszugleichen[15].

Unterschiede zwischen Arbeitnehmern und den in Heimarbeit Beschäftigten sowie den Gleichgestellten ergeben sich auch bei der Fälligkeit des Urlaubsentgeltes. Nach §11 Abs.2 BUrlG ist Arbeitnehmern das Urlaubsentgelt vor Antritt des Urlaubes auszuzahlen. Für Heimarbeiter und die ihnen nach §1 Abs.2 Buchstabe a HAG Gleichgestellten soll gemäß §12 Nr.3 BUrlG das Urlaubsentgelt erst bei der letzten Entgeltzahlung vor Antritt des Urlaubes ausgezahlt werden. In der Praxis ist es aber weit verbreitet, das Urlaubsentgelt als einen laufenden Zuschlag zur jeweiligen Vergütung auszukehren. In diesen Fällen muß der Heimarbeiter sein Urlaubsentgelt selbst ansparen[16].

Hausgewerbetreibende und nach §1 Abs.2 Buchstaben b und c HAG Gleichgestellte erhalten von ihrem Auftraggeber gemäß §12 Nr.4 BUrlG als Urlaubsentgelt und zur Sicherung der Urlaubsansprüche der von ihnen Beschäftigten ebenfalls einen Betrag von 6 3/4 vom Hundert des schon für Heimarbeiter nach Nr.1 zugrunde zu legenden Entgeltes. Das Urlaubsentgelt wird ihnen als laufender Zuschlag mit dem Arbeitsentgelt stets ausgezahlt, da §12 Nr.3 BUrlG für sie nicht gilt[17].

Vergleicht man die finanzielle Situation eines Arbeitnehmers mit derjenigen eines in Heimarbeit Beschäftigten oder Gleichgestellten, so ergibt sich, daß das Bundesurlaubsgesetz diese Personen annähernd gleich begünstigt. Denn die Lohnfortzahlung während des Urlaubes eines Arbeitnehmers entspricht bei 250 Werktagen und 18 Urlaubstagen einem „Urlaubsentgelt" von 7,2%, berechnet auf den Jahresnettolohn[18]. Dem stehen die 6,75% vom Bruttolohn ohne die in §12 Nr.1 BUrlG genannten Zuschläge für die in Heimarbeit Beschäftigten und Gleichgestellten annähernd gleichwertig gegenüber.

Eine andere Beurteilung ergibt sich jedoch, wenn man den Krankheitsfall mitberücksichtigt. In Heimarbeit Beschäftigte oder Gleichgestellte erhalten im Krankheitsfall von ihrem Auftraggeber kein Entgelt[19]. Deshalb schmälert sich für sie bei einem Krankheitsfall die Bemessungsgrundlage für das Urlaubsent-

---

15 Stahlhacke/Bachstein/Bleistein §12 BUrlG Rn. 16; Dersch/Neumann §12 BUrlG Rn. 19; Siara §12 BUrlG Anm. 4.

16 Dersch/Neumann §12 BUrlG Rn. 26; Stahlhacke/Bachmann/Bleistein §12 BUrlG Rn. 20; Küfner-Schmitt S. 165; vgl. auch BAG v. 21.1.1965 AP Nr. 1 zu §1 HAG, bes. Bl. 3.

17 So auch z.B. Stahlhacke/Bachmann/ Bleistein §12 BUrlG Rn. 21.

18 Der Ansatz zur Berechnung lautet: 250:100 = 18:X.

19 Vgl. oben 2.a)bb).

gelt. Bei einem Arbeitnehmer hingegen hat eine Krankheit grundsätzlich keinen Einfluß auf die Dauer des Urlaubsanspruches und die Höhe des Urlaubsentgeltes[20]. Aus diesem Grunde plädieren einige Stimmen im Schrifttum dafür, bei länger dauernder Krankheit das Urlaubsentgelt auf der Grundlage des fiktiven Arbeitsentgeltes, wie es sich ohne Krankheit ergeben hätte, zu berechnen[21]. Zuzustimmen ist den Vertretern dieser Ansicht darin, daß nur auf diese Weise erreicht wird, daß Krankheitszeiten die Höhe des Urlaubsentgeltes nicht beeinflussen. Der Wortlaut des§12 Abs.1 Nr.1 BUrlG steht dem jedoch entgegen. Danach wird das Urlaubsentgelt nach dem tatsächlichen und nicht nach dem fiktiven Arbeitseinkommen berechnet[22]. Folglich müssen jene Teleheimarbeiter, deren Urlaubsentgelt nach §12 BUrlG bemessen wird, bei einer Erkrankung eine finanzielle Einbuße beim Urlaubsentgelt hinnehmen.

b) Höhe des Urlaubsentgeltes für sonstige arbeitnehmerähnliche Personen

Nach §2 BUrlG unterstehen arbeitnehmerähnliche Personen dem allgemeinen Urlaubsrecht nach dem Bundesurlaubsgesetz, während für den Bereich der Heimarbeit §12 BUrlG Sonderregelungen vorsieht. Das bedeutet, daß arbeitnehmerähnliche Teleheimarbeiter außerhalb des Heimarbeitsbereiches nicht den Sonderbestimmungen des §12 BUrlG unterfallen, sondern z.B. Urlaubsentgelt nach der Grundregel des §11 BUrlG beanspruchen können[23]. Ihr Urlaubsentgelt wird folglich nach dem Durchschnittsverdienst der letzten dreizehn Wochen berechnet. Gerade diese Personengruppe aber zeichnet sich eher noch stärker als die in Heimarbeit Beschäftigten und Gleichgestellten durch einen schwankenden Verdienst aus. Dadurch können bei der Urlaubsentgeltberechnung nach §11 Abs.1 BUrlG zufällige Ergebnisse erzielt werden, je nachdem, ob in den letzten dreizehn Wochen die Vergütung für einen größeren Auftrag gezahlt wurde oder nicht. Mißbräuchen und Manipulationen bei der Urlaubsentgeltberechnung kann sowohl mit dem Rechtsgedanken von Treu und Glauben gemäß §242 BGB begegnet werden[24], als auch mit einer analogen Anwendung von §12 BUrlG auf diesen Personenkreis[25].

---

[20] Nach Ansicht des BAG v. 28.1.1982 AP Nr. 11 zu §3 BUrlG Rechtsmißbrauch, bes. Bl. 1 Rs., beeinträchtigt auch eine sehr lange Krankheit eines Arbeitnehmers seinen Anspruch auf Erholungsurlaub nicht; zustimmend Leinemann, DB 1983, 989; anders noch etwa BAG v. 25.6.1966 AP Nr. 2 zu §3 BUrlG Rechtsmißbrauch, bes. Bl. 1 Rs. Vgl. auch Dersch/Neumann §11 BUrlG Rn. 56ff; Stahlhacke/Bachmann/Bleistein §11 BUrlG Rn. 90.

[21] So Dersch/Neumann §12 BUrlG Rn. 25; Heußner §12 BUrlG Anm. 272.

[22] Ebenso Siara §12 BUrlG Anm. 4.

[23] Vgl. Stahlhacke/Bachmann/Bleistein §2 BUrlG Rn. 54; Siara §2 BUrlG Anm. 12.

[24] Küfner-Schmidt S. 169; Seidel BB 1970, 971 (975).

[25] Die Entstehungsgeschichte zum Bundesurlaubsgesetz gibt keinen Hinweis darauf, daß dieses Problem dem Gesetzgeber bewußt war, als er die Sonderregelungen des §12 auf den Heimarbeitsbereich beschränkte. Vgl. die Übersicht über die Gesetzesgeschichte bei

c) Tarifvertragliche Urlaubsregelungen

Gemäß §12 Nr.7 BUrlG kann durch Tarifvertrag bestimmt werden, daß Heimarbeiter, die nur für einen Auftraggeber tätig sind und tariflich allgemein wie Betriebsarbeitnehmer behandelt werden, Urlaub nach den allgemeinen Urlaubsbestimmungen erhalten. Ihnen ist dann pro Urlaubstag das durchschnittliche tägliche Entgelt der letzten dreizehn Wochen vor Urlaubsantritt zu zahlen, während der Anspruch auf Urlaubszuschlag entfällt.

Für das Urlaubsrecht stellt sich ähnlich wie bei der Lohnfortzahlung im Krankheitsfall die Frage, ob Tarifverträge auch für Hausgewerbetreibende und Gleichgestellte die Gleichbehandlung mit betrieblichen Arbeitnehmern vorsehen können. Da §12 Nr.7 BUrlG nur eine bestimmte Gruppe von Heimarbeitern nennt und insoweit §8 Abs.4 LFZG vergleichbar ist, ist auch hier zu schließen, daß eine tarifvertragliche Gleichbehandlung für sonstige in Heimarbeit Beschäftigte und ihnen Gleichgestellte nicht möglich ist[26]. Ebenso wie §8 Abs.4 LFZG begrenzt auch §12 Nr.7 BUrlG die Regelungsmacht der Tarifvertragsparteien. Sie können das Zuschlagsprinzip grundsätzlich nicht durch ein anderes ersetzen, sondern sind darauf beschränkt, für Hausgewerbetreibende und Gleichgestellte unter Beibehaltung der Urlaubszuschläge zusätzliche Sozialleistungen festzulegen. Demgegenüber sind die Tarifvertragsparteien frei, für die sonstigen arbeitnehmerähnlichen Personen im Sinne von §12a TVG Urlaubsbestimmungen im Tarifvertrag zu treffen.

Zusammenfassung zur Rechtsstellung der Teleheimarbeiter beim Erholungsurlaub

Das Bundesurlaubsgesetz garantiert Teleheimarbeitern im Arbeits- und im Heimarbeitsverhältnis ein annähernd gleichwertiges Urlaubsentgelt. Eine Benachteiligung der in Heimarbeit Beschäftigten und der Gleichgestellten entsteht aber bei längeren Krankheitszeiten. Tarifvertraglich können lediglich die Heimarbeiter, die nur für einen Auftraggeber tätig sind und tariflich allgemein wie Betriebsarbeiter behandelt werden, Urlaub nach den allgemeinen Bestimmungen erhalten. Andere Heimarbeiter sowie Hausgewerbetreibende und Gleichgestellte können durch Tarifvertrag nicht wie Betriebsarbeitnehmer

---

Dersch/Neumann Einl. Rn 29 — 46, bes. Rn. 38, 40; Entwurf der SPD-Fraktion, BT-Drucksache 4/142, auch abgedruckt in RdA 1962, 142f; Entwurf der CDU/CSU-Fraktion BT-Drucksache 4/207, auch abgedruckt in RdA 1962, 143f; Boldt BB 1962, 129 (132); Schriftlicher Bericht des Ausschusses für Arbeit BT-Drucksache 4/785 vom 30.11.1962, insbesondere dort die Anmerkung zu §2 und §12 des Gesetzentwurfes. Folglich liegt die Vermutung nahe, daß die aufgezeigte Schwierigkeit beim Urlaubsentgelt arbeitnehmerähnlicher Personen übersehen wurde. Deshalb ist es dem Gesetzesanwender nicht versperrt, im Wege der Analogie für sonstige arbeitnehmerähnliche Personen die Höhe ihres Urlaubsentgeltes nach Maßgabe des §12 BUrlG zu bestimmen. Vgl. auch BAG v. 30.7.1975 AP Nr. 12 zu §11 BUrlG, bes. Bl. 2 Rs. f; zust. Dersch/Neumann §11 BUrlG Rn. 8.

[26] Im Ergebnis ebenso Siara §12 BUrlG Rn. 54; Siara §2 BUrlG Anm. 12.

gestellt werden. Die in §12 BUrlG vorgesehene Urlaubsentgeltberechnung kann analog auf sonstige arbeitnehmerähnliche Teleheimarbeiter angewandt werden, die ein stark schwankendes Arbeitseinkommen beziehen. Dadurch können zufällige und ungerechte Ergebnisse der Urlaubsentgeltberechnung bei Personen mit stark schwankendem Einkommen vermieden werden.

4. Mutterschutz

a) Gesetzliche Ausgangslage

Das Mutterschutzgesetz gilt nach §1 MuSchG außer für Arbeitnehmerinnen auch für in Heimarbeit Beschäftigte und ihnen Gleichgestellte, soweit sie am Stück mitarbeiten, d.h. nicht nur überwachend oder organisierend tätig werden[27]. Für sonstige arbeitnehmerähnliche Frauen gibt es keinen gesetzlichen Mutterschutz. Für sie können in einem Tarifvertrag entsprechende Vereinbarungen getroffen werden.

aa) Schutzfristen und Erziehungsurlaub

Alle vom Mutterschutzgesetz erfaßten Frauen stehen gleichermaßen sechs Wochen vor und acht Wochen nach der Entbindung unter Beschäftigungsverbot, §§3, 6 MuSchG. Für die in Heimarbeit Beschäftigten und die Gleichgestellten ist darunter das Verbot der Ausgabe von Heimarbeit zu verstehen, §24 MuSchG. Während dieser Schutzfristen erhalten die betroffenen Frauen vom Arbeitgeber bzw. vom Auftraggeber mindestens den Durchschnittsverdienst der letzten 13 Wochen vor Beginn des Monats, in dem die Schwangerschaft eingetreten ist, soweit sie nicht Mutterschaftsgeld nach den Vorschriften der Reichsversicherungsordnung beziehen können, §11 Abs.1 Satz1 MuSchG[28].

Nach dem Bundeserziehungsgeldgesetz haben Arbeitnehmer, sowie die in Heimarbeit Beschäftigten und die ihnen Gleichgestellten, soweit sie am Stück mitarbeiten, gleichermaßen Anspruch auf Erziehungsurlaub[29].

bb) Kündigungsschutz nach § 9 Abs. 1 MuSchG

Das Kündigungsverbot des §9 Abs.1 Satz 1 MuSchG gilt außer für Arbeitnehmerinnen auch für in Heimarbeit beschäftigte Frauen. Es besteht im Bereich der Heimarbeit jedoch die Gefahr, daß Auftraggeber das Verbot

---

[27] Zum Begriff der „Mitarbeit am Stück" aus-führlich Bulla / Buchner §1 MuSchG Rn. 87, 88.

[28] Siehe zum Anspruch auf Mutterschaftsgeld gemäß §200 RVO auch Küfner-Schmitt S. 140f.

[29] Der Anspruch auf Mutterschaftsurlaub nach den §§8a — 8d MuSchG a.F. ist durch das Gesetz über die Gewährung von Erziehungsgeld und Erziehungsurlaub (Bundeserziehungsgeldgesetz) v. 6.12.1985 (BGBl. I S.2154) abgelöst worden.

umgehen, indem sie an die betreffenden Frauen keine weitere Heimarbeit ausgeben. Dadurch würde deren Verdienstmöglichkeit faktisch aufgehoben werden. Deswegen schreibt §9 Abs.4 MuSchG einen zusätzlichen Beschäftigungsschutz vor[30]. Er bestimmt, daß die betroffenen Frauen während der Kündigungsschutzfristen des §9 Abs.1 MuSchG nicht gegen ihren Willen von der Ausgabe von Heimarbeit ausgeschlossen werden dürfen.

Für gleichgestellte Frauen gilt das Kündigungsverbot nach §9 Abs.1 MuSchG nur, wenn sich die Gleichstellung auch auf den 9. Abschnitt — Kündigung — des Heimarbeitsgesetzes bezieht, §9 Abs.1 Satz 2 2. Halbsatz MuSchG. Der Regelfall einer Gleichstellung bezieht jedoch den Kündigungsschutz des Heimarbeitsgesetzes nicht ein. Denn der 9. Abschnitt ist in §1 Abs.3 Satz 1 HAG nicht erwähnt. So enthält auch die Gleichstellungsentscheidung betreffend Adressenschreiben, Schreibarbeiten und ähnliche Arbeiten[31] keine Gleichstellung hinsichtlich des Kündigungsschutzes. Im Normalfall genießen daher die gleichgestellten Frauen während der Schwangerschaft und nach der Entbindung keinen besonderen Kündigungsschutz. Im Vorgriff ist an dieser Stelle zu erwähnen, daß es für die Gruppe der Gleichgestellten auch keinen Kündigungsschutz nach dem Kündigungsschutzgesetz gibt. Deshalb kann der Auftraggeber das Beschäftigungsverhältnis zu einer nach §1 Abs.2 HAG gleichgestellten Teleheimarbeiterin ohne Schwierigkeiten lösen. Die betroffenen Frauen können daher im Ergebnis durch Kündigung vom gesetzlichen Mutterschutz ausgeschlossen werden. Diese Konsequenz wird in der Literatur nicht immer erkannt[32].

cc) Tarifvertraglicher Kündigungsschutz für gleichgestellte Teleheimarbeiterinnen

Eine den §§8 Abs.4 LFZG; 12 Nr. 7 BUrlG vergleichbare Vorschrift, durch die den Tarifvertragsparteien Grenzen ihrer Regelungsmacht gesetzt würden, fehlt im Mutterschutzgesetz. Folglich ist es den Tarifvertragsparteien nicht verwehrt, günstigere als die gesetzlichen Kündigungsschutzbestimmungen zu vereinbaren[33]. Insbesondere kann durch Tarifvertrag oder schriftliche Vereinbarung der Kündigungsschutz für gleichgestellte Teleheimarbeiterinnen um ein Kündigungsverbot nach dem Vorbild des §9 Abs.1 MuSchG ergänzt werden.

b) §2 Abs.1 MuSchG im Bereich der Teleheimarbeit

Nach §2 Abs.1 MuSchG hat derjenige, der eine werdende oder stillende Mutter beschäftigt, bei der Einrichtung und der Unterhaltung des Arbeitsplat-

---

[30] Bulla/Buchner §9 MuSchG Rn. 206.

[31] BAnz. 1976 Nr.54.

[32] Z.B. nicht von Küfner-Schmitt S. 147; zu kurz auch: Heilmann §9 MuSchG Anm. 15; Meisel/Hirsemann §9 Rn. 19 MuSchG; Bulla/Buchner §9 MuSchG Rn. 205.

[33] Vgl. hierzu Wiedemann/Stumpf Einl. TVG Rn. 90f.

zes die erforderlichen Vorkehrungen und Maßnahmen zum Schutz von Leben und Gesundheit der werdenden oder stillenden Mutter zu treffen.

Es fragt sich, ob diese Vorschrift für Teleheimarbeiterinnen uneingeschränkt Geltung erlangen kann. Dagegen spricht, daß der Arbeitsplatz von der Teleheimarbeiterin eigenverantwortlich gestaltet werden kann. Deshalb wird befürwortet, den Arbeit- oder Auftraggeber einer Teleheimarbeiterin in einem solchen Fall lediglich zu verpflichten, auf sie einzuwirken, die zum Mutterschutz notwendigen Maßnahmen zu ergreifen[34].

Eine solche Einschränkung des §2 Abs.1 MuSchG ist sachgerecht. Die Pflicht nach §2 Abs.1 MuSchG darf nur demjenigen übertragen werden, der auch über die Verhältnisse am Arbeitsplatz bestimmen kann. Diese Entscheidungsbefugnis hat im Bereich der Heimarbeit zumeist der Heimarbeiter selbst. Deshalb ist für die in Heimarbeit Beschäftigten und die ihnen Gleichgestellten eine Einschränkung des §2 Abs.1 MuSchG auch allgemein anerkannt[35]. Die Besonderheit bei Teleheimarbeit besteht darin, daß Fallkonstellationen denkbar sind, in denen Teleheimarbeit im Arbeitsverhältnis verrichtet wird, die Teleheimarbeiterin aber gleichwohl ihren Arbeitsplatz eigenständig gestaltet. Auch dann ist der Arbeitgeber für die Verhältnisse an diesem Arbeitsplatz nicht verantwortlich. §2 Abs.1 MuSchG ist folglich im Bereich der Teleheimarbeit nur insoweit anzuwenden, wie der Arbeit- oder Auftraggeber den Arbeitsplatz (mit-)gestaltet[36], was häufig nicht der Fall sein dürfte.

Zusammenfassung zur Rechtsstellung von Teleheimarbeiterinnen beim Mutterschutz

Der Mutterschutz ist für Teleheimarbeiterinnen als Arbeitnehmerinnen und als weibliche in Heimarbeit Beschäftigte und ihnen Gleichgestellte annähernd gleich ausgestaltet. Bedenklich ist jedoch, daß die Gleichgestellten in der Regel nicht dem Kündigungsverbot nach §9 Abs.1 MuSchG unterstehen. Dadurch kann ihnen der gesetzliche Mutterschutz im Wege einer Kündigung entzogen werden. Für sie kann aber im Tarifvertrag ein §9 Abs.1 MuSchG entsprechendes Kündigungsverbot vereinbart werden. Die Pflicht nach §2 Abs.1 MuSchG, den Arbeitsplatz mutterschutzgerecht zu gestalten, trifft lediglich dann den Arbeit- oder Auftraggeber einer Teleheimarbeiterin, wenn er für deren Arbeitsplatz Mitverantwortung trägt.

---

[34] Müllner Privatisierung S. 126.

[35] Bulla/Buchner §2 MuSchG Rn. 17; Heilmann §2 MuSchG Anm. 4.

[36] Entgegen der Auffassung von Müllner verbleibt eine solche Restpflicht auch gegenüber Teleheimarbeiterinnen, die auf der Basis eines Heimarbeitsvertrages beschäftigt sind. Denn Müllner geht irrigerweise davon aus, §24 MuSchG nähme die in Heimarbeit Beschäftigten aus dem Anwendungsbereich des §2 MuSchG aus. Diese Auffassung steht mit dem Wortlaut des §24 MuSchG nicht in Einklang. Wie hier: Bulla/Buchner §24 MuSchG Rn. 16; Zmarzlik/Zipperer §24 MuSchG Rn. 1; Gröninger/Thomas §24 MuSchG Anm. 2; Küfner-Schmitt S. 138.

5. Vergütung an Feiertagen

Arbeitnehmer erhalten für die Arbeitszeit, die infolge eines gesetzlichen Feiertages ausfällt, vom Arbeitgeber den normalen Arbeitsverdienst, den sie ohne Arbeitsausfall erhalten hätten, §1 Abs.1 Satz 1 FLG. Für Arbeitnehmer gilt somit das Lohnausfallprinzip[37].

Die in Heimarbeit Beschäftigten haben demgegenüber für jeden Feiertag einen Anspruch auf Feiertagsgeld in Höhe von zwei Drittel vom Hundert (=0,66%) des in einem Zeitraum von sechs Monaten ausgezahlten reinen Arbeitsentgeltes ohne Unkostenzuschläge, §2 Abs.1 und 2 FLG. Diesen Personen steht folglich für jeden Feiertag der 150ste Teil des in einem halben Jahr verdienten reinen Arbeitsentgeltes zu[38]. Die Höhe des Feiertagsentgeltes beruht auf der Fiktion, daß in einem halben Jahr an 150 Tagen gearbeitet wird[39]. Diese Fiktion entspricht nicht der Realität, da in einem halben Jahr tatsächlich weniger Arbeitstage liegen[40]. In der Höhe der Feiertagsvergütung sind deshalb die in Heimarbeit Beschäftigten gegenüber Arbeitnehmern benachteiligt[41].

Die Bemessungsgrundlage für das Arbeitsentgelt ist gemäß §2 Abs.2 Satz 2 FLG für Feiertage zwischen dem 1. Mai und dem 31. Oktober der vorhergehende Zeitraum vom 1. November bis 30. April und für Feiertage, die zwischen dem 1. November und dem 30. April liegen, der vorhergehende Zeitraum vom 1. Mai bis 31. Oktober. Das Feiertagsgeld wird also frühestens mit einem Phasenverzug von einem halben Jahr nach Aufnahme der Heimarbeit zum ersten Mal ausgezahlt. Dies ist ein weiterer Nachteil, der nur teilweise dadurch ausgeglichen wird, daß der Berechtigte gemäß §2 Abs.3 Satz 3 FLG bei der letzten Entgeltzahlung die Feiertaqgsvergütung für die noch übrigen Feiertage des laufenden sowie für die Feiertage des folgenden Halbjahreszeitraumes erhält.

Die Gleichgestellten haben gemäß §2 Abs.1 Sätze 2 und 3 FLG den gleichen Anspruch wie die in Heimarbeit Beschäftigten, sofern sie hin-sichtlich der Feiertagsbezahlung gleichgestellt wurden. Eine Gleichstellung, die sich auf die Entgeltregelung erstreckt, gilt gemäß §2 Abs.1 Satz 3 FLG für die Feiertagsbezahlung, wenn diese nicht ausdrücklich von der Gleichstellung ausgenommen ist. Da sich eine Gleichstellung gemäß §1 Abs.3 Satz 1 HAG regelmäßig auch auf die Vorschriften über die Entgeltregelung bezieht, ist die Feiertagsbezahlung für den Personenkreis der Gleichgestellten grundsätzlich gesichert. So erhalten Personen, die von der Gleichstellungsentscheidung für Adressenschreiben,

---

[37] BAG v. 5.7.1979 AP Nr. 33 zu §1 FeiertagslohnzahlungsG, bes. Bl. 1 Rs.; BAG v. 17.4.1975 AP Nr. 32 zu §1 FeiertagslohnzahlungsG, bes. Bl. 2; Färber/Klischan Rn. 101, 104.

[38] 0,66% = 1/150.

[39] Färber/Klischan Rn. 186; Maus/Schmidt Anh. n. §19 HAG Rn. 55.

[40] Vgl. die Feiertagsgesetze der Länder.

[41] A.A. aber ohne eingehende Begründung Gitter S. 112.

Abschreibarbeiten und ähnliche Arbeiten erfaßt werden, Feiertagsbezahlung nach dem Feiertagslohngesetz[42].

Für sonstige arbeitnehmerähnliche Personen im Sinne von § 12a TVG kann in einem Tarifvertrag die Feiertagsbezahlung vereinbart werden. Alle übrigen Personen sind weder gesetzlich noch tariflich gegen Verdienstausfall an Feiertagen abgesichert.

Zusammenfassend ist festzustellen, daß Höhe und Zeitpunkt der Auszahlung der Feiertagsvergütung für die in Heimarbeit Beschäftigten und ihnen Gleichgestellten ungünstiger als für Arbeitnehmer sind.

6. Kündigungsschutz

a) Kündigungsfristen

Das Arbeitsverhältnis von Teleheimarbeitern im Arbeitnehmerstatus ist innerhalb der Fristen des § 622 Abs.1 Satz 1 BGB, § 2 des Gesetzes über die Fristen für die Kündigung von Angestellten kündbar. Die Kündigungsfristen von Teleheimarbeitern, die zu den in Heimarbeit Beschäftigten gehören, richten sich nach § 29 HAG. Bei den Kündigungsfristen zeigt sich daher ein Unterschied zwischen Teleheimarbeitern im Arbeitsverhältnis einerseits und im Heimarbeitsverhältnis andererseits. Für den Teleheimarbeiter im Arbeitsverhältnis gelten günstigere Kündigungsfristen.

Die Gleichgestellten unterliegen den für die Heimarbeit geltenden Kündigungsfristen in der Regel nicht, da der 9. Abschnitt — Kündigung — des Heimarbeitsgesetzes, gemäß § 1 Abs.3 HAG im allgemeinen von der Gleichstellung nicht erfaßt ist. Dieser Personenkreis unterliegt folglich ebenso wie die sonstigen arbeitnehmerähnlichen Personen den allgemeinen Bestimmungen des Bürgerlichen Rechts. Insbesondere gelten bei einem Dienstvertrag die Kündigungsfristen gemäß § 621 BGB. Bei einem Werkvertrag gilt § 649 BGB[43].

Zum Teil wird allerdings die Ansicht vertreten, § 29 HAG sei entsprechend auf die Beschäftigungsverhältnisse aller arbeitnehmerähnlichen Personen anzuwenden[44]. Dem ist entgegenzuhalten, daß eine Ausdehnung des personellen Geltungsbereiches von § 29 HAG auf alle arbeitnehmerähnlichen Personen der gesetzlichen Konzeption widerspricht[45]. Wenn nämlich das Heimarbeitsgesetz in seinem § 1 Abs.3 die Geltung der Kündigungsschutzvorschriften schon für die Gruppe der Gleichgestellten von der ausdrücklichen Einbeziehung des Kündigungsschutzes in die für die Gleichgestellten nach der Gleichstellungsentschei-

---

[42] BAnz. 1976 Nr. 54; vgl. auch Küfner-Schmitt S. 178.

[43] Vgl. dazu die ausführliche Darstellung bei Küfner-Schmitt S. 129ff.

[44] Falkenberg AR-Blattei, 3. Forts.-Blatt Rs.; Herschel Film und Recht 1977, 290 (292); KR-Rost ArbNähnl. Personen Rn. 73.

[45] Im Ergebnis ebenso Küfner-Schmitt S. 130; Becker Rn. 215; MünchKomm-Schwerdtner § 621 Rn. 7.

dung gültigen Vorschriften abhängig macht, dann ist erst recht eine generelle Einbeziehung aller arbeitnehmerähnlichen Personen in diese Regelung ausgeschlossen.

Arbeitnehmerähnliche Teleheimarbeiter werden vor plötzlichen, unerwarteten Einkommensverlusten durch sogenannte Auslauffristen bewahrt. Nach allgemeiner Ansicht hat der Auftraggeber einer arbeitnehmerähnlichen Person, die mit ihm aufgrund ständig neuer Werk- oder Dienstverträge in einer faktischen Dauerbeziehung steht, rechtzeitig anzukündigen, daß er keine weiteren Aufträge nach Abschluß des laufenden an sie zu vergeben beabsichtigt. Der Mitarbeiter soll sich so frühzeitig nach einer anderen Erwerbsquelle umsehen können. Die Auslauffrist soll in Anlehnung an §621 Nr.5 BGB zwei Wochen betragen[46]. Nach Ansicht des Bundesarbeitsgerichtes[47] ist ein Auftraggeber, der eine solche rechtzeitige Ankündigung unterlassen hat, nach §615 BGB analog verpflichtet, für die Auslauffrist die Durchschnittsvergütung zu zahlen. Diese Konsequenz wird in der Literatur zum Teil als bedenklich bezeichnet[48]. Gleichwohl wird man sie ziehen müssen, wenn der Pflicht zur Einhaltung von Auslauffristen eine praktische Bedeutung zukommen soll.

b) Individualrechtlicher Kündigungsschutz

Die ordentliche Kündigung gegenüber einem Arbeitnehmer, dessen Arbeitsverhältnis in demselben Betrieb oder Unternehmen[49] länger als sechs Monate bestanden hat, ist gemäß §1 Abs.1 KSchG unwirksam, wenn sie nicht durch einen der in §1 Abs.2 Satz 1 KSchG abschließend aufgezählten Gründe sozial gerechtfertigt ist.

Da der personelle Anwendungsbereich des Kündigungsschutzgesetzes entsprechend dem Wortlaut des Gesetzes auf Arbeitnehmer beschränkt ist[50], genießen alle übrigen Personen diesen weitgehenden Kündigungsschutz nicht. Ihr Beschäftigungsverhältnis kann daher gekündigt werden, ohne daß ein verhaltens-, personen- oder betriebsbedingter Grund dafür vorliegen muß. Der Kündigende kann letztlich auch mit Erfolg aufgrund subjektiver Erwägungen, z.B. persönlicher Abneigung, das Beschäftigungsverhältnis lösen. Sein Kündigungsrecht ist im wesentlichen nur durch die §§134, 138, 242 BGB begrenzt. Darüber hinaus sind die einzel- oder tarifvertraglich vereinbarten Kündigungsbestimmungen zu beachten.

---

[46] BAG v. 8.6.1967 AP Nr. 6 zu §611 BGB Abhängigkeit, bes. Bl. 3 Rs.; KR-Rost ArbNähnl. Personen Rn. 72; Becker Rn. 213; Küfner-Schmitt S. 132.

[47] BAG v. 8.6.1967 AP Nr. 6 zu §611 BGB Abhängigkeit, bes. Bl. 3 Rs.

[48] Becker Rn. 212.

[49] Das Kündigungsschutzgesetz gilt allerdings nicht für Kleinbetriebe mit weniger als sechs regelmäßig beschäftigten Arbeitnehmern, §23 KSchG.

[50] Z.B. KR-Rost ArbNähnl. Personen Rn. 147; Herschel/Löwisch §1 KSchG Rn. 17; Maus/Schmidt §29 HAG Rn. 18; G. Hueck in Hueck §1 KSchG Rn. 10.

Die Beschränkung des Kündigungsrechtes nach dem Bürgerlichen Gesetzbuch ist von geringer praktischer Bedeutung[51]. So ist eine Kündigung nur dann sittenwidrig und damit nichtig, wenn sie auf einem verwerflichen Motiv des Kündigenden beruht, wie insbesondere Rachsucht oder Vergeltung, oder wenn sie aus anderen Gründen dem Anstandsgefühl aller billig und gerecht Denkenden widerspricht[52]. Da nach §138 BGB weitaus strengere Maßstäbe anzulegen sind, um eine Kündigung für unwirksam zu erachten, als dies nach §1 KSchG erforderlich ist, um eine Kündigung für sozial ungerechtfertigt zu halten, ist eine sozial ungerechtfertigte Kündigung im Sinne von §1 KSchG in der Regel nicht sittenwidrig gemäß §138 BGB[53]. Auch bei einer Begrenzung des Kündigungsrechts aus §242 BGB ist Zurückhaltung geboten. Denn §242 BGB ist keinesfalls Auffangtatbestand für sozialwidrige Kündigungen gegenüber Personen, die den besonderen Kündigungsschutz des Kündigungsschutzgesetzes nicht genießen[54]. Nach §134 BGB ist eine Kündigung nichtig, die gegen ein gesetzliches Verbot verstößt. Als Verbotsgesetz kommt z.B. das Diskriminierungsverbot nach Art. 3 Abs.2 und 3 GG in Betracht[55]. Darüber hinaus hat §134 BGB neben den speziellen Kündigungsverboten im Mutterschutzgesetz, Schwerbehindertengesetz u.a. Gesetzen kaum Bedeutung.

Somit ist festzustellen, daß insbesondere die Heimarbeitsverhältnisse aus Gründen gekündigt werden können, die gegenüber einem Arbeitnehmer zur sozialen Rechtfertigung der Kündigung nicht ausreichen würden. Aber auch alle übrigen arbeitnehmerähnlichen Teleheimarbeiter genießen durch das Gesetz nur den stark herabgesetzten Kündigungsschutz, den die §§134, 138 242 BGB bieten.

c) Betriebsverfassungsrechtlicher Kündigungsschutz

Nach §102 Abs.1 BetrVG ist der Betriebsrat vor jeder Kündigung zu hören. Der Arbeitgeber hat die Gründe für die Kündigung mitzuteilen. Eine ohne Anhörung des Betriebsrates ausgesprochene Kündigung ist unwirksam. Diese Vorschrift schützt nicht nur die Arbeitnehmer eines Betriebes, sondern auch die in §6 Abs.1 Satz 2, Abs.2 Satz 2 BetrVG in den Geltungsbereich des Betriebsverfassungsgesetzes einbezogenen in Heimarbeit Beschäftigten. Gegenüber Teleheimarbeitern, die als Heimarbeiter oder Hausgewerbetreibende in der

---

[51] KR-Friedrich §13 KSchG Rn. 111.

[52] BAG v. 23.11.1961 AP Nr. 22 zu §138 BGB, bes. Bl. 3; ähnlich BAG v. 8.6.1972 AP Nr. 1 zu §1 KSchG 1969, bes. Bl. 4 Rs.; vgl. ferner BAG v. 28.9.1972 AP Nr. 2 zu §134 BGB, bes. Bl. 3 Rs.; BAG v. 25.6.1964 AP Nr. 3 zu §242 BGB Auskunftspflicht, bes. Bl. 1 Rs.; ebenso Schaub 123 VII 3, S. 742; Hueck/Nipperdey I §56 IX, S. 558; KR-Friedrich §13 KSchG Rn. 123.

[53] KR-Friedrich §13 KSchG Rn. 125; G. Hueck in Hueck §13 KSchG Rn. 40.

[54] BAG v. 14.5.1964 AP Nr. 5 zu §242 BGB Kündigung, bes. Bl. 2 Rs.ff; Maus/Schmidt §29 HAG Rn. 61; vgl. auch G. Hueck in Hueck Einleitung Rn. 89.

[55] BAG v. 28.9.1972 AP Nr. 2 zu §134 BGB bes. Bl. 1 Rs.; vgl. dazu auch KR-Friedrich §13 KSchG Rn. 183, 184.

Hauptsache für den Betrieb[56] Angestelltentätigkeiten verrichten, kann also nur bei vorheriger ordnungsgemäßer Anhörung des Betriebsrates die Kündigung wirksam ausgesprochen werden.

Es fragt sich jedoch, ob an die Anhörung vor der Kündigung gegenüber einem in Heimarbeit Beschäftigten dieselben Anforderungen zu stellen sind wie bei der Kündigung eines Arbeitsverhältnisses. Das Bundesarbeitsgericht[57] hat diese Frage mehrfach bejaht. Es ist der Auffassung, der Arbeitgeber habe auch bei Personen, die dem Kündigungsschutzgesetz nicht unterstehen, die Kündigung genau und umfassend zu begründen. In der Literatur wird der Ansicht des Bundesarbeitsgerichtes überwiegend zugestimmt[58]. Es wird aber auch eine gegenteilige Meinung vertreten, derzufolge bei diesen Beschäftigten der Arbeitgeber auch gegenüber dem Betriebsrat seiner Informationspflicht durch eine kurze Mitteilung genügt[59].

Dazu sei hier bemerkt, daß die h.M. eine Antwort auf die Frage schuldig bleibt, warum dem Arbeitgeber gegenüber dem Betriebsrat eine stärkere Begründungspflicht aufzuerlegen ist, als es im übrigen zur wirksamen Kündigung des Beschäftigungsverhältnisses erforderlich ist. Dazu bedürfte es einer Analyse von Sinn und Zweck der Anhörung des Betriebsrates nach §102 Abs.1 BetrVG. Darüber hinaus sieht sich die h.M. dem Einwand gegenüber, daß eine — wenn auch ausführliche — Darstellung subjektiver Vorstellungen und Erwägungen, von denen sich der Kündigende hat leiten lassen, dem Betriebsrat wenig hilfreiche Anhaltspunkte liefern dürfte. Es spricht daher einiges dafür, die Schutzwirkung des betriebsverfassungsrechtlichen Kündigungsschutz nach §102 Abs.1 BetrVG für solche Teleheimarbeiter, die nicht im Arbeitsverhältnis stehen, zurückhaltend zu beurteilen.

d) Weiterbeschäftigungsanspruch

aa) Betriebsverfassungsrechtlicher Weiterbeschäftigungsanspruch

Ein Arbeitnehmer hat nach §102 Abs.5 BetrVG bei einer ordentlichen Kündigung nach Ablauf der Kündigungsfrist einen Weiterbeschäftigungsanspruch, wenn der Betriebsrat der Kündigung aus einem der in §102 Abs.3

[56] „In der Hauptsache für den Betrieb" arbeitet derjenige in Heimarbeit Beschäftigte, der entweder ausschließlich für den in Betracht kommenden Betrieb tätig ist oder für diesen Betrieb — im Verhältnis zu sonstigen Auftraggebern — vom zeitlichen Umfang her die hauptsächliche Arbeitsleistung erbringt, BAG v. 27.9.1974 AP Nr. 1 zu §6 BetrVG 1972, bes. Bl. 2 Rs.

[57] BAG v. 28.9.1978 AP Nr. 19 zu §102 BetrVG, bes. Bl. 3 m.w.Nw.

[58] Fitting/Auffarth/Kaiser/Heither §102 BetrVG Rn. 19; Gnade/Kehrmann/Schneider/ Blanke §102 BetrVG Rn. 31; Klebe/Schumann Anm. zu ArbG Köln v. 25.3.1977 DB 1977, 1276 (1277); einschränkend Dietz/Richardi §102 BetrVG Rn. 55.

[59] Kammann/Hess/Schlochauer §102 BetrVG Rn. 38; Schwerdtner ZIP 1983, 406 (408f); ArbG Köln v. 25.3.1977, DB 1977, 1275.

BetrVG genannten Gründe frist- und formgerecht widersprochen hat, der Arbeitnehmer Weiterbeschäftigung verlangt und Klage nach dem Kündigungsschutzgesetz erhoben hat. Alle Beschäftigten, die diese Kündigungsschutzklage nicht erheben können, besitzen folglich keinen betriebsverfassungsrechtlichen Weiterbeschäftigungsanspruch.

bb) Allgemeiner Weiterbeschäftigungsanspruch

Der Große Senat des Bundesarbeitsgerichtes hat in seinem Beschluß vom 27. Februar 1985 anerkannt, daß ein Arbeitnehmer, dessen Arbeitsverhältnis gekündigt worden ist, einen arbeitsvertraglichen Anspruch auf vertragsgemäße Beschäftigung über den Ablauf der Kündigungsfrist oder bei einer fristlosen Kündigung, über deren Zugang hinaus bis zum rechtskräftigen Abschluß des Kündigungsschutzprozesses hat, wenn die Kündigung unwirksam ist und überwiegende schutzwerte Interessen des Arbeitgebers seiner Weiterbeschäftigung nicht entgegenstehen[60].

Es fragt sich, ob ein solcher allgemeiner Beschäftigungsanspruch auch Teleheimarbeitern zukommt, die in keinem Arbeitsverhältnis stehen. Ohne diese Frage abschließend beantworten zu können, sei hier bemerkt, daß dafür erhebliche Gründe sprechen. Denn die tragende Überlegung des Großen Senates besitzt auch außerhalb des Arbeitsverhältnisses Bedeutung. Nach Auffassung des Großen Senates stellt die Nichtberücksichtigung der ideellen Interessen des Arbeitnehmers an tatsächlicher Beschäftigung und der damit verbundenen sozialen Anerkennung auf dem Boden des Grungesetzes und seiner in Art. 1 und 2 getroffenen Wertentscheidung eine Regelungslücke im Dienstvertragsrecht des Bürgerlichen Gesetzbuches dar. Diese Lücke sei durch die grundsätzliche Anerkennung eines arbeitsvertraglichen Beschäftigungsanspruches zu schließen[61].

Zusammenfassung zum Kündigungsschutz für Teleheimarbeiter

Der Kündigungsschutz ist für Teleheimarbeiter, die nicht auf der Basis eines Arbeitsverhältnisses beschäftigt sind, deutlich herabgesetzt gegenüber dem Kündigungsschutz, den Arbeitnehmer genießen. Dies zeigt sich bereits bei den Kündigungsfristen und setzt sich beim individualrechtlichen Kündigungsschutz fort. Die Ausklammerung aller arbeitnehmerähnlichen Personen aus dem Geltungsbereich des Kündigungsschutzgesetzes wirkt sich darüber hinaus beim betriebsverfassungsrechtlichen Kündigungsschutz nach §102 Abs.1 BetrVG und beim Weiterbeschäftigungsanspruch nach §102 Abs.5 BetrVG aus.

---

[60] Großer Senat des BAG v. 27.2.1985 AP Nr. 14 zu §611 BGB Beschäftigungspflicht, bes. Bl. 3 Rs.ff.

[61] Großer Senat des BAG a.a.O., bes. Bl. 7.

7. Altersversorgung

Angestellte sind nach dem Angestelltenversicherungsgesetz pflichtversichert, wenn sie gegen Entgelt beschäftigt sind, §2 Abs.1 Nr.1 AVG. Teleheimarbeiter im Arbeitsverhältnis sind somit nach dieser Vorschrift pflichtversichert[62]. Da die Heimarbeiter gemäß §12 Abs.2 SGB IV als Beschäftigte gelten und aufgrund dessen in allen Zweigen der Sozialversicherung wie Arbeitnehmer behandelt werden, sind Teleheimarbeiter im Heimarbeitsverhältnis ebenfalls in der Rentenversicherung der Angestellten pflichtversichert[63].

Im Gegensatz dazu sind Teleheimarbeiter als Hausgewerbetreibende gemäß §1227 Abs.1 Nr.3 RVO in der Rentenversicherung der Arbeiter pflichtversichert. Aus §12 Abs.1 und 5 SGB IV folgt, daß die nach §1 Abs.2 Buchstabe a HAG Gleichgestellten wie die Heimarbeiter nach dem Angestelltenversicherungsgesetz, die nach §1 Abs.2 Buchstabe b bis d Gleichgestellten wie die Hausgewerbetreibenden in der Arbeiterrentenversicherung pflichtversichert sind. Da jedoch die Leistungen an die Versicherten in beiden Versicherungen gemäß §§1235ff RVO; 12ff AVG gleich sind[64], folgen für die Rentenversicherung keine Unterschiede daraus, ob der Teleheimarbeiter den Arbeitnehmern oder Heimarbeitern einerseits oder den Hausgewerbetreibenden andererseits zuzurechnen ist.

Die Beiträge für die Rentenversicherung der Angestellten tragen gemäß §112 Abs.4 Buchstabe a AVG die Versicherten und ihre Arbeitgeber je zur Hälfte. Nach §1385 Abs.4 Buchstabe a RVO gilt das gleiche für die Rentenversicherung von Hausgewerbetreibenden.

Sonstige arbeitnehmerähnliche oder selbständige Teleheimarbeiter sind nicht rentenversicherungspflichtig[65], es sei denn, daß sie vom Künstlersozialversicherungsgesetz erfaßt werden, §§2 Abs.1 Nr.4a AVG; 1 KSVG.

8. Schutz gegen Arbeitsunfälle

a) Versicherung nach § 539 Abs.1 RVO

In der gesetzlichen Unfallversicherung sind Arbeitnehmer, Heimarbeiter und Hausgewerbetreibenden gegen Arbeitsunfall versichert, §539 Abs.1 Nrn.1 und 2

[62] Zu den Angestellten gehören nach §3 Abs.1 Nr.3 AVG insbesondere die Büroangestellten. Somit sind Teleheimarbeiter Angestellte im Sinne des Angestelltenversicherungsgesetzes sind.

[63] Vgl. dazu auch Küfner-Schmitt S. 271; Gitter / Küfner-Schmitt, Die Angestelltenversicherung 1986, 54 (57).

[64] Vgl. dazu auch Küfner-Schmitt S. 274; Gitter / Küfner-Schmitt Die Angestelltenversicherung 1986, 54 (58).

[65] Zur Versicherungsfreiheit und Versicherungsberechtigung vgl. z.B. Küfner-Schmitt S. 268ff; Gitter / Küfner-Schmitt Die Angestelltenversicherung 1986, 54ff.

RVO. Aus den Begriffsbestimmungen in §12 Abs.1, 2 und Abs.5 SGB IV folgt, daß auch die Gleichgestellten in der Unfallversicherung pflichtversichert sind.

Hinsichtlich der Beitragslast besteht in diesem Zweig der Sozialversicherung ein Unterschied zwischen der Versicherung eines Arbeitnehmers oder Heimarbeiters auf der einen Seite und der eines Hausgewerbetreibenden auf der anderen Seite. Gemäß §723 Abs.1 RVO werden die Mittel für die Ausgaben der Berufsgenossenschaften, die nach §646 RVO Träger der Unfallversicherung sind, von den Unternehmern, die versichert sind oder Versicherte beschäftigen, aufgebracht. Der Begriff des Unternehmens ist in §658 Abs.2 RVO festgelegt. Arbeitnehmer und Heimarbeiter sind als abhängig Beschäftigte keine Unternehmer. Sie müssen daher keine Beiträge entrichten. Zur Beitragszahlung wird ihr Arbeitgeber herangezogen[66]. Hausgewerbetreibende jedoch gehören sozialversicherungsrechtlich zu den „Selbständigen", §12 Abs.1 SGB IV. Sie tragen die Beiträge für ihre Unfallversicherung selbst[67].

b) Versicherung nach §539 Abs.2 RVO

Auch sonstige arbeitnehmerähnliche Teleheimarbeiter können in der gesetzlichen Unfallversicherung pflichtversichert sein[68]. Sie unterliegen zwar nicht dem Katalog der nach §539 Abs.1 RVO versicherten Personen. Jedoch sind nach §539 Abs.2 RVO gegen Arbeitsunfall Personen versichert, die wie die nach Absatz 1 Versicherten tätig sind. Die in §12a TVG festgelegten Merkmale einer arbeitnehmerähnlichen Person dürften in den meisten Fällen die Eingruppierung in §539 Abs.2 RVO gestatten[69]. Fraglich ist, wer die Beitragslast für die nach §539 Abs.2 RVO versicherten Personen zu zahlen hat. Entgegen der Auffassung von Küfner-Schmitt[70] können für die Beitragslast keine Konse-

[66] Vgl. hierzu auch Küfner-Schmitt S. 258.

[67] Dieses Ergebnis folgt entgegen Küfner-Schmitt S. 260 jedoch nicht bereits aus dem Wortlaut der Vorschriften. Dagegen spricht nämlich, daß nach §12 Abs.1 SGB IV der Hausgewerbetreibende „im Auftrag und für Rechnung von Gewerbetreibenden" arbeitet, während Unternehmer nach §658 Abs.2 Nr.1 RVO derjenige ist, „für dessen Rechnung das Unternehmen geht". Dies ist nach §12 Abs.3 SGB IV nicht der Hausgewerbetreibende, sondern nach §12 Abs.3 SGB IV sein Auftraggeber. Die Beitragslast für die Hausgewerbetreibenden ist im Wege des Umkehrschlusses dem §729 Abs.1 RVO zu entnehmen. Diese Vorschrift besagt, daß die Satzung einer Berufsgenossenschaft bestimmen kann, daß der Auftraggeber die Beiträge für die nach §539 Abs.1 Nr.2 RVO Versicherten und deren Beschäftigte bezahlt. Sie bestimmt somit eine Ausnahme gegenüber dem Grundsatz, daß die genannten Personen die Beiträge selbst entrichten. Diese Norm ist zwar nicht ganz geglückt, weil dort nicht nur Hausgewerbetreibende sondern auch die Heimarbeiter in Bezug genommen werden. Für die Heimarbeiter ist aber nunmehr seit Erlaß des SGB IV im Jahre 1977 durch §12 Abs.2 2. Halbsatz SGB IV klargestellt, daß sie wie Beschäftigte behandelt werden. §729 Abs.1 RVO ist jedoch nach wie vor der Grundsatz zu entnehmen, daß Hausgewerbetreibende die Beiträge selbst aufbringen müssen.

[68] Dies übersehen Gitter/Herrmann/Lohmar S. 36.

[69] Küfner-Schmitt S. 262; vgl. auch Becker Rn. 231; Heußner RdA 1978, 12 (14).

[70] Küfner-Schmitt S. 262.

quenzen daraus folgen, daß man die arbeitnehmerähnlichen Teleheimarbeiter eher mit einem Arbeitnehmer oder mit einem Heimarbeiter für vergleichbar hält. Vielmehr kann diese Unterscheidung dahingestellt bleiben, denn sowohl Arbeitnehmer als auch Heimarbeiter zahlen die Beiträge zur Unfallversicherung nicht selbst. Demgegenüber bietet es sich an, danach zu differenzieren, ob der Teleheimarbeiter eher einem Heimarbeiter oder eher einem Hausgewerbetreibenden ähnlich ist.

9. Absicherung gegen Arbeitslosigkeit und Konkurs des Arbeit- / Auftraggebers

Arbeitnehmer haben bei Arbeitslosigkeit grundsätzlich Anspruch auf Arbeitslosengeld bzw. Arbeitslosenhilfe nach Maßgabe der §§ 100 bis 141 AFG[71]. Bei Zahlungsunfähigkeit des Arbeitgebers können Arbeitnehmer als Ausgleich für ausgefallenes Arbeitsentgelt Konkursausfallgeld beanspruchen, §§ 141a bis 141n AFG. Nach § 101 Abs.2 AFG gelten diese Regelungen für Heimarbeiter im Sinne des § 12 Abs.2 SGB IV ebenfalls. Aufgrund des „weiten“ Heimarbeiterbegriffes des SGB IV erhalten daher auch Teleheimarbeiter im öffentlichen Dienst Arbeitslosengeld oder -hilfe, wenn sie im Heimarbeitsverhältnis beschäftigt sind[72]. Alle anderen arbeitnehmerähnlichen Personen erhalten weder Arbeitslosengeld noch Arbeitslosenhilfe noch Konkursausfallgeld[73].

Bei vorübergehendem Arbeitsausfall gewährt die Bundesanstalt für Arbeit nach Maßgabe der §§ 63 bis 73 AFG Kurzarbeitergeld. Heimarbeiter im Sinne von § 12 Abs.2 SGB IV haben nach § 73 AFG diesen Anspruch nur dann, wenn sie ihren Lebensunterhalt ausschließlich oder weitaus überwiegend aus dem Beschäftigungsverhältnis als Heimarbeiter beziehen. Alle anderen Personen sind vom Bezug von Kurzarbeitergeld ausgeschlossen.

Ergebnis zur sozialen Absicherung der Teleheimarbeiter

Die geschützte Position, die Teleheimarbeiter im Arbeitsverhältnis genießen, wird von den Teleheimarbeitern, die in Heimarbeit Beschäftigt sind, nur zum Teil erreicht. Das Spektrum ist durch die noch gleichwertige Absicherung im Krankheitsfall auf der einen Seite und die extreme Schlechterstellung beim Kündigungsschutz auf der anderen Seite begrenzt. Die Gleichgestellten wiederum erreichen zum Teil nicht die den in Heimarbeit Beschäftigten zukommende Rechtsstellung. Für sie gilt z.B. das Kündigungsverbot nach § 9 Abs.1 MuSchG

---

[71] Zur Arbeitslosenversicherung von Teleheimarbeitern vgl. auch Küfner-Schmitt S. 282 ff.

[72] Diesen Umstand übersehen Gitter/ Herrmann/Lohmar S. 36.

[73] Das BSG hat im Urteil v. 27.11.1980 ZIP 1981, 134 (135), den Standpunkt vertreten, es sei verfassungsrechtlich nicht zu beanstanden, daß nur Heimarbeiter und nicht auch Hausgewerbetreibende zu den Begünstigten nach dem 4. Abschnitt des Arbeitsförderungsgesetzes gehören.

nicht. Die sonstigen arbeitnehmerähnlichen Teleheimarbeiter sind im materiellen Recht weitgehend nicht bedacht. Für sie gibt es weder eine gesetzliche Absicherung im Krankheitsfall, noch Mutterschutz, noch Vergütung bei Arbeitsausfall an Feiertagen, noch einen nennenswerten individualrechtlichen Kündigungsschutz. Einzige Ausnahme ist ihr Anspruch auf bezahlten Erholungsurlaub nach dem Bundesurlaubsgesetz.

Grundsätzlich nimmt somit der Umfang arbeitsrechtlichen Schutzes stufenweise von Arbeitnehmern zu in Heimarbeit Beschäftigten, von in Heimarbeit Beschäftigten zu Gleichgestellten, von Gleichgestellten zu sonstigen arbeitnehmerähnlichen Personen ab. Die Heimarbeiter und die Hausgewerbetreibenden haben im wesentlichen die gleiche arbeitsrechtliche Rechtsposition.

Die Verminderung arbeitsrechtlichen Schutzes kann zwar zum Teil durch tarifliche Vereinbarung aufgefangen werden. Aus § 8 Abs.4 LFZG und § 12 Nr.7 BUrlG ergeben sich jedoch Grenzen tariflicher Regelungsmacht. Den Tarifvertragsparteien ist es grundsätzlich verwehrt, das heimarbeitsrechtliche Zuschlagssystem zur Sicherung im Krankheitsfall und bei Urlaub durch das arbeitsrechtliche Lohnfortzahlungskonzept zu ersetzen.

In der gesetzlichen Kranken- und in der gesetzlichen Rentenversicherung werden Teleheimarbeiter als Arbeitnehmer, als Heimarbeiter und als Hausgewerbetreibende sowie als Gleichgestellte zwar nicht nach denselben Vorschriften, aber im Ergebnis unter den gleichen Voraussetzungen pflichtversichert. Sie erhalten die gleichen Leistungen. Auch in der Beitragslast bestehen keine Unterschiede. Sonstige arbeitnehmerähnliche Teleheimarbeiter können bei publizistischer Tätigkeit nach dem Künstlersozialversicherungsgesetz versichert sein. In der Unfallversicherung hingegen zeigt sich eine Ungleichheit zwischen Arbeitnehmern und Heimarbeitern einerseits und Hausgewerbetreibende andererseits. Letztere sind zwar auch gegen Arbeitsunfall pflichtversichert, haben die Beiträge jedoch selbst zu zahlen.

Bei Leistungen nach dem Arbeitsförderungsgesetz, wie Arbeitslosengeld, Arbeitslosenhilfe und Konkursausfallgeld, sind nur diejenigen Teleheimarbeiter begünstigt, die Arbeitnehmer oder Heimarbeiter sind. Kurzarbeitergeld erhält außer den Arbeitnehmern lediglich eine Teilgruppe von Heimarbeitern.

Im Gegensatz zum Arbeitsrecht besteht im Sozialrecht im wesentlichen kein Unterschied zwischen Arbeitnehmern und Heimarbeitern. Hier zeigt sich eine deutliche Abstufung erst zwischen Heimarbeitern einerseits und Hausgewerbetreibenden und sonstigen arbeitnehmerähnlichen Personen andererseits, die z.B. von den Leistungen nach dem Arbeitsförderungsgesetz ausgeschlossen sind.

C. Freie Wahl der Rechtsform für Teleheimarbeit oder Rechtsformzwang

I. Problemstellung

Die Bemühungen um eine zutreffende Bestimmung der Rechtsform eines Teleheimarbeitsverhältnisses wären weitgehend überflüssig, wenn die Parteien eines Teleheimarbeitsvertrages die Rechtsform frei auswählen könnten, ohne rechtliche Grenzen ihrer Vertragsfreiheit beachten zu müssen. Dann würden die Arbeitsleistungen stets in der Rechtsform erbracht werden, die die Parteien des Teleheimarbeitsvertrages als die beiderseits gewünschte deklarierten. Es liegt indes auf der Hand, daß eine so weitgehende Vertragsfreiheit nicht nur Mißbrauchs- und Umgebungsabsichten Tür und Tor öffnen würde[1]. Darüber hinaus wäre die Geltung weitgehend zwingenden Schutzrechtes von der wohl häufig nur zufällig richtigen Einordnung des Rechtsverhältnisses durch juristische Laien abhängig.

Deshalb stellt sich die Frage, ob den Vertragsparteien bei einer bestimmten tatsächlichen Gestaltung des Teleheimarbeitsverhältnisses eine bestimmte dazu passende Rechtsform vorgeschrieben ist, oder ob und in welchem Umfang sie die Rechtsform frei auswählen dürfen. Diese Problemstellung wird im folgenden mit dem Stichwort Rechtsformzwang bezeichnet.

Literatur und Rechtsprechung haben sich zum arbeitsrechtlichen Rechtsformzwang vornehmlich aus Anlaß der Statusprozesse von Mitarbeitern bei Rundfunk und Fernsehen geäußert[2]. Dabei stand stets in Frage, ob dem Betroffenen die Rechtsstellung eines Arbeitnehmers zugute kommt, oder ob er in die weitgehend ungeschützte Rechtsstellung als arbeitnehmerähnliche Person oder in die sogar gänzlich ungeschützte Rechtsstellung als Selbständiger verwiesen wird.

Teleheimarbeit wirft demgegenüber Fragen auf, die bei der Rechtsstellung der freien Mitarbeiter bei Rundfunk und Fernsehen unberücksichtigt bleiben durften. Es ist hier zusätzlich darauf einzugehen, ob und gegebenenfalls in

---

1 Diesen Aspekt stellt Wedde seinen Überlegungen zum Rechtsformzwang bei Teleheimarbeit voran, siehe S. 48, S. 62.

2 BAG v.13.1.1983 AP Nr. 42, bes. Bl. 5f.; BAG v. 15.3.1978 AP Nr. 26, bes. Bl. 4 Rs.; BAG v. 9.3.1977 AP Nr. 21, bes. Bl. 2; BAG v. 14.2.1974 AP Nr. 12, bes. Bl. 3f; jeweils zu §611 BGB Abhängigkeit; LAG Berlin v. 16.8.1983, AP Nr. 44 zu §611 BGB Abhängigkeit, bes. Bl. 2; Konzen/Rupp, Anm. z. Beschl. des BVerfG v. 13.1.1982 in EzA Art. 5 GG Nr. 9 S.58a ff; Konzen ZfA 1982, 259 (292ff); Beuthien/ Wehler Anm. zu BAG AP Nr. 15-21 zu §611 BGB Abhängigkeit, ebenda, bes. Bl. 4 Rs. ff; Beuthien FS BAG S. 1ff; Fenn FS für Bosch 1976 S. 171ff; Jahnke ZHR 146 (1982), 595ff; Martens RdA 1979, 347ff; G. Küchenhoff Anm. zu BAG AP Nr. 34 zu §611 BGB Abhängigkeit, ebenda bes. Bl. 5ff; Hilger RdA 1981, 265ff; Flume AT Bd. 2 §1 Anm. 8 S. 13ff; Rosenfelder S. 79ff; kritisch: Lieb RdA 1975, 49ff; Stolterfoth S. 189f; zur parallel gelagerten Problematik bei den Handelsvertretern siehe auch: BAG v. 4.12.1981 AP Nr. 2 zu §84 HGB, bes. Bl. 2; BAG v. 11.3.1982 AP Nr. 3 zu §84 HGB, bes. Bl. 1 Rs.

welchem Umfang die Rechtsformen des Heimarbeitsgesetzes zwingend vorgeschrieben sind. Eine Diskrepanz zwischen der vertraglichen Vereinbarung einerseits und den tatsächlichen Verhältnissen andererseits ist dabei nicht nur zuungunsten des Teleheimarbeiters denkbar. Die Parteien könnten auch ein Arbeitsverhältnis vereinbart haben, obwohl tatsächlich unter den Bedingungen von Heimarbeit Heimarbeitsleistungen erbracht werden und deshalb „an sich" Heimarbeitsrecht einschlägig wäre.

Teleheimarbeit gibt schließlich auch Anlaß, darauf einzugehen, ob das Dogma von der Vertragsform „Arbeitsvertrag" bei persönlich abhängigen Dienstleistungen zumindest dann außer Kraft gesetzt werden darf, wenn sich die Vertragsparteien anstatt für das Arbeitsrecht für ein annähernd gleichwertiges Schutzrecht entscheiden, dessen Regelungen sie ihr Vertragsverhältnis unterstellen wollen.

II. Meinungsstand

In ständiger Rechtsprechung haben das Bundesarbeitsgericht[3] und auch das Bundessozialgericht[4] eine Leitlinie zum Rechtsformzwang im Arbeitsrecht und zu den Konsequenzen bei einer Rechtsformverfehlung entwickelt. Danach ist eine ausdrückliche Bezeichnung etwa in einem schriftlichen Vertragstext nicht ausschlaggebend. Vielmehr entscheide über die rechtliche Einordnung eines Rechtsverhältnisses der Geschäftsinhalt. Was Geschäftsinhalt geworden sei, könne sich sowohl aus den ausdrücklichen Vereinbarungen der Parteien als auch aus der tatsächlichen Durchführung des Vertrages ergeben. Widersprächen sich Vereinbarungswortlaut und tatsächliche Durchführung, so sei letztere maßgebend. Stünden die Parteien nach der tatsächlichen Ausgestaltung ihrer Rechtsbeziehung in einem Arbeitsverhältnis, so sei ein davon abweichender subjektiver Rechtsgestaltungswille, der beispielsweise in einem schriftlichen Vertrags-text zum Ausdruck komme, unbeachtlich. Diese Auffassung der Rechtsprechung wird von der herrschenden Lehre geteilt[5].

Das Bundesarbeitsgericht hat diese Grundzüge zum Rechtsformzwang im Arbeitsrecht in bemerkenswerter Weise weiterentwickelt, indem es seine ältere Rechtsprechung aufgegben hat, der zufolge dann, wenn nach den objektiven Gegebenheiten ebensoviele Gründe für die eine wie die andere Vertragsform

[3] BAG v. 13.1.1983 AP Nr. 42, bes. Bl. 5f; BAG v. 15.3.1978 AP Nr. 26, bes. Bl. 4 Rs.; BAG v. 9.3.1977 AP Nr. 21, bes. Bl. 2; BAG v. 14.2.1974 AP Nr. 12, bes. Bl. 3f; BAG v. 4.12.1981 AP Nr. 2 zu § 84 HGB, bes. Bl. 2; BAG v. 11.3.1982 AP Nr. 3 zu § 84 HGB, bes. Bl. 1 Rs.

[4] BSG v. 30.11.1978 SozR Nr. 2 zu § 162 RVO, bes. Bl. 7; BSG v. 31.10.1972 in BSGE 35, 20 (21); BSG v. 31.7.1974 in BSGE 38, 53 (57).

[5] Zustimmend: Jahnke ZHR 146, 595 (617f); Hilger RdA 1981, 265 (266); Martens RdA 1979, 347 (348); Konzen / Rupp Anm. z. Beschl. des BVerfG v. 13.1.1982 in EzA Art. 5 GG Nr. 9, bes. Bl. 58e ff; Beuthien / Wehler Anm. zu AP Nr. 15-21, bes. Bl. 5; Fenn FS für Bosch 1976, 171 (176); Becker Rn. 153ff.

(Arbeitsvertrag oder Freier-Mitarbeiter-Vertrag) sprächen, der im Vertragstext zum Ausdruck gebrachte Wille entscheidend sein sollte[6]. Nunmehr ist nach Ansicht des Bundesarbeitsgerichtes eine vom Arbeitsvertrag abweichende Rechtsform nur zulässig, wenn es dafür einen sachlichen Grund gibt[7]. Dies richte sich danach, „ob ein verständiger, sozial verantwortungsbewußter Vertragspartner nur den Freien-Mitarbeiter-Vertrag angeboten hätte". Fehle es an einem sachlichen Grund, müsse sich der Dienstberechtigte so behandeln lassen, als hätte er einen Arbeitsvertrag geschlossen[8].

Diese Rechtsfortbildung hat dem Bundesarbeitsgericht vielfältige Kritik[9], aber auch Zustimmung[10] eingebracht. Im wesentlichen wird eingewendet, das Bundesarbeitsgericht mißachte die Grenzen richterlicher Rechtsfortbildung[11] und verkenne die Grundsätze der Vertragsauslegung[12].

Eine grundsätzlich andere Position als die Rechtsprechung vertritt vor allem Lieb[13]. Er ist der Auffassung, daß (auch für die Vergangenheit) kein wirksames Arbeitsverhältnis zwischen den Parteien begründet worden ist, sondern lediglich ein „fehlerhaftes Rechtsverhältnis", das (auch für die Vergangenheit) nach den Normen zu beurteilen ist, deren Geltung die Parteien angestrebt haben und das (für die Zukunft) kündigungsschutzlos auflösbar ist[14].

Für das Handelsvertreterrecht hat weitergehend Stolterfoth[15] die These aufgestellt, allein ausschlaggebend sei die gemeinsame Qualifizierung des Vertragsverhältnisses durch die Parteien ohne Rücksicht darauf, wie sie dieses tatsächlich praktizieren. Dem Bedenken, daß mit dieser Lösung die Schutzfunktion des Arbeitsrechtes unterlaufen und der Geltungsanspruch zwingender arbeitsrechtlicher Normen mißachtet würde, tritt Stolterfoth mit der Behauptung entgegen, jedenfalls das Handelsvertreterrecht sei unter Sozialschutzgesichtspunkten dem Arbeitsrecht äquivalent[16].

---

[6] BAG v. 8.6.1967 AP Nr. 6 zu §611 BGB Abhängigkeit, bes. Bl. 2f; BAG v. 28.6.1973 AP Nr. 10 zu §611 BGB Abhängigkeit, bes. Bl. 2; zustimmende Anm. von G. Hueck ebenda, bes. Bl. 3 Rs.; ebenso BSG v. 30.11.1978 SozR Nr. 2 zu §162 RVO, bes. Bl. 7; Nikisch I S. 97; Otto Anm. zu BAG AP Nr. 36, ebenda bes. Bl. 8.

[7] BAG v. 14.2.1974 AP Nr. 12 zu §611 BGB Abhängigkeit, bes. Bl. 4f; ebenso BAG v. 21.9.1977 AP Nr. 24 zu §611 BGB Abhängigkeit, bes. Bl. 3.

[8] BAG v. 14.2.1974 AP Nr. 12 zu §611 BGB Abhängigkeit, bes. Bl. 4.

[9] Kritisch: Jahnke ZHR 146, 595 (619); Lieb Anm. zu BAG AP Nr. 12 zu §611 BGB Abhängigkeit, ebenda, bes. Bl. 6 Rs.; Beuthien FS BAG, 1 (5ff); Martens RdA 1979, 347 (348, Fußnote 8); Otto Gemeins. Anm. zu AP Nr. 34-36 zu §611 BGB Abhängigkeit, ebenda, bes. Bl. 8.

[10] Zustimmend: Wiedemann/Stumpf §12a TVG Rn. 15; Fenn FS für Bosch, 1976, 171 (184).

[11] Lieb Anm. zu BAG AP Nr. 12 zu §611 BGB Abhängigkeit, ebenda, bes. Bl. 7.

[12] Jahnke ZHR 146, 595 ZHR 146, 595 (619).

[13] Lieb RdA 1975, 49ff.

[14] Lieb RdA 1975, 49 (50f, bes. auch Fußnote 26 und ferner S. 53).

[15] Stolterfoth S. 129ff.

In der Literatur zur Teleheimarbeit finden sich die von der Rechtsprechung entwickelten Grundzüge zum Teil wieder. So weisen einige Autoren darauf hin, daß auch für die Einordnung eines Teleheimarbeitsverhältnisses materielle Kriterien ausschlaggebend seien. Auf eine von der tatsächlichen Durchführung des Vertrages abweichende Bezeichnung komme es nicht an[17].

Wedde wirft als einziger die Frage auf, ob außer dem arbeitsrechtlichen auch ein heimarbeitsrechtlicher Rechtsformzwang bestehe[18]. Er kommt zu dem Ergebnis, daß ein Beschäftigungsverhältnis, das nach seiner tatsächlichen Ausgestaltung die Voraussetzungen der Heimarbeit erfülle, zwingend dem Heimarbeitsgesetz zu unterstellen sei[19]. Dabei kann er sich auf die Rechtsprechung des Bundesarbeitsgerichtes stützen, das bereits in seinem Urteil vom 15.12.1960[20] ausgeführt hat, für die Anwendung des Heimarbeitsgesetzes auf den durch dieses Gesetz geschützten Personenkreis komme es auf die objektive Rechtslage an und nicht darauf, ob dem Auftraggeber subjektiv diese Rechtslage bewußt sei. In einer späteren Entscheidung wurde noch hinzugefügt, daß andernfalls der Schutz des Heimarbeiters bzw. Hausgewerbetreibenden, der der zwingenden gesetzlichen Regelung des Heimarbeitsrechtes zugrunde liege, leicht umgangen werden könnte[21]. Auch das Bundessozialgericht beurteilt den Status der in Heimarbeit Beschäftigten nach den tatsächlichen Verhältnissen und hält abweichende vertragliche Vereinbarungen für nicht ausschlaggebend[22].

Andere Autoren erörtern unter dem Stichwort „Rechtsformmißbrauch" ein Problem, das — soweit ersichtlich — von Beuthien[23] in die Debatte eingebracht wurde, dem aber bislang keine breite Aufmerksamkeit in der arbeitsrechtlichen Literatur zuteil geworden ist. Es wird der Frage nachgegangen, ob eine rechtsmißbräuchliche Gesetzesumgehung vorliege, wenn die tatsächlichen Arbeitsbedingungen so gestaltet werden, daß der äußere Arbeitsvertragstatbestand insbesondere mangels persönlicher Abhängigkeit gar nicht erst eintrete[24]. Im Ergebnis wird die aufgeworfene Frage verneint. In der Einrichtung und technischen Gestaltung eines Teleheimarbeitsplatzes könne keine rechtsmißbräuchliche Gesetzesumgehung erblickt werden. Da der Arbeitgeber nicht gehindert sei, betriebsbedingte Kündigungen auszusprechen, um seine Unter-

---

[16] Stolterfoth S. 235ff; zum sozialen Schutz durch das Handelsvertreterrecht vgl. auch E. Rehbinder JZ 1973, 151 (155); Plander RdA 1973, 234 (241).

[17] Müllner, Privatisierung S. 113; Schmager S. 14; Wedde S. 63.

[18] Wedde S. 78ff.

[19] Wedde S. 79.

[20] BAG v. 15.12.1960 AP Nr. 2 zu §2 HAG, bes. Bl. 4.

[21] BAG v. 21.1.1965 AP Nr. 1 zu §1 HAG, bes. Bl. 2 Rs.; ebenso BAG v. 13.7.1967 AP Nr. 2 zu §1 HAG, bes. Bl. 3.

[22] BSG v. 30.11.1978 SozR 2200 zu §162 RVO Nr. 2, bes. Bl.7.

[23] Beuthien FS BAG, 1 (10).

[24] So Küfner-Schmitt S. 54; Kappus NJW 1984 2384 (2389f); Müllner, Privatisierung S. 114.

nehmen geänderten Struktur-, Markt- und Technologiegegebenheiten anzupassen, könne auch in einer Beschäftigung von Mitarbeitern auf Teleheimarbeitsplätzen kein Rechtsformmißbrauch liegen.[25]

III. Stellungnahme

1. Wahlfreiheit zwischen den Rechtsformen, wenn die Vertragsdurchführung keine eindeutige Zuordnung zu einem Geschäftstyp ermöglicht

Fraglich ist, ob dem Postulat des Bundesarbeitsgerichtes[26] vom Erfordernis eines sachlichen Grundes zur Rechtfertigung einer vom Arbeitsvertrag abweichenden Rechtsform beizupflichten ist, falls ebensoviele Anhaltspunkte für als auch gegen das Vorliegen eines Arbeitsverhältnisses vorhanden sind.

Die neuere Rechtsprechung des Bundesarbeitsgerichtes findet auf der Ebene des allgemeinen Zivilrechtes keine Grundlage. Denn ein Rechtsgeschäft ist als Umgehungsgeschäft nach §134 BGB[27] nicht schon dann nichtig, wenn es den Eintritt von Rechtsfolgen verhindern will, deren Tatbestandsvoraussetzungen nur partiell vorliegen. Vielmehr liegt ein nach §134 BGB nichtiges Umgehungsgeschäft nur dann vor, wenn die Anwendungsvoraussetzungen für die umgangenen Rechtsfolgen tatsächlich gegeben sind. Aus §134 BGB läßt sich somit die Nichtigkeit einer ausdrücklichen Rechtsformwahl nicht herleiten.

Wendet man die allgemeinen Grundsätze der Vertragsauslegung an, so kommt man zu dem Ergebnis, daß der ausdrücklich geäußerte übereinstimmende Parteiwille, wie er z.B. in einem schriftlichen Vertragstext niedergelegt sein kann, für den Richter die maßgebliche Richtschnur für die Ermittlung des Geschäftsinhaltes ist, die bei Fehlen sonstiger eindeutiger Anhaltspunkte den Ausschlag gibt. Wenn daher die tatsächliche Durchführung des Vertrages kein eindeutiges Ergebnis für die rechtliche Einordnung des Beschäftigungsverhältnisses liefert, so ist nach den allgemeinen Grundsätzen der Vertragsauslegung die Rechtsformwahl der Parteien verbindlich[28].

Von diesen allgemeinen zivilrechtlichen Grundsätzen weicht das Bundesarbeitsgericht[29] ab, wenn es ausführt: „Fehlt es an einem sachlichen Grund, ist die Wahl dieser Vertragsform (gemeint ist der „Freie Mitarbeiter-Vertrag“, Anm. v. Verf.) — da sie der Umgehung des Sozialschutzes dient — ein Mißbrauch der Vertragsfreiheit.“

[25] Küfner-Schmitt S. 54; Kappus NJW 1984, 2384 (2389); Müllner, Privatisierung S. 114.

[26] BAG v. 14.2.1974 AP Nr. 12, bes. Bl. 4f; BAG v. 21.9.1977 AP Nr. 24, bes. Bl. 3; jeweils zu §611 BGB Abhängigkeit.

[27] Zum Streit, woraus die Nichtigkeit eines Umgehungsgeschäftes zu folgern ist, vgl. Palandt-Heinrichs §134 BGB Anm. 4).

[28] So auch Jahnke ZHR 146, 595 (619).

[29] BAG v. 14.2.1974 AP Nr. 12 zu §611 BGB Abhängigkeit, bes. Bl. 4 Rs.

Gegen diese sich in dem oben zitierten Satz erschöpfenden Begründung wendet Lieb[30] zu Recht ein, daß es das Gericht an methodischer Klarheit fehlen lasse. Darüber hinaus ist dem Bundesarbeitsgericht vorzuhalten, daß seine eher beiläufige Bemerkung zu kurz ist, um richterliche Rechtsfortbildung dieser Tragweite zu legitimieren. Gleichwohl könnte ihr beizupflichten sein, wenn die Abweichung vom allgemeinen bürgerlichen Recht eine tragfähige Begründung fände[31]. Daran aber mangelt es hier. Die Anwendung von Arbeitsrecht entscheidet sich nicht — zumindest aber nicht nur — an der sozialen Situation desjenigen, der Dienste erbringt. Weil das Arbeitsrecht dem Empfänger der Dienstleistungen eine Fülle von Pflichten auferlegt, bedarf auch die dem Schutz des Dienstnehmers korrespondierende Belastung der anderen Vertragspartei einer Legitimation. Sie kann nur darin liegen, daß der Dienstleistende persönlich abhängig ist, wobei an dieser Stelle offenbleiben darf, wie der Terminus im einzelnen inhaltlich zu füllen ist. Fehlt es an diesem besonderen Verhältnis, so fehlt zugleich die tatsächliche Ausgangssituation, die bei Anwendung von Arbeitsrecht vorauszusetzen ist.

Darüber hinaus vermag die vom Gericht gezogene Parallele zur Rechtsprechung über die Zulässigkeit befristeter Arbeitsverträge auch deshalb nicht zu überzeugen, weil der, wenn auch nur befristet eingestellte, Arbeitnehmer immerhin auf ein bestehendes Arbeitsverhältnis verweisen kann, während es in den hier zu untersuchenden Fällen um die vorrangige Frage geht, ob überhaupt ein Arbeitsverhältnis vorliegt[32].

Aus diesen Gründen ist die Ansicht vorzuziehen, der zufolge der ausdrücklich erklärte übereinstimmende Parteiwille die Rechtsform bestimmt, wenn nach der tatsächlichen Durchführung des Vertrages keine eindeutige Zuordnung möglich ist, weil danach ebenso viele Gründe für die eine wie für die andere Rechtsform sprechen.

Im folgenden wird deshalb der Frage nach der Wahlfreiheit zwischen den verschiedenen Rechtsformen unter der Prämisse nachgegangen, daß die tatsächliche Durchführung eines Vertrages die eindeutige Zuordnung des Beschäftigungsverhältnisseses zu einer bestimmten Vertragsform erlaubt.

---

[30] Lieb, Anm. zu BAG AP Nr. 12 zu §611 BGB Abhängigkeit, ebenda, bes. Bl. 7.

[31] Zur heilsamen Wirkung des Begründungszwanges siehe Lieb RdA 1975, 49 (51); a.A. aber Gamillscheg FS für Molitor 57 (79), der allgemeine zivilrechtliche Normen und Grundsätze nur dann auf das Arbeitsrecht übertragen will, wenn sie sich bei vorgeschalteter Prüfung als geeignet erwiesen hätten.

[32] Ähnlich auch Martens RdA 1979, 347 (348, Fußnote 8.

2. Legitimation eines Rechtsformzwanges, wenn die Vertragsdurchführung eine eindeutige Zuordnung zu einem Geschäftstyp ermöglicht

a) Bei ungleichwertigen Sozialschutzmodellen

Die überwiegende Zahl der problematischen Fälle, in denen Bezeichnung und tatsächliche Durchführung des Vertrages nicht im Einklang stehen, dürfte mit dem Grundsatz „falsa demonstratio non nocet“[33] nicht zu erfassen sein[34]. Denn die Parteien wollen zwar eine Verpflichtung zu abhängiger Arbeit begründen, aber die Anwendung der Vorschriften des Arbeitsrechtes auf ihre Rechtsbeziehung vermeiden. Diese übereinstimmende Zielvorstellung dürfte jedenfalls die Regel bei Beginn der gegenseitigen Geschäftsbeziehungen sein. Ein darauf gerichteter übereinstimmender Parteiwille kann nicht im Wege ergänzender Vertragsauslegung verdrängt werden[35].

Die Legitimation für einen arbeitsrechtlichen Rechtsformzwang, der den Parteien ein Arbeitsverhältnis vorgibt, sofern nur die tatsächliche Durchführung der Vertragsbeziehungen als Dienstleistung in persönlicher Abhängigkeit zu bewerten ist, wenngleich nach übereinstimmendem Parteiwillen kein Arbeitsverhältnis begründet werden sollte, liegt in der andernfalls drohenden Vereitelung des Schutzzweckes des Arbeitsrechtes. Das zentrale Argument lautet: Ebensowenig wie es rechtlich möglich ist, einzelne dieser Schutzvorschriften im Individualvertrag abzubedingen[36], kann es die Rechtsordnung zulassen, daß durch Parteivereinbarung, insbesondere durch Vereinbarung einer vom Arbeitsvertrag abweichenden Rechtsform, der arbeitsrechtliche Normenkomplex als Ganzes aus ihren Rechtsbeziehungen herausgehalten wird[37].

Lieb ist entgegenzuhalten, daß seine Lösung diesen Schutzzweck des Arbeitsrechtes zu sehr zugunsten privatautonomer Gestaltungsfreiheit vernachlässigt. Er verkennt dabei, daß derjenige, der Arbeitsleistungen verspricht, sich typischerweise in einer sozial unterlegenen Position befindet, und deshalb die Voraussetzungen für privatautonome Gestaltung in der Regel hier nicht vorliegen.

Deshalb ist bei eindeutiger tatsächlicher Ausgestaltung der Rechtsbeziehung den Grundsätzen zum arbeitsrechtlichen Rechtsformzwang insoweit zuzustim-

---

[33] Siehe dazu RGZ 99, 147 (148); BHGZ 20, 109 (110); 71, 243 (247); Palandt-Heinrichs Einf. v. §116 Anm. 2)a), §133 Anm. 4)b).

[34] So auch Stolterfoth S. 203ff; Konzen/Rupp Anm. zum Beschl. des BVerfG v. 13.1.1982 EzA Art. 5 GG Nr. 9, bes. Bl. 58c; a.A. Beuthien/Wehler Anm. zu BAG AP Nr. 15 — 21 zu §611 BGB Abhängigkeit, ebenda bes. Bl. 5.

[35] Konzen ZfA 1982, 259 (292).

[36] Vgl. z.B. Hueck/Nipperdey §32 II 1. S. 186; Nikisch I 192; Söllner S. 176; MünchKomm-Mayer-Maly §139 Anm. 1; Soergel-Hefermehl §139 Anm. 58; Jahnke ZHR 146, 595 (621).

[37] So z.B.: Martens RdA 1979, 347 (348); Konzen ZfA 1982, 259 (294).

men, als der Arbeitsleistende bei Gültigkeit der gewählten Rechtsform in einen sozial ungeschützten Bereich verwiesen würde.

b) Bei gleichwertigen Schutzmodellen

Das Argument notwendigen Sozialschutzes büßt aber in den Fällen an Plausibilität ein, in denen die Alternative zur Rechtsform des Arbeitsvertrages eine Rechtsform ist, die in etwa dem zwingenden Arbeitsschutzrecht gleichwertig ist. Hier gewinnt der von Stolterfoth[38] entwickelte Gedanke Bedeutung, im Handelvertreterrecht bestehe eine Freiheit in der Wahl der Rechtsformen wegen der nach seiner Ansicht annähernden Gleichwertigkeit des Schutzgehaltes des Handelsvertreterrechts einerseits und des Arbeitsrechts andererseits. Diese Idee hat Fenn[39] aufgegriffen und verallgemeinert. Nach seiner Ansicht dürfen die Beteiligten eines Beschäftigungsverhältnisses ihre Rechtsbeziehungen außerhalb des Arbeitsrechtes ansiedeln, wenn und soweit die sodann zum Zuge kommenden anderen Normenbereiche für ausreichenden Schutz der in unselbständiger Stellung tätigen Personen sorgen.

Gerade die Teleheimarbeit gibt Anlaß diese Argumente erneut zu überdenken. In der Kontroverse um den Status der freien Mitarbeiter bei Rundfunk und Fernsehen war unausgesprochene Prämisse, daß bei einer Abweichung von der Rechtsform „Arbeitsvertrag" die sogenannten „Freien Mitarbeiter" einem sozial gänzlich ungesicherten Beschäftigungsverhältnis überantwortet würden. Hingegen stehen sich bei der Teleheimarbeit die Rechtsformen eines Arbeitsvertrages und eines Heimarbeitsvertrages derart gegenüber, daß die Aussage, beide Rechtsformen böten einen annähernd gleichwertigen Schutz des Beschäftigten, zumindest diskutabel erscheint. Jedenfalls ist sie dann durchaus vertretbar, wenn man einmal unterstellt, auch für Heimarbeiter würde ein Kündigungsschutz geschaffen werden, der demjenigen des Kündigungsschutzgesetzes entspräche. Die Literatur zur Teleheimarbeit äußert sich zu diesem Fragenkomplex nicht.

Unterstellt man einmal, daß sowohl in der Rechtsform eines Arbeits- als auch in der eines Heimarbeitsvertrages dem Beschäftigten annähernd gleichwertiger Schutz gewährt wird, stellt sich das Rechtsformproblem in zweierlei Hinsicht. Zum einen fragt sich, ob persönlich abhängige Dienste (also Arbeitsleistungen nach herkömmlicher Ansicht) in der Rechtsform eines Heimarbeitsvertrages erbracht werden dürfen, wenn diese Rechtsform von den Parteien übereinstimmend gewollt ist. Die Fragestellung lautet somit, ob ein Teleheimarbeiter, der

---

[38] Stolterfoth S. 235ff.

[39] Fenn FS für Bosch, 1976, S. 188 (Fußnote 19); kritisch Beuthien FS BAG, 1 (7f), der bezweifelt, daß die von Fenn vorausgesetzte Freiheit der Beteiligten zwischen zwei oder gar mehreren Vertragstypen wählen zu können, in bezug auf ein und denselben Ausgangssachverhalt wirklich besteht. Nach seiner Ansicht dürfte es in aller Regel nicht vorkommen, daß gleichzeitig sämtliche Tatbestandsmerkmale mehrerer möglicher Vertragstypen vorliegen.

nach den tatsächlichen Umständen als Arbeitnehmer einzustufen ist, von den Parteien einvernehmlich dem Heimarbeitsrecht unterstellt werden kann. Zum anderen ist umgekehrt zu untersuchen, ob ein nach den tatsächlichen Bedingungen als Heimarbeiter einzuordnenden Teleheimarbeiter durch Parteivereinbarung dem Arbeitsrecht unterstellt werden kann.

aa) Vereinbarung eines Heimarbeitsvertrages bei tatsächlich praktiziertem Arbeitsverhältnis

Zur Frage, ob persönlich abhängige Dienste in der Rechtsform eines Heimarbeitsvertrages erbracht werden dürfen, sei hier folgendes angemerkt: Im Arbeitsrecht sind nicht nur die am Einzelvertrag beteiligten Parteien zu berücksichtigen. Insbesondere die Träger der Sozialversicherungsanstalten werden ebenfalls von der Qualifizierung eines Beschäftigungsverhältnisses tangiert. Diese Auswirkungen werden in der arbeitsrechtlichen Literatur nur selten in die Überlegungen einbezogen.

G. Küchenhoff kommt das Verdienst zu, den arbeitsrechtlichen Rechtsformzwang unter dem Blickwinkel der Konsequenz im Sozialversicherungsrecht untersucht zu haben[40]. Er zeigt auf, daß durch eine einvernehmliche Bestimmung eines Arbeitsverhältnisses als „Freier Dienstvertrag" das Arbeitsverhältnis aus der öffentlich-rechtlichen Ordnung der Sozialversicherung herausgenommen werden würde. Dabei komme es auf eine subjektive Gesetzesumgehungsabsicht nicht an. Bereits die Tatsache, daß dadurch die öffentlich-rechtliche Ordnung verändert werden würde, mache derartige Parteivereinbarungen unwirksam.

Zwar ließe sich einwenden, daß im Sozialversicherungsrecht Heimarbeiter nach §12 Abs.2 2. Halbsatz SGB IV die gleiche Rechtsstellung wie Arbeitnehmer haben. Die Wahl der Parteien für die eine oder die andere Beschäftigungsform berühre daher die Interessen des Sozialversicherungsträgers nicht. Die öffentliche Ordnung bliebe unverändert. Aber diese Überlegung erweist sich als unzutreffend. Ein entscheidender Unterschied zwischen einem Arbeitnehmer und einem Heimarbeiter zeigt sich im Krankheitsfall. Ein Arbeitnehmer ist nach Maßgabe der §§616 BGB, 1 LFZG durch Lohnfortzahlung seines Arbeitgebers gesichert. Die gesetzliche Krankenversicherung tritt erst dann für ihn durch Gewährung von Krankengeld ein, wenn er kein Arbeitsentgelt erhält, §189 RVO. Im Krankheitsfall eines Heimarbeiters ist demgenüber der Träger der gesetzlichen Krankenversicherung des Heimarbeiters vom ersten Tag der Krankheit an verpflichtet, Krankengeld zu zahlen[41], weil der Heimarbeiter während seiner Krankheit keinen Lohn erhält. Die Wahl der Rechtsform „Heimarbeitsvertrag" hätte somit zur Folge, daß ein Beschäftigter, dem „an sich" der Lohn fortzuzahlen wäre, keine Lohnfortzahlung erhielte. Dadurch

---

[40] Küchenhoff Anm. zu BAG AP Nr. 34 zu §611 BGB Abhängigkeit ebenda, bes. Bl. 5.

[41] Vgl. oben B.II.2.a)bb)(2).

würde für den Träger der Sozialversicherung gemäß § 189 RVO die Pflicht begründet werden, vom ersten Tag der Krankheit an Krankengeld zu zahlen. Die Parteien des Einzelvertrages hätten demgemäß einen Vertrag zu Lasten der Solidargemeinschaft der Versicherten geschlossen. Eine solche Befugnis kommt ihnen aber nicht zu. Vielmehr wäre eine derartige Vereinbarung gemäß § 32 SGB 1 nichtig. Entweder trüge in einem solchen Fall der Arbeitnehmer den Nachteil, weil ihm ein vorsätzlicher Verzicht auf Lohnersatzansprüche zum Nachteil der Kasse angelastet werden würde. Er erhielte dann weder Lohnfortzahlung noch Krankengeld[42]. Oder die Kasse nähme beim Arbeitgeber aus gemäß § 115 Abs. 1 SGB X übergegangenem Recht Regreß für die ausgezahlten Krankengelder, da der vertragliche Ausschluß nach § 32 SGB 1 nichtig ist.

Somit ist an dieser Stelle festzuhalten, daß sogar unter der Annahme, die Rechtsform eines Heimarbeitsvertrages biete für den Betroffenen einen annähernd gleichwertigen Schutz wie die Rechtsform des Arbeitsvertrages, keine Wahlfreiheit zwischen beiden Rechtsformen besteht. Vielmehr können Dienstleistungen, die in persönlicher Abhängigkeit erbracht werden, nur auf der Basis eines Arbeitsverhältnisses erfolgen. Aus denselben Gründen können solche Personen auch nicht als Hausgewerbetreibende oder Gleichgestellte behandelt werden. Die Rechtsform „Arbeitsvertrag" ist somit gegenüber allen Rechtsformen des Heimarbeitsgesetzes zwingend, wenn die tatsächlichen Voraussetzungen dafür vorliegen.

bb) Vereinbarung eines Arbeitsvertrages bei tatsächlich praktiziertem Heimarbeitsverhältnis

Nunmehr ist auf die umgekehrte Fragestellung zurückzukommen, ob die Parteien eines Teleheimarbeitsvertrages stets dann in eine der Rechtsformen des Heimarbeitsgesetzes verwiesen werden, wenn die tatsächlichen Voraussetzungen dafür erfüllt sind, ohne daß ein davon abweichender Parteiwille beachtlich wäre. Dieses Problem dürfte vor allem dann auftreten, wenn Teleheimarbeiter auf der Grundlage von Werkverträgen tätig werden.

Der dazu ergangenen Rechtsprechung[43] ist zuzustimmen, soweit sie die Unbeachtlichkeit einer Rechtsformvereinbarung ausspricht, die die in Heimarbeit Beschäftigten oder die ihnen gleichgestellten in einen sozial ungesicherten Bereich außerhalb der Rechtsformen Heimarbeitsgesetzes verweisen würde[44]. Damit aber ist die Problematik noch nicht vollständig erfaßt. Es stellt sich nämlich darüber hinaus die Frage nach der Zulässigkeit einer Parteivereinbarung, die das Beschäftigungsverhältnis als Arbeitsverhältnis deklariert, obwohl keine abhängige Arbeit auf der Basis eines Dienstvertrages erbracht wird,

---

[42] Vgl. Heinze in RVO-Gesamtkommentar § 189 Anm. 4).

[43] Siehe oben C.II.

[44] So auch Wedde S. 79.

sondern der Beschäftigte tatsächlich Heimarbeit verrichtet, ein Hausgewerbe betreibt oder zu den Gleichgestellten gehört.

Für die Zulässigkeit einer solchen Parteivereinbarung mit der Wirkung, daß nunmehr das Arbeitsrecht in vollem Umfang Anwendung fände, könnte sprechen, daß die Rechtsform Arbeitsvertrag für den Teleheimarbeiter zur Zeit günstiger als jede andere Rechtsform ist[45]. Es sind aber auch Ausnahmen denkbar. So könnte ein Heimarbeiter, dessen Arbeitnehmerstatus vertraglich vereinbart wurde, dadurch dem Geltungsbereich einer bindenden Festsetzung entzogen und in einen tariflosen Zustand verwiesen werden.

Grenzen einer solchen Vereinbarungsfreiheit ergeben sich auch aus dem kollektiven Arbeitsrecht. Der personelle Geltungsbereich des Betriebsverfassungsgesetzes kann durch Parteivereinbarung weder eingeschränkt noch erweitert werden. So können insbesondere die Gleichgestellten durch einzelvertragliche Abreden nicht in den Geltungsbereich des Betriebsverfassungsgesetzes integriert werden. Dies ist ebenfalls für in Heimarbeit Beschäftigte, die nicht in der Hauptsache für den Betrieb tätig sind, ausgeschlossen[46]. Ebensowenig kann der Arbeitnehmerstatus mit Wirkung für das Tarifvertragsrecht vereinbart werden.

Somit beschränkt sich die Fragestellung darauf, ob die Parteien des Einzelvertrages einen in Heimarbeit Beschäftigten oder Gleichgestellten zumindest dem individuellen Arbeitsrecht durch Wahl der Rechtsform unterstellen können.

An dieser Stelle ist darauf zurückzukommen, daß einzelne Schutzgesetze die für Arbeitnehmer einerseits und in Heimarbeit Beschäftigte oder Gleichgestellte andererseits vorgesehenen Rechtsfolgen sogar für die Tarifparteien unverrückbar festschreiben. So schränkt z.B. §8 Abs.4 LFZG die Möglichkeit ein, durch Tarifvertrag für die in Heimarbeit Beschäftigten oder Gleichgestellten anstatt des Krankengeldzuschlages Lohnfortzahlung wie für Betriebsarbeitnehmer zu vereinbaren. Diese Möglichkeit besteht lediglich für Heimarbeiter. Daraus ist zu folgern, daß erst recht nicht im Wege einzelvertraglicher Absprache eine Gleichbehandlung der in Heimarbeit Beschäftigten oder Gleichgestellten mit den Betriebsarbeitern hinsichtlich der Entgeltfortzahlung im Krankheitsfall erreicht werden kann[47]. Nach §12 Nr. 7 BUrlG kann nur für bestimmte Heimarbeiter eine tarifliche Urlaubsregelung getroffen werden, die den allgemeinen Urlaubsbestimmungen für Arbeitnehmer entspricht. Auch diese Vorschrift läßt lediglich den Schluß zu, daß erst recht nicht im Wege einzelvertraglicher Abrede die Zuschläge für den Urlaub durch das für Arbeitnehmer geltende Lohnfortzahlungsprinzip ersetzt werden kann[48].

---

[45] Siehe oben B. II. Ergebnis...

[46] Vgl. z.B. Dietz/Richardi §6 BetrVG Rn. 26; Fitting/Auffarth/Kaiser/Heither §6 BetrVG Rn. 8; Galperin/Löwisch §6 BetrVG Rn. 15.

[47] Z.B. Kaiser/Dunkl §8 LFZG Rn. 25; vgl. auch oben B.I.2.c).

[48] Z.B. Dersch/Neumann §12 BUrlG Rn. 32, vgl. auch oben B.II.2.c).

Deshalb ist die Frage, ob die Parteien eines Teleheimarbeitsvertrages einen Teleheimarbeiter, der nach den tatsächlichen Arbeitsbedingungen als ein in Heimarbeit Beschäftigter oder Gleichgestellter zu beurteilen ist, wenigstens dem individualarbeitsrechtlichen Normenkomplex als Ganzem unterstellen können, zu verneinen. Eine Parteivereinbarung, die das Vertragsverhältnis als Arbeitsvertrag deklariert, ist zumindest insoweit unwirksam, als sie im Widerspruch zu §§8 Abs. 4 LFZG; 12 Nr.7 BUrlG stehen würde. Anders als bei einer Abweichung von der Rechtsform des Arbeitsvertrages folgt hier jedoch keine gänzliche Unbeachtlichkeit des Rechtsgestaltungswillens der Parteien. Ein derartiges Ergebnis würde einen Wertungswiderspruch dazu darstellen, daß es durchaus möglich ist, für in Heimarbeit Beschäftigte und ihnen Gleichgestellte die Geltung bestimmter arbeitsrechtlicher Schutzgesetze zu vereinbaren. So wurde bereits oben darauf hingewiesen, daß z.B. der für Arbeitnehmerinnen geltende Kündigungsschutz nach §9 Abs.1 MuSchG einzelvertraglich auf gleichgestellte Beschäftigte erstreckt werden kann[49].

3. Rechtsformmißbrauch durch Einrichtung oder Gestaltung eines Teleheimarbeitsplatzes

Abschließend soll auf die in der Literatur zur Teleheimarbeit erörterte Fragestellung eingegangen werden, ob die bewußte Gestaltung der Arbeitsbedingungen derart, daß schon von ihrem äußeren Erscheinungsbild eine persönliche Abhängigkeit des Beschäftigten zu verneinen ist, eine rechtsmißbräuchliche Umgehung arbeitsrechtlicher Vorschriften sein kann[50]. Es wird vertreten, eine rechtsmißbräuchliche Gesetzesumgehung zu Lasten eines Teleheimarbeiters könne in zweifacher Hinsicht in Betracht kommen. Zum einen könne die Auslagerung des Arbeitsplatzes aus dem Betrieb selbst eine Gesetzesumgehung darstellen,sofern die gleiche Tätigkeit, wenn sie im Betrieb verrichtet werden würde, den Arbeitnehmerstatus begründen würde. Zum anderen könne in der Ausgestaltung des Arbeitsplatzes mittels technischer Geräte, die gegen eine Arbeitnehmertätigkeit sprechen, ein Mißbrauch liegen[51].

Fraglich ist, welche positivrechtlichen Normen diese Thesen stützen könnten. §134 BGB kommt nicht zum Zuge, da ein nach dieser Vorschrift nichtiges Umgehungsgeschäft voraussetzt, daß von rechtlichen Gestaltungsmöglichkeiten, nicht aber von tatsächlichen in zu mißbilligender Weise Gebrauch gemacht wird[52]. Die Grenze der Sittenwidrigkeit nach §138 BGB ist selbst dann nicht erreicht, wenn der Arbeitgeber mit der Einrichtung eines Teleheimarbeitsplatzes ausschließlich das Ziel verfolgte, die Rechtsform des Arbeitsvertrages zu

---

[49] Vgl. dazu oben B.II.4.a)cc).

[50] Kappus NJW 1984, 2384 (2390); Küfner-Schmitt S. 54ff; Müllner, Privatisierung S. 114.

[51] Küfner-Schmitt S. 54f.

[52] Palandt-Heinrichs §134 Anm. 4); MünchKomm-Mayer-Maly §134 Rn. 11ff; vgl. aber auch §5 Abs.1 HWiG und dazu Gilles NJW 1986, 1131 (1144).

vermeiden. Ein Verstoß gegen Treu und Glauben nach §242 BGB ist ebenso nicht ersichtlich. Eine nach §242 BGB unzulässige Rechtsübung kann nicht darin erblickt werden, daß der Arbeitgeber Arbeitsplätze so gestaltet, wie es nach seiner Ansicht betriebswirtschaftlich sinnvoll ist. Ebensowenig wie ein Unternehmen nach geltendem Recht gehindert ist, Tätigkeiten, die bislang im Betrieb ausgeführt wurden, an andere Unternehmer abzugeben, ist ein Arbeitgeber gehalten, bei der Schaffung von Arbeitsplätzen möglichst Betriebsarbeitsplätze einzurichten. Auch bei der technischen Ausgestaltung von Arbeitsplätzen ist er im Rahmen der §§90, 91 BetrVG frei. Das geltende Recht enthält somit keine Anhaltspunkte, um die These vom Rechtsformmißbrauch durch Einrichtung oder Gestaltung von Teleheimarbeitsplätzen zu stützen.

Die Literatur zur Teleheimarbeit rechtfertigt die Erörterung dieser Fragestellung stets mit einem Hinweis auf Beuthien[53]. Ihm ist vorzuhalten, seinen Gedanken von Rechtsformmißbrauch durch „Tatsachenmanipulation" nicht so scharf konturiert zu haben, daß der Problemkern deutlich würde. Er knüpft an die Rechtsprechung des Bundesarbeitsgerichtes an, die in einer Vielzahl von Entscheidungen den rechtlichen Aussagewert von Arbeitsplatzdaten, die allein vom Dienstgeber kraft seiner Organisationsgewalt beeinflußt werden können, äußerst zurückhaltend beurteilt hat. So sollen nach zutreffender Auffassung des Bundesarbeitsgerichtes derartige Tatsachen wie z.B. kein eigener Schreibtisch, kein eigenes Postfach, keine Personalakte, keine Lohnsteuereinbehaltung usw. für die rechtliche Beurteilung des Status des Beschäftigten unerheblich sein[54].

Damit ist ersichtlich, daß das aufgeworfene Problem nicht unter dem Gesichtspunkt des Rechtsformenmißbrauches behandelt werden sollte. Es gehört vielmehr zu dem Fragenkomplex, welche Bedeutung tatsächlichen Bedingungen zukommt, die vom Arbeitgeber gesetzt und von ihm einseitig verändert werden können[55]. Ein Rechtsformenmißbrauch aufgrund einer Gestaltung des Arbeitsplatzes als Teleheimarbeitsplatz ist auszuschließen.

---

[53] Beuthien FS BAG, 1 (10).

[54] BAG v. 28.6.1973 AP Nr. 10, bes. Bl. 3, BAG v. 3.10.1975 AP Nr. 16, bes. Bl. 3, BAG v. 9.3.1977 AP Nr. 21, bes. Bl. 3 Rs. jeweils zu §611 BGB Abhängigkeit.

[55] Siehe dazu Wedde S. 59, der derartige Umstände formelle Abgrenzungsmerkmale nennt und einige von ihnen für beachtlich hält, wenn die Abwägung der materiellen Gesichtspunkte zu keinem eindeutigen Ergebnis führe. Er beruft sich dabei zu Unrecht auf das BAG, das gerade in dem Urteil v. 14.2.1974 den eher entgegengesetzten Standpunkt vertreten hat, siehe BAG AP Nr. 12 zu §611 BGB Abhängigkeit, bes. Bl. 4.

D. Teleheimarbeiter als Arbeitnehmer

Eine gesetzliche Umschreibung des Arbeitnehmerbegriffes gibt es nicht. Ausgangspunkt für die gegenwärtige arbeitsrechtliche Doktrin ist eine maßgeblich von Alfred Hueck geprägte Auffassung, nach welcher Arbeitnehmer ist, wer aufgrund eines privatrechtlichen Vertrages oder eines ihm gleichgestellten Rechtsverhältnisses verpflichtet ist, in persönlicher Abhängigkeit Dienstleistungen zu erbringen[1]. Der Streit, ob die Arbeitnehmereigenschaft faktisch durch Eingliederung in einen Betrieb[2] (Eingliederungstheorie) oder durch einen Vertrag[3] (Vertragstheorie) begründet wird, darf heute als zugunsten der Vertragstheorie entschieden angesehen werden[4].

I. Teleheimarbeit auf der Basis von Dienstverträgen

1. Bedeutung der Abgrenzung von Teleheimarbeitsverhältnissen auf dienstvertraglicher von solchen auf werkvertraglicher Grundlage

Voraussetzung der Arbeitnehmereigenschaft ist nach dem oben Gesagten, daß im Rahmen eines Dienstvertrages Arbeitsleistungen erbracht werden. Bereits dadurch besteht auch für Teleheimarbeitsverhältnisse die Notwendigkeit, Arbeitsleistungen auf der Grundlage von Dienstverträgen von jenen zu unterscheiden, die auf der Grundlage von Werkverträgen erfolgen.

Diese Frage wird in der Literatur zur Teleheimarbeit kaum untersucht[5]. Dabei wird übersehen, daß die Weichen für die Anwendung oder Nichtanwendung von Arbeitsrecht bereits ganz entscheidend bei der Bestimmung gestellt werden, ob ein Dienst- oder ein Werkvertrag geschlossen wurde. Dafür ist der Inhalt der beiderseitigen Hauptleistungspflichten maßgeblich. In der Festlegung dieser Hauptleistungspflichten sind die Parteien frei. Sollte es zukünftig vermehrt möglich sein, ein Arbeitsergebnis, das bislang in einem Betrieb verwirklicht wurde, durch die arbeitsteilige Mitwirkung von Subunternehmern herbeizuführen, so kündigt sich eine Entwicklung an, in deren Verlauf Arbeitsrecht durch Werkvertragsrecht ersetzt werden würde.

Dies gibt Anlaß, an eine Überprüfung des gegenwärtigen arbeitsrechtlichen Dogmas zu denken, dem zufolge nur ein Dienstvertrag Grundlage für ein

---

[1] Hueck/Nipperdey I §9 I S. 34; Söllner §3 I 1 S. 25; Schaub §8 I 1 S.30; LAG Berlin v. 16.8.1983 AP Nr. 44 zu §611 BGB Abhängigkeit, bes. Bl.1 Rs. m.w.Nw.

[2] Nikisch, Arbeitsrecht §14 I 1 S. 91f.

[3] Hueck/Nipperdey I §9 III 3. S. 41, Fußnote 15.

[4] Schaub §8 I S. 30; Zeuner RdA 1975, 84 (85); vgl. aber auch Bötticher RdA 1955, 321 (322); A. Hueck RdA 1955, 323ff.

[5] Vgl. Kappus, Rechtsfragen S. 68ff; Wedde S. 49ff, bes. S. 50; Küfner-Schmitt S. 44ff, bes. S. 45; Müllner, Privatisierung S. 93f; Wahsner/Steinbrück AiB 1984, 104 (105); Kilian, Forschungsbericht S. 85.

Arbeitsverhältnis sein kann[6]. Möglicherweise ist es entgegen der allgemeinen Ansicht nicht schlechthin ausgeschlossen, daß Werkunternehmer sich in persönlicher Abhängigkeit zu ihrem Besteller befinden können. Arbeitsrecht könnte solche Personen nur schützen, wenn Abschied von der Vorstellung genommen würde, Grundlage eines Arbeitsverhältnisses könne nur ein Dienstvertrag sein. Diese Frage kann hier nur angedeutet werden. Es bleibt abzuwarten, ob die Entwicklung neuer Arbeitsformen dazu zwingt, eine Revision der Grundlagen des Arbeitsrechtes vorzunehmen.

2. Abgrenzungskriterien

Die Abgrenzung des Dienstvertrages vom Werkvertrag gehört zu den schwierigsten Einzelproblemen des Schuldrechtes[7]. Die Schwierigkeiten der Abgrenzung resultieren daraus, daß sowohl Werk- als auch Dienstvertrag die Leistung menschlicher Arbeit zum Gegenstand haben. Der Inhalt der Hauptleistungspflicht beider Vertragstypen ist insofern gleich. Als Faustformel für die Unterscheidung hat sich herausgebildet, daß beim Dienstvertrag die Bemühung, das Tätigwerden, der Arbeitseinsatz, geschuldet werden, beim Werkvertrag hingegen der Erfolg[8]. Der Werkunternehmer verspricht die Herstellung des bestellten Werkes.

Diese Formel bietet jedoch keine Gewähr dafür, auch in Grenzfällen trennscharfe Abgrenzungen zu erreichen. Der Begriff „Erfolg" ist nämlich nicht eindeutig. Einerseits muß sich auch die subjektive Mühewaltung des Dienstverpflichteten irgendwie äußerlich zeigen, so daß in gewissem Umfang auch in der Leistung des Dienstnehmers ein Erfolgselement enthalten ist[9]. Andererseits ist auch der Werkunternehmer nicht verpflichtet, weitergehenden Erfolgsvorstellungen des Bestellers, die nicht in das vertragliche Synallagma einbezogen sind, zu genügen. Die Erfolgszusage des Werkunternehmers und das Fehlen eines Erfolgsversprechens beim Dienstnehmer sind gleichwohl unverzichtbarer Anknüpfungspunkt einer Unterscheidung zwischen den beiden Vertragstypen. Im folgenden sollen einige daraus resultierende Gesichtspunkte näher beleuchtet werden.

[6] Vgl. z.B. Hueck/Nipperdey I §22 VI S.135.

[7] Vgl. bereits Protokolle II S. 277; Rümelin,Dienstvertag und Werkvertrag, 1905; Lotmar, Bd. I S. 328ff; ders. Bd. II S. 820ff; Hueck/Nipperdey I §22 VI S. 134; Esser/Weyers S. 210; Zöllner S. 42; Larenz, SchuldR II/1 §52 I S.309; MünchKomm-Soergel §631 Rn. 4; Soergel-Mühl Vor §631 Rn. 4.

[8] Mot. II S. 471; Soergel- Kraft Vor §611 Rn. 30; Soergel-Mühl Vor §631 BGB Rn. 2; Palandt-Thomas Einf. v. §631 Anm. 4) a); MünchKomm-Soergel §631 Rn. 2; Hueck/Nipperdey I §22 VI S. 135; Larenz, SchuldR II/1 S. 309; Esser/Weyers S. 210.

[9] So der insoweit durchaus übereinstimmende Standpunkt von Zöllner S. 42 und Esser/ Weyers S. 210.

a) Gefahrtragung

Eine Reihe von Autoren[10] und auch die Rechtsprechung[11] halten die vertraglich vereinbarte Gefahrtragung für das wesentliche Unterscheidungsmerkmal für die Abgrenzung eines Dienstvertrages von einem Werkvertrag. Darin schlage sich die Erfolgszusage des Werkunternehmers unmittelbar nieder.

Bei der Gefahrtragung ist zwischen Vergütungs- und Leistungsgefahr zu unterscheiden. Die Vergütungsgefahr betrifft die Frage, ob bei einem nach Ausführung der geschuldeten Betätigung zufälligen Ausbleiben des vertragsgemäßen Erfolges der Anspruch auf das vereinbarte Entgelt bestehen bleibt oder entfällt[12]. Bei einem Werkvertrag trägt gemäß §644 Abs.1 Satz 1 BGB grundsätzlich der Werkunternehmer die Gefahr, bei zufälligem Untergang des Werkes vor der Abnahme keinen Lohn zu erhalten. Ausnahmen sind die in §644 Abs.1 Satz 2, 3 und Abs.3 geregelten Fälle. Bei einem Dienstvertrag hingegen hat der Dienstnehmer mit dem Tätigwerden seine Hauptpflicht erfüllt. Für ein zufälliges Ausbleiben des Erfolges hat er nicht einzustehen. Er kann die vereinbarte Vergütung auch dann verlangen, wenn für den Dienstgeber der mit der Dienstleistung bezweckte Erfolg ausbleibt. Eine Ausnahme bildet der Handelsvertretervertrag[13], bei dem nach §87a HGB der Provisionsanspruch des Handelsvertreters entfällt, wenn das von ihm vermittelte oder abgeschlossene Geschäft unausgeführt bleibt. Die Leistungsgefahr betrifft die Frage, ob ein zufälliges Ausbleiben der Leistung des Schuldners auf den Erfüllungsanspruch des Gläubigers einwirkt[14]. Bei einem Werkvertrag muß der Werkunternehmer im Falle eines zufälligen Unterganges des noch nicht abgenommenen Werkes seine Leistung grundsätzlich noch einmal erbringen. Er hat seine Pflicht mit der Arbeitsleistung als solcher noch nicht erfüllt. Der Werkunternehmer wird allerdings bei zufälligem Untergang des Werkes nach §275 BGB von seiner Leistungspflicht befreit, wenn ihm die Leistung nunmehr unmöglich geworden ist. Bei einem Dienstvertrag hingegen geht die Leistungsgefahr grundsätzlich nicht zu Lasten des Dienstverpflichteten. Der Werkunternehmer arbeitet folglich bis zur Abnahme des Werkes auf eigene Gefahr dafür, daß ein bestimmter Erfolg eintritt. Kein Erfolg bedeutet für ihn, auch keine Vergütung zu erhalten. Demgegenüber hat der Dienstverpflichtete seine Leistung auch dann erbracht und kann dementsprechend die vereinbarte Vergütung verlangen, wenn der bezweckte Erfolg letztlich ausbleibt.

---

[10] Esser/Weyers S. 211; abschwächend Soergel-Mühl Vor §631 Rn. 6; MünchKomm-Soergel §631 Rn. 11.

[11] So schon RGZ 72, 281 (282); BSG v. 24.6.1981 SozR 2200 Nr. 34 zu §1227 RVO, bes. Bl. 78.

[12] Vgl. z.B. Soergel-Mühl Vor §631 Rn. 6; MünchKomm-Soergel §644 Rn. 2.

[13] Ein Handelsvertretervertrag ist ein Dienstvertrag zur Geschäftsbesorgung gemäß §675 BGB, vgl. Soergel-Kraft Vor §611 Rn. 98.

[14] MünchKomm-Soergel §644 Rn. 3; Soergel-Mühl Vor §631 Rn. 6.

Sowohl hinsichtlich der Vergütungs- als auch der Leistungsgefahr ist somit der Dienstvertrag im Gegensatz zum Werkvertrag eine Vertragsgestaltung, die demjenigen, der eine Arbeitsleistung zu erbringen hat, einen erhöhten Schutz vor Nachteilen bietet, die dadurch entstehen, daß das Produkt der Arbeitsleistung zufällig vernichtet wird. Daher besteht seitens des Empfängers der Arbeitsleistung ein Anreiz, die Vereinbarung eines Werkvertrages derjenigen eines Dienstvertrages vorzuziehen. Deshalb ist eine gewisse Zurückhaltung bei der Bewertung der vertraglichen Risikozuweisung geboten. Es darf nämlich nicht übersehen werden, daß die Argumente für den arbeitsrechtlichen Rechtsformenzwang auch auf die Fälle übertragbar sind, in denen der Werkvertrag zur Umgehung sozialen Schutzes für den Teleheimarbeiter gewählt wird[15].

b) Arbeitsmittelbeschaffung

Da der Werkunternehmer einen bestimmten Erfolg verspricht, stellt er regelmäßig seine Arbeitsmittel selbst, um die für den Eintritt des Erfolges notwendigen Voraussetzungen beeinflussen zu können. Die Abhängigkeit von fremden Arbeitsmitteln ist daher untypisch für einen Werkvertrag[16]. Wenn deshalb das wesentliche Arbeitsgerät im Herrschaftsbereich des Arbeit-/Auftraggebers verbleibt und der Teleheimarbeiter für seine Arbeitsleistung auf dessen Funktionsfähigkeit angewiesen ist, so spricht dieser Umstand gegen einen Werkvertrag.

Teleheimarbeiter, die on-line[17] mit der zentralen Rechenanlage im Betrieb verbunden sind, können ihre Aufgabe nur dann erfüllen, wenn der betriebliche Zentralrechner störungsfrei arbeitet und z.B. nicht aufgrund anderweitiger Belastung nur eingeschränkt zur Verfügung steht. Ein im on-line-Betrieb tätiger Teleheimarbeiter kann in der Regel unter diesen Bedingungen keine Gewähr für die Herstellung des Werkes — jedenfalls nicht innerhalb einer bestimmten Frist — übernehmen. Eine on-line-Verbindung des heimischen Bildschirmgerätes mit der zentralen betrieblichen Rechenanlage ist deshalb regelmäßig Indiz für einen Dienstvertrag.

Es ist aber auch denkbar, daß ein Teleheimarbeiter, z.B. ein Teleprogrammierer, eine fremde Rechnerleistung anmietet, um so Programmieraufträge für Kunden zu erledigen. Er ist dann trotz eines eventuell vorhandenen on-line-Anschlusses zu dem angemieteten Servicerechenzentrum Werkunternehmer.

---

[15] Das aufgezeigte Problem wird in der Literatur — soweit ersichtlich — nicht beachtet. So heißt es beispielsweise bei Esser/Weyers S. 212: „Wie immer ist bei dieser Bestimmung (gemeint ist die vertragliche Risikozuweisung, Anm. v. Verf.) die letzte Instanz der Parteiwille.“ Ähnlich das Bundessozialgericht vgl. BSG v. 24.6.1981 SozR 2200 Nr. 34 zu § 1227 RVO, bes. Bl. 79. Vgl. aber auch BSG v. 8.3.1979 BB 1979, 212 (212), wo angedeutet wird, bei einem Widerspruch zwischen tatsächlicher Vertragsabwicklung und vereinbarten Gefahrtragungsklauseln sei die Umgehung zwingenden Sozialschutzes zu prüfen.

[16] Zöllner S. 42.

[17] Zum on-line-Betrieb vgl. oben 2. Teil: A. IV.

Sein wesentliches Arbeitsmittel steht zwar nicht in seinem Eigentum, es ist aber von ihm auf eigene Verantwortung organisiert worden. Der Mietvertrag beeinflußt die Qualifizierung des Vertragsverhältnisses zu seinem Auftraggeber nicht. Insofern zeigt diese Überlegung, daß die Abgrenzung eines Dienst- von einem Werkvertrag nicht vordergründig nach der technischen Gerätekonfiguration beurteilt werden darf[18].

c) *Teamarbeit*

Insbesondere bei der Teleprogrammierung kommt es häufig vor, daß ein EDV-Programm nicht von einem einzelnen Programmierer, sondern von einem Team erstellt wird. Teamarbeit wird in der Literatur zur Teleheimarbeit unter der Fragestellung erörtert, ob sich daraus Schlußfolgerungen für die persönliche Abhängigkeit der in einem Team beschäftigten Teleheimarbeiter ergeben[19]. So wird gesagt, Teleprogrammierer, die in einem Team arbeiteten, seien stets persönlich abhängig. Nur bei sogenannten Einpersonenprojekten komme eine persönliche Selbständigkeit in Betracht[20].

Bei Teamarbeit sind zwei grundsätzlich verschiedene Alternativen zu unterscheiden. Die Programmierer können sich einerseits nach eigener Wahl zu einem Team zusammenschließen und ihre Leistung als Gesamtteamleistung anbieten. Andererseits können sie jeweils als Einzelpersonen beauftragt werden, im Rahmen einer Gruppe tätig zu werden, auf deren personelle Zusammensetzung der einzelne keinen Einfluß hat, sondern die vom Auftraggeber vorgegeben wird.

In der zuletzt genannten Konstellation kommt ein Werkvertrag regelmäßig nicht in Betracht, weil der einzelne den Erfolg seines Tätigwerdens oder gar den Gruppenerfolg nicht herbeizuführen vermag. Sowohl der Einzel- als auch der Gruppenerfolg steht und fällt mit der Leistung der anderen Teammitglieder. Die Leistung der anderen Teammitglieder ist aber für denjenigen, der in ein fremdes Team hineingestellt wird, eine nicht kalkulierbare Größe. Dies zeigt sich insbesondere bei der Programmierung, wenn sich Fehler aus Programmteilen in anderen Programmelementen fortsetzen.

Demgegenüber ist in der zuerst genannten Konstellation ein Werkvertrag durchaus realistisch[21]. Sind mehrere als Werkunternehmer beteiligt, so schulden

---

[18] Kappus, Rechtsfragen S. 143.

[19] Kappus, Rechtsfragen S. 138 ff.

[20] Kappus, Rechtsfragen S. 138 ff; Simon/Kuhne BB 1987, 201 (203).

[21] Vgl. MünchKomm-Soergel §631 Rn. 110; in Betracht kommt allerdings auch ein Dienstvertrag, insbesondere auch ein Gruppenarbeitsverhältnis (Eigengruppe), siehe dazu z.B. MünchKomm-Söllner §611 Rn. 473; Hueck/Nipperdey I §78 S. 788 ff; Hanau/Adomeit E 8; Rüthers ZfA 1977, 1 ff; insbesondere kann ein Teleheimarbeitsplatz von mehreren Arbeitnehmern im Wege des „Job-sharing" besetzt werden; siehe dazu Wedde S. 151; vgl. auch Goos DB 1980, 2339 ff; Koeve ArbuR 1983, 75 ff; v. Hoyningen=Huene BB 1982, 1240; Schüren passim.

sie die Werkleistung als Gesamtschuldner. Möglicherweise haben die Teammitglieder sich auch zu einer juristischen Person zusammengeschlossen, die dann ihrerseits Vertragspartner ist. Jedenfalls spricht in den Fällen, in denen das Team sich aus freien Stükken zusammengefunden hat, die Teamarbeit nicht gegen die Annahme werkvertraglicher Beziehungen. Zwar mag der Erfolg in vielfältiger Weise von den Einzelerfolgen der Teammitglieder und ihrem Zusammenwirken abhängig sein, so daß für den einzelnen die Herbeiführung sowohl des Einzel- als auch des Gesamterfolges nur bedingt kalkulierbar ist. Die Freiwilligkeit des Zusammenschlusses und die Möglichkeit der Einflußnahme auf die personelle Zusammensetzung der Gruppe deuten aber an, daß diese auf gegenseitiger Abhängigkeit beruhenden Risiken vom Team getragen werden sollen. Da der Vertragspartner eines solchen Teams seinerseits nur das Team als Ganzes akzeptieren oder ablehnen kann, ist es auch aus diesem Grund gerechtfertigt, nicht ihm, sondern der Gruppe die besonderen Risiken der Teamarbeit zuzuweisen. Dies gilt insbesondere für die Programmierung[22].

Zusammenfassend ist festzustellen, daß die Einbindung eines Teleheimarbeiters in ein vom Auftraggeber in seiner personellen Zusammensetzung vorgegebenes Team gegen werkvertragliche Beziehungen spricht. Anders ist es zu beurteilen, wenn entweder in einem Einpersonenprojekt oder in einem von den Mitgliedern selbst zusammengestellten Team Arbeitsleistungen erbracht werden.

d) Dauer der Vertragsbeziehung

Im Bereich der Teleheimarbeit wird es häufig vorkommen, daß bestimmte Projekte als eine arbeitsorganisatorische Einheit erledigt werden. Als Beispiele sind die Texterfassung eines Buchmanuskriptes, die Datenerfassung für die Abrechnungsdaten eines Monats oder die Erstellung eines Softwareprogrammes zu nennen. In diesen Fällen liegt es nahe, als vertragliche Basis einen Werkvertrag anzunehmen. Denn ein Werkvertrag ist typischerweise auf eine einmalige Leistung gerichtet. Allerdings gibt es auch ebensolche Dienstverträge. So unterscheidet schon das Bürgerliche Gesetzbuch dauernde Dienstverhältnisse von solchen, die für eine bestimmte Zeit eingegangen sind, §§617, 620, 629, 630 BGB. Darüber hinaus gibt es Dienstverträge, die nicht durch Zeitablauf, sondern durch Zweckerreichung enden[23]. Deshalb läßt sich aus der Verknüpfung der Erreichung eines mit der Arbeitsleistung bestimmten Zweckes mit der Beendigung des Vertragsverhältnisses keine zuverlässige Abgrenzung eines Dienstvertrages von einem Werkvertrag gewinnen. Allerdings ist die Erbringung von Werkleistungen im Rahmen einer Dauerrechtsbeziehung eher die Ausnahme. Als eine solche Ausnahme ist der Wartungsvertrag zu nennen[24].

---

[22] So hat der Bundesgerichtshof die Verpflichtung zur Herstellung eines tauglichen Programms nach den Regeln des Werkvertrages beurteilt, BGH v. 11.2.1971 WM 1971, 615 (616); zustimmend MünchKomm- Soergel §631 Rn. 70.

[23] Vgl. z.B. Larenz, SchuldR II/1 S.310.

e) Vergütungsart

Vielfach wird die Vergütungsart als Abgrenzungskriterium genannt. So wird gesagt, der Werkunternehmer werde für sein Produkt, der Dienstnehmer für seine Tätigkeit entlohnt. Typischerweise werde daher beim Werkvertrag die Vergütung nach dem Arbeitsergebnis bemessen, beim Dienstvertrag nach Zeit[25].

Demgegenüber ist zu bedenken, daß bei einem Dienstvertrag und sogar bei einem Arbeitsvertrag die Höhe der Vergütung ebenfalls vom Arbeitserfolg abhängig gemacht werden kann. So ist es z.B. beim Akkord[26]. Gerade bei Teleheimarbeit bietet sich die erfolgsabhängige Bezahlung an, weil in der Regel nicht kontrolliert werden kann oder soll, welche Pausen der Teleheimarbeiter einlegt oder welchen sonstigen Beschäftigungen er zu Hause nachgeht. Deshalb dürfte eine erfolgsabhängige Entlohnung hier der Regelfall sein. Es wäre aber verfehlt, diesen Umstand stets als Indiz für einen Werkvertrag zu werten.

3. Beispiele

a) Autarkes Texterfassen — Siemens AG

Im 2. Teil wurden die bereits heute existierenden Tätigkeitsfelder der Teleheimarbeit vorgestellt. Die dezentrale Texterfassung mit Hilfe von Teletex nahm dabei einen relativ breiten Raum ein, weil in diesem Bereich unter anderem die Firma Siemens einen Modellversuch durchgeführt hat[27].

Die Modellvorstellung ist wie folgt beschrieben[28]: Die Teletypistinnen nehmen Aufträge telefonisch entgegen. Der Auftraggeber fragt an, ob die Teletypistin aufnahmebereit ist und den Text innerhalb der von ihm gewünschten Zeit erfassen kann. Bei einer entsprechenden Zusage schaltet sie über Telefonadapter das Diktiergerät ein. Der Auftraggeber spricht seinen Text, der zunächst gespeichert wird. Wie beim Phonodiktat kann die Teletypistin den Text später über Kopfhörer abhören und auf der Textstation erfassen. Danach überträgt sie den geschriebenen Text an die angegebene Teletexnummer. Die Honorare werden jeweils frei vereinbart. Nach diesem System kann von jedem per Telefon erreichbaren Ort aus ein diktierter Text aufgegeben, geschrieben und überall hin, wo eine Textstation steht, übermittelt werden. Man hat zu jeder Zeit das Sekretariat „an der langen Leine" bei sich.

In der Literatur wird zum Teil zum Siemens-Modellversuch nur kurz vermerkt, Schreibkräfte, die auf Abruf zu Hause Diktate aufnehmen, schreiben

---

[24] Vgl. OLG Stuttgart v. 20.12.1976 BB 1977, 118 f zum Computerwartungsvertrag.

[25] Vgl. z.B. BAG v. 14.8.1985 NZA 1987, 128 (129); Larenz, SchuldR II/1 §52 I S. 310; MünchKomm-Soergel §631 Rn. 15.

[26] Schaub §64 I., S.310.

[27] Vgl. oben 2. Teil: B.II.1.b).

[28] Wegener Der Erfolg 1982, Heft 12, 1983 Heft 1/2; ders. data report 1983 Heft 1 S. 4.

und per Teletex zum Auftraggeber zurückschicken, seien Arbeitnehmerinnen, weil sie schon aufgrund ihrer Rufbereitschaft persönlich abhängig beschäftigt seien[29].

Tatsächlich dürfte im Siemens-Modellversuch eine Rufbereitschaft während einer Kernarbeitszeit erwartet worden sein. Um jedoch den bei Siemens gehegten Vorstellungen von einer „autarken Texterfassung“ gerecht zu werden, sei hier angenommen, daß eine solche Rufbereitschaft nicht vereinbart ist. Vielmehr soll davon ausgegangen werden, daß die Teletypistinnen auch während der Büroarbeitszeit ihren dezentralen Arbeitsplatz verlassen dürfen. Trotz Anwesenheit steht es darüber hinaus in ihrer freien Entscheidung, einen Auftrag abzulehnen. Bei derartigen Arbeitsbedingungen kommt in Betracht, daß die einzelnen Arbeitsaufträge jeweils auf werkvertraglicher Grundlage erfolgen.

Ein Werkvertrag liegt vor, wenn die Herbeiführung eines Erfolges zugesagt wird. Dies könnte die „Texterfassung“ sein. Der Inhalt der Leistungspflicht der Teletypistin könnte sich jedoch auch darauf beschränken, den zur Texterfassung notwendigen Arbeitseinsatz zu erbringen. Dann wäre ein Dienstvertrag Grundlage der vertraglichen Beziehung.

Für eine Erfolgszusage könnte sprechen, daß die Teletypistinnen den Auftrag nur dann erhalten, wenn sie zusagen, den Text in der gewünschten Zeit zu erfassen. Das Geschäft steht und fällt also mit dieser Terminzusage. Bei Kappus und anderen Autoren[30] klingt an, knappe Terminvorgaben seien Indiz für ein Arbeitsverhältnis. Dabei wird übersehen, daß die Koppelung einer Auftragsvergabe mit der Zusage des Auftragnehmers, den Auftrag in bestimmter Frist zu erledigen, zunächst nur ein Fixgeschäft kennzeichnet[31]. Fixgeschäfte können sowohl auf werk- als auch auf dienstvertraglicher Basis abgeschlossen werden. Bei einem dienstvertraglichen Fixgeschäft wird die Abrede getroffen, innerhalb der gesetzten Frist den Arbeitseinsatz zu erbringen, bei einem werkvertraglichen hingegen, den Erfolg bis zum gesetzten Zeitpunkt herbeizuführen. Deshalb kann aus einer Terminzusage als solcher kein Indiz für die Einordnung gewonnen werden.

Fraglich ist, wie es bei dezentraler Texterfassung mit Hilfe von Teletex um die Kalkulierbarkeit des Erfolgseintrittes steht. Bei dieser Form der Texterfassung besteht ein gegenüber herkömmlicher Schreibarbeit erhöhtes Risiko, daß der erfaßte Text durch technische Defekte, etwa durch Stromausfall im heimischen

---

[29] Kappus, Rechtsfragen S. 136; ders. NJW 1984, 2384 (2385); Wedde S. 83; zur Rufbereitschaft vgl. auch BAG v. 9.3.1977 AP Nr. 21 zu §611 BGB Anhängigkeit, bes. Bl. 2 Rs.f; BAG v. 7.5.198O AP Nr. 35 zu §611 BGB Abhängigkeit, bes. Bl. 3f.

[30] Kappus, Rechtsfragen S. 131ff; ders. NJW 1984, 2384 (2385); Wahsner/Steinbrück AiB 1984, 1O4 (1O5); Wedde S. 55.

[31] Vgl. RGZ 51, 347 (348); BGH v. 27.1O.1982 DB 1983, 385 (385); Palandt-Heinrichs §361 Anm. 2).

Speicher oder bei der Übermittlung, zerstört wird. Bei einem Werkvertrag trüge die Teletypistin die Vergütungs- und Leistungsgefahr.

In der Praxis dürften die Parteien es häufig versäumen, eine Regelung für denFall zu treffen, daß infolge technischer Störung der erfaßte Text gelöscht oder fehlerhaft übertragen wird. Bei fehlender ausdrücklicher Vereinbarung ist die vertragliche Regelungslücke entsprechend dem hypothetischen Parteiwillen zu schließen. Dabei ist darauf abzustellen, was die Parteien bei einer angemessenen Abwägung ihrer Interessen nach Treu und Glauben als redliche Vertragspartner vereinbart hätten. Anknüpfungspunkt dafür sind die im Vertrag enthaltenen sonstigen Regelungen und Wertungen[32].

Daraus ergibt sich, daß z.B. die Höhe des Honorars eines Teleheimarbeiters Indiz für die Übernahme oder Nichtübernahme der Gefahr sein kann. Entspricht das Entgelt lediglich dem betriebsüblichen Entgelt für die gleiche Tätigkeit oder liegt es sogar darunter, so enthält der Teleheimarbeitsvertrag kein Äquivalent für die Übernahme der Leistungs- und Vergütungsgefahr durch den Teleheimarbeiter. Eine derartige Vergütungsvereinbarung spricht zumindest dann gegen die Annahme eines Werkvertrages, wenn das Risiko zufälliger Vernichtung des Arbeitsproduktes relativ hoch ist. Um letztlich beurteilen zu können, ob eine werkvertragliche Risikoverteilung zu Lasten eines Teleheimarbeiters noch einer angemessenen Interessenabwägung nach Treu und Glauben entspricht, wären Daten über die Störanfälligkeit des technischen Gerätes vonnöten. Ferner müßte ein Vergleich mit betrieblichen Löhnen angestellt werden. Die im Siemens-Modellversuch tatsächlich gezahlte Vergütung von DM 4,-- pro Seite dürfte wohl eher gegen die Übernahme von Vergütungs- und Leistungsgefahr durch die Teletypistinnen sprechen.

b) Teleprogrammierung nach dem Organisationsmodell von Freelance Int. Ltd., London

Im zweiten Teil dieser Untersuchung wurde bereits die Bedeutung der Teleprogrammierung als Anwendungsfeld für Teleheimarbeit hervorgehoben[33]. Den Arbeitsbedingungen der Programmierer des englischen Software-Unternehmens Freelance Int. Ltd. ist in der Fachliteratur große Aufmerksamkeit zuteil geworden. Sie werden von kompetenter Seite als charakteristisch und wegweisend für die zukünftige Teleprogrammierung angesehen[34]. Deshalb soll dieses Organisationsmodell hier vorgestellt und untersucht werden.

---

[32] Vgl. z.B. BGHZ 84, 1 (7); 9O, 69 (77) jeweils m.w.Nw.; Palandt-Heinrichs § 157 Anm. 2); Larenz, AT § 29 I S. 498.

[33] Vgl. dazu 2. Teil: B.II.5.

[34] Ballerstedt, Forschungsbericht S. 63; Heilmann/de Vitorelli Office Management 1984, 442.

Der Arbeitsablauf gestaltet sich wie folgt[35]: Wendet sich ein Kunde an ein zentrales Büro des Unternehmens, so wird eine Voruntersuchung veranlaßt. Auf dieser Basis schätzt der „Estimating Manager“ Zeit und Kosten für das geplante Projekt ab. Anschließend bestimmen der „Regional Manager“ und der „Estimator“ einen Projektleiter. Dieser wendet sich an den „Staffing Coordinator“, der eine Liste der gerade nicht beschäftigten Mitarbeiter zusammenstellt. Mit Hilfe der Liste wählt dann der Projektleiter das Team aus. Die Mitarbeiter erhalten eine Arbeitsbeschreibung und eine exakte Arbeitsaufwandseinschätzung.

Während der Dauer eines Projektes sind die Mitarbeiter verpflichtet, an Teamberatungen teilzunehmen, die vom Projektleiter angesetzt werden. Sie müssen ferner bereit sein, mindestens zwei Tage in der Woche beim jeweiligen Kunden zu verbringen. Wie häufig die Kundenbesuche tatsächlich sind, hängt von den jeweiligen Aufgaben und dem Stand des Projektes ab. Die Teleprogrammierer sind angewiesen, möglichst oft beim Kunden zu erscheinen, um die psychologische Wirkung eines um ihn bemühten persönlichen Ansprechpartners zu vermitteln. Sie müssen regelmäßig Arbeitsberichte anfertigen, die der Projektleiter durchsieht. Bei einer deutlichen Überschreitung des vom „Estimator“ geschätzten Zeitaufwandes wird eine Prüfung eingeleitet, um die Ursachen festzustellen. Daraus ergeben sich unter Umständen auch Konsequenzen für den Mitarbeiter. Es kommen Anweisungen aller Art in Betracht, die bezwecken, seine Arbeitseffektivität zu erhöhen.

Im übrigen gelten für die in den Verträgen als „freie Mitarbeiter“ bezeichneten Teleprogrammierer die folgenden Randbedingungen[36]: Es gibt kein Recht auf Beschäftigung. Die Beschäftigung erfolgt vielmehr jeweils für ein Projekt. Nach Projektende schließen sich beschäftigungslose Zeiten unbestimmter Dauer an. Die Arbeitsauslastung der Mitarbeiter hängt stark von ihrem Wohnort ab. In abgelegenen Gebieten kann es vorkommen, daß ein Teleprogrammierer ein halbes Jahr oder länger keinen Auftrag und somit keine Bezahlung erhält. Die Programmierer dürfen zwar Teilzeitarbeit bei anderen Firmen annehmen. Es kommt aber nur selten vor. Freelance Int. Ltd. bezahlt seine Programmierer in der Regel nach Zeit. Zum Nachweis werden von den Mitarbeitern Arbeitstagebücher geführt. In seltenen Fällen werden Festpreise ausgehandelt. Die Gehälter entsprechen denen, die festangestellte Programmierer gleicher Qualifikation erhalten. Zusatzausgaben für Büromaterial, Telefonkosten u.a. werden den Mitarbeitern erstattet.

Gegen die Annahme werkvertraglicher Beziehungen spricht bereits, daß die Teleprogrammierer in einem Team tätig werden, welches vom Projektleiter personell zusammengestellt wird[37]. Aufgrund der vielfältigen Verflechtungen und Abhängigkeiten der Mitglieder eines Programmierteams, deren Zusam-

---

[35] Beschreibung des Modells bei Ballerstedt, Forschungsbericht S. 81ff.

[36] Ballerstedt, Forschungsbericht S. 85ff; Heilmann/Krcmar, Handbuch der modernen Datenverarbeitung 1983, 71ff.

[37] Vgl. dazu oben 1. c).

menwirken erst den Erfolg hervorzubringen vermag, spricht die Fremdbestimmung der Gruppenzusammensetzung gegen eine Erfolgszusage jedes einzelnen. Indiz gegen einen Werk- und für einen Dienstvertrag ist ferner, daß eine Überschreitung des geschätzten Arbeitsaufwandes nicht als Bruch des Versprechens behandelt wird, das Programmstück (den Erfolg) innerhalb der geschätzten Frist herzustellen, sondern daß bei einer nicht pünktlichen Arbeitserledigung zunächst keinerlei Sanktionen gegen den Programmierer erfolgen. Die Entlohnung nach dem tatsächlichen Zeitaufwand ist ebenfalls ein typisches Merkmal für einen Dienstvertrag[38].

Gegenüber diesen Gesichtspunkten, die auf einen Dienstvertrag hinweisen, ist es nebensächlich, ob der heimische Arbeitsplatz einen Anschluß zum Zentralrechner besitzt oder ob die Programme off-line, also auf autarken Mikrocomputeranlagen ohne Verbindung zu einer betrieblichen Rechenanlage, entwickelt werden[39]. Das Organisationsmodell von Freelance Int. Ltd. zeigt, daß die technische Ausstattung eines Teleheimarbeitsplatzes unterschiedlich sein kann, ohne daß die Arbeitsorganisation und damit wesentliche Bestimmungsfaktoren für die rechtliche Einordnung des Vertragsverhältnisses geändert werden müßten.

Ein Werkvertrag könnte im Organisationsmodell von Freelance Ltd. nur ausnahmsweise dann vorliegen, wenn der Teleprogrammierer einen Auftrag allein ausführt, also nicht im Rahmen eines vom Projektleiter bestimmten Teams tätig wird[40]. Als ein weiteres Indiz für einen Werkvertrag könnte unter dieser Voraussetzung eine Festpreisvereinbarung gewertet werden[41]. Wenn ferner die Höhe dieses Honorars deutlich über der Vergütung eines fest angestellten Programmierers liegt, so läßt dies den Schluß zu, daß auch die Zuweisung des Risikos erfolgloser Bemühungen ausgeglichen wird. Auch dies wäre Indiz für einen Werkvertrag.

II. Persönliche Abhängigkeit von Teleheimarbeitern

Nachdem oben das Merkmal „Tätigkeit im Rahmen eines Dienstvertrages" erörtert wurde, soll im folgenden untersucht werden, wie der Begriff „persönliche Abhängigkeit" in Hinblick auf die besondere Problemlage bei Teleheimarbeit zu fassen ist.

1. Problemaufriß

Nach ständiger Rechtsprechung des Bundesarbeitsgerichtes und überwiegender Auffassung in der Literatur unterscheidet sich ein Arbeitsverhältnis von

[38] Vgl. dazu oben 1. e).

[39] Vgl. oben 2. Teil: B.II.5.b).

[40] Vgl. oben 1.c).

[41] Vgl. oben 1.e).

einem freien Dienstverhältnis durch den Grad der persönlichen Abhängigkeit, in der sich der zur Dienstleistung Verpflichtete jeweils befindet[1].

Das Dilemma des Arbeitnehmerbegriffes offenbart sich, wenn nach den Kriterien gefragt wird, die es gestatten, auf eine persönliche Abhängigkeit zu schließen. Gegenwärtig lassen sich eine Fülle von Abgrenzungskriterien aufzählen, deren Verhältnis zueinander unklar und deren Gewichtung ungewiß ist. Zu nennen sind die persönliche und fachliche Weisungsgebundenheit, die zeitliche und örtliche Bindung bei Erbringung der Arbeitsleistung, die Dienstbereitschaft, die Eingliederung in betriebliche Arbeitsprozesse, der Verlust der wirtschaftlichen Dispositionsfreiheit, die Übernahme fremdnütziger Tätigkeit, soziale Schutzbedürftigkeit, die betriebliche Gleichbehandlung und andere[2].

Die herrschende Meinung[3] bekennt sich bei der Abgrenzung des Arbeitnehmers zum freien Dienstnehmer zur „typologischen Methode“[4]. Damit ist gemeint, daß aus der Vielzahl möglicher Merkmale für die Arbeitnehmereigenschaft keines ausgewählt werden könne, welches unverzichtbar vorliegen müsse, und ebenfalls keines, aus dessen Vorliegen zwingend auf die Arbeitnehmereigenschaft geschlossen werden dürfe. Alle Kriterien hätten die Bedeutung von Indizien. Sie beschrieben den typischen Arbeitnehmer. In Grenzfällen aber könne nur mit Hilfe einer wertenden Gesamtschau entschieden werden[5].

Die typologische Methode steht im Gegensatz zu einer logisch-analytischen Vorgehensweise. Sie ist eine Umschreibung der Tatsache, daß es keine generell verwendbaren genauen Abgrenzungsmerkmale gibt[6]. Der Verweis auf die Notwendigkeit einer wertenden Gesamtschau deutet an, daß hier eine dogmatische Grauzone betreten wird, in der allgemeine Unsicherheit herrscht.

Eine solche allgemeine Unsicherheit spiegelt sich auch in der gegenwärtigen Diskussion um den Status von Teleheimarbeitern wieder. So wird ein bunter Strauß von Abgrenzungskriterien zusammengestellt, die in der Rechtsprechung irgendwann einmal eine Rolle gespielt haben und die nun bei Teleheimarbeit ebenfalls als Indiz für oder gegen den Arbeitnehmerstatus gewertet werden[7].

---

[1] BAG v. 13.1.1983 AP Nr. 42, bes. Bl. 3; BAG v. 7.5.1980 AP Nr. 35, bes. Bl. 2 Rs.; BAG v. 15.3.1978 AP Nr. 26, bes. Bl. 3; jeweils zu §611 BGB Abhängigkeit; BAG v. 14.1.1982, AP Nr. 65 zu §620 BGB Befristeter Arbeitsvertrag, bes. Bl. 2; Hueck/Nipperdey I S. 41; Schaub §8 II 3. S. 32; Staudinger-Nipperdey-Mohnen Vorbem. §611 BGB Rn. 15.

[2] Vgl. z.B. die Aufzählung bei Schaub §8 II 3., S. 33.

[3] BAG v. 23.4.1980 AP Nr. 34 zu §611 BGB Abhängigkeit, bes. Bl. 3; zustimmend: MünchKomm-Söllner, §611 Rd. 130; Schirdewahn AR-Blattei D, Arbeitnehmer-Begriff; Martens RdA 1979, 347 (348).

[4] Siehe dazu Larenz, Methodenlehre S. 448.

[5] BAG v. 23.4.1980 AP Nr. 34 zu §611 BGB Abhängigkeit, bes. Bl. 3.

[6] Kritisch auch: Stolterfoth S. 171, Rüthers DB 1982 1869 (1871), Heuberger S. 126ff, Zöllner §5 III S. 48, Beuthien/Wehler RdA 1978, 2 (3f).

[7] Z.B. Wedde S. 50ff; Simon/Kuhne BB 1987, 201 (202).

Dabei liegt zum Teil die Vermutung nahe, daß willkürlich ein Merkmal herausgegriffen wird, das zur Begründung eines bestimmten Ergebnisses geeignet erscheint. So soll es einer Ansicht zufolge bereits feststehen, daß Terminalheimarbeiter keine Arbeitnehmer seien, weil es an einer Eingliederung in einen Betrieb fehle[8].

Die Schwierigkeiten, dem Begriff „persönliche Abhängigkeit" bei Teleheimarbeit einen Inhalt zu geben, resultieren unter anderem daraus, daß ein Teleheimarbeiter häufig nicht der Vorstellung von einem typischen Arbeitnehmer entsprechen dürfte. Seine Arbeitsbedingungen weichen von denjenigen eines typischen Arbeitnehmers bereits dadurch ab, daß er räumlich nicht in einen fremden Betrieb eingegliedert ist. Eine räumliche Integration ist zwar unbestritten keine Voraussetzung für den Arbeitnehmerstatus des Beschäftigten. Gleichwohl entspricht sie einer seit langem gewohnten, festgefügten Vorstellung, deren Nichterfülltsein in der Regel einen Problem- oder Grenzfall anzeigt. Darüber hinaus eignet sich Teleheimarbeit besonders gut für eine flexible, bedarfsorientierte Teilzeitbeschäftigung, so daß auch insoweit häufig (noch) Untypisches zu beurteilen sein dürfte.

Im folgenden ist daher eine Auseinandersetzung mit den wichtigsten Auffassungen in Literatur und Rechtsprechung erforderlich, die darüber bestehen, wie die persönliche Abhängigkeit eines Arbeitnehmers inhaltlich zu bestimmen sei. Dabei soll jedoch keine allgemeine Revision des Arbeitnehmerbegriffes vorgenommen werden, sondern die Fragestellung von vornherein auf die besondere Problemstellung bei Teleheimarbeit beschränkt werden. Im Rahmen dieser Untersuchung steht dabei im Vordergrund, einen Arbeitnehmerbegriff zu bilden, der eine klare Abgrenzung des Arbeitnehmers zum Heimarbeiter erlaubt, weil bei Teleheimarbeit an der Schnittstelle von Arbeitnehmern zu Heimarbeitern der Problemschwerpunkt liegt. Demgegenüber darf die Abgrenzung des Arbeitnehmers zum „freien Unternehmer" hier vernachlässigt werden. Denn der Status des „freien Unternehmers" kommt erst dann in Betracht, wenn feststeht, daß der betreffende Teleheimarbeiter weder ein Arbeitnehmer noch ein in Heimarbeit Beschäftigter ist.

2. Meinungsstand zu den Bestimmungsmerkmalen für persönliche Abhängigkeit

a) Eingliederung in eine fremde Arbeitsorganisation (BAG)

Als herrschende Meinung kann man — unter Vorbehalt der Vereinfachung — die vom Bundesarbeitsgericht und vom Bundessozialgericht herausgestellten Grundzüge bezeichnen[9]. Danach ist persönlich abhängiger Dienstnehmer, also

[8] Adomeit NJW 1984, 1337 (1338).

[9] BAG v. 13.1.1983 AP Nr. 42, bes. Bl. 3; BAG v. 9.5.1984 AP Nr. 45, bes. Bl. 2; BAG v. 15.3.1978 AP Nr. 26, bes. Bl. 3, jeweils zu §611 BGB Abhängigkeit; BSG v. 19.12.1979 BB 1980, 1051 (1051); BSG v. 24.6.1981 SozR 2200 §1227 Nr. 34, bes. Bl. 77; Brox, S. 7ff; Söllner S. 27f; Zeuner RdA 1975, 84 (85); Müllner S. 96; Wedde S. 50f.

Arbeitnehmer, wer seine Dienstleistung im Rahmen einer von Dritten bestimmten Arbeitsorganisation erbringt. Zur Begründung wird auf §84 Abs. 1 Satz 2 HGB verwiesen, wonach selbständig ist, wer im wesentlichen frei seine Tätigkeit gestalten und seine Arbeitszeit bestimmen kann. Diese Regelung gelte unmittelbar zwar nur für die Abgrenzung des selbständigen Handelsvertreters von abhängig beschäftigten Handlungsgehilfen. Über diesen unmittelbaren Anwendungsbereich hinaus enthalte diese Vorschrift jedoch eine allgemeine gesetzgeberische Wertung, die bei der Abgrenzung des freien Dienstvertrages vom Arbeitsvertrag zu beachten sei. Die Eingliederung in eine fremde Arbeitsorganisation zeige sich demgemäß insbesondere darin, daß ein Arbeitnehmer hinsichtlich Zeit, Dauer und Ort der Ausführung der versprochenen Dienste einem umfassenden Weisungsrecht des Arbeitgebers unterliege. Eine fachliche Weisungsgebundenheit könne häufig hinzutreten, wenngleich vornehmlich hochqualifizierte Tätigkeiten auch weisungsfrei ausgeübt werden könnten, ohne daß dadurch die Arbeitnehmereigenschaft des Beschäftigten verloren gehe. Bei diesen hochqualifizierten Tätigkeiten verfeinere sich die Weisungsgebundenheit zur funktionsgerecht dienenden Teilhabe am Arbeitsprozeß.

Ein Arbeitnehmer ist nach dieser Auffassung somit, wer bei seiner Dienstleistung in einen fremden Arbeitsprozeß eingegliedert ist. Daraus läßt sich schließen, daß sich ein Heimarbeiter von einem Arbeitnehmer dieser Ansicht zufolge dadurch unterscheidet, daß ein Heimarbeiter seine Tätigkeit von einer fremden Arbeitsorganisation unabhängig verrichtet.

b) *Weisungsunterworfenheit (A. Hueck / Zöllner)*

Der soeben vorgestellten herrschenden Meinung zur persönlichen Abhängigkeit steht seit langem eine schon traditionell zu nennende Gegenposition gegenüber. Danach ist nicht die Eingliederung eines Dienstnehmers das entscheidende Kennzeichen persönlicher Abhängigkeit, sondern seine Unterworfenheit unter die Weisungen des Dienstgebers[10]. A. Hueck[11] prägte die Formulierung von der „Gehorsamspflicht" des Arbeitnehmers.

Dem Kriterium der Eingliederung wird entgegengehalten, es sei zwar eine zutreffende Beschreibung des soziologisch-historischen Tatbestandes der Industriearbeitnehmerschaft, es versage aber, wenn es darauf ankomme, eine wissenschaftlich und praktisch brauchbare Abgrenzung des Arbeitnehmers von anderen Dienstnehmern zu erreichen. Es gebe nämlich Arbeitnehmer, die in keinem Betrieb eingegliedert seien, wie z.B. Privatsekretäre, Kraftfahrer oder für sonstige persönliche Dienste von einem Privatmann angestellte Personen. Umgekehrt mache die Eingliederung in einen Betrieb den Betreffenden nicht

---

[10] Hueck/Nipperdey I S. 41 f Fußnote 15; Zöllner §4 III. 5. b) S. 47; Staudinger-Nipperdey-Mohren Vorbem. §611 BGB Rn. 16 siehe auch BAG v. 14.1.1982 AP Nr. 65 zu §620 BGB, bes. Bl. 2.

[11] Hueck/Nipperdey I S. 136.

notwendig zum Arbeitnehmer. Beispiele dafür seien die Vorstandsmitglieder einer Aktiengesellschaft[12].

c) Verlust unternehmerischer Dispositionsfreiheit (Lieb / Wiedemann)

Nach Ansicht von Lieb[13] ist das rein formale Abstellen auf eine Fremdbestimmung in bezug auf Zeit und Ort der Arbeitsleistung nicht geeignet, in Grenzfällen Klarheit zu schaffen. Außerdem sei nicht ersichtlich, wie eine formal verstandene Fremdbestimmung in bezug auf Zeit und Ort der Arbeitsleistung die spezifische Schutzbedürftigkeit des Arbeitnehmers begründen könne. Lieb setzt im Anschluß an Wiedemann[14] der herrschenden Meinung entgegen, daß der Verlust unternehmerischer Dispositionsmöglichkeit über die eigene Arbeitskraft durch auf Dauer angelegte fremdnützige Beschäftigung der entscheidende Gesichtspunkt beim Arbeitnehmerbegriff sei[15]. Zweifeln, daß durch die Einbeziehung auch „wirtschaftlicher Elemente" in den Arbeitnehmerbegriff die Grenzlinie zu den arbeitnehmerähnlichen Personen verwischt werde, begegnet Lieb damit, daß die arbeitnehmerähnlichen Personen lediglich wirtschaftlich abhängig seien. Ihre unternehmerische Dispositionsmöglichkeit sei rechtlich durchaus vorhanden. Sie seien — im Gegensatz zu den eigentlichen Arbeitnehmern — nicht durch auf Dauer angelegte Festanstellung gebunden[16]. Eine allenfalls tatsächlich fehlende Möglichkeit, von einer rechtlichen Dispositionsfreiheit Gebrauch zu machen, sei unbeachtlich. Darin verwirkliche sich ein typisches Unternehmerrisiko[17].

---

[12] Hueck/Nipperdey I §9 III 3. Fußnote 15, S. 43; Die Organmitglieder juristischer Personen gehören auch nach heute h.M. nicht zu den Arbeitnehmern, vgl. BGHZ 10, 187 (191); BGHZ 12, 1 (8); BGHZ 36, 142 (143); BGHZ 49, 30 (31); BGHZ 78, 82 (85); BGHZ 79, 38 (41); Hanau/Adomeit E 4. c) S. 146; Söllner, §3 I. 2. c) S. 18; Dietz/ Richardi §5 BetrVG Rn. 93; G. Hueck ZfA 1985, 25 (32); differenzierend: Nikisch I S. 99; Schaub §14 I 2. S. 53; Martens FS für Hilger-Stumpf 198, 437 (441 ff).

[13] Lieb, Arbeitsrecht §1 I 2. S. 4.

[14] Wiedemann, S. 13 ff.

[15] Auch das Bundesarbeitsgericht hat diesen Gedanken gelegentlich aufgegriffen, BAG v. 23.4.1980 AP Nr. 34 zu §611 BAG Abhängigkeit, bes. Bl. 2 Rs. f; zustimmend Küchenhoff, Anm. zu BAG a.a.O., bes. Bl. 6 Rs.; vgl. demgegenüber aber auch den ablehnenden Standpunkt in BAG v. 13.1.1983, AP Nr. 42 zu §611 BGB Abhängigkeit, bes. Bl. 3 Rs.

[16] Demgegenüber kritisch Zeuner RdA 1977, 254 (255), der darauf hinweist, daß spezifisch arbeitsrechtliche Probleme schon vor dem Abschluß des Arbeitsvertrages einsetzen, zu einem Zeitpunkt also, zu dem der Arbeitnehmer noch nicht durch Vertragspflichten gehindert ist, über den Einsatz seiner Arbeitskraft zu disponieren.

[17] Lieb, Arbeitsrecht §1 I 2. S. 6; kritisch demgegenüber Kappus, Rechtsfragen S. 102 f.

d) Soziale Schutzbedürftigkeit und zusätzlich persönliche Abhängigkeit (Beuthien / Wehler)

Beuthien / Wehler[18] kritisieren den herrschenden Arbeitnehmerbegriff, weil sich dieser vom sozialen Schutzprinzip des Arbeitsrechtes im Laufe der Zeit immer stärker entfernt habe. Sie knüpfen an die alte Rechtsprechung des Reichsgerichts an, das verlangt hatte, ein Arbeitnehmer müsse vom Arbeitgeber persönlich und wirtschaftlich abhängig sein[19]. Nach ihrer Ansicht ist Arbeitnehmer nur derjenige, der persönlich abhängig und sozial schutzbedürftig ist[20]. Für die soziale Schutzbedürftigkeit sei entscheidend, ob der Betreffende darauf verzichtet habe, seine Arbeitskraft und die damit verbundenen eigenen unternehmerischen Chancen als selbständiger Unternehmer am Markt zu verwerten. Daraus resultiere eine Unfähigkeit zur eigenen Daseinsvorsorge und somit die soziale Schutzbedürftigkeit im Sinne des Arbeitsrechts[21]. Sie konkretisieren soziale Schutzbedürftigkeit anhand der Arbeitszeit. Die Autoren sprechen allen Personen, die täglich weniger als zwei, wöchentlich weniger als zehn oder monatlich weniger als 40 Stunden beschäftigt sind, die Fähigkeit zur eigenen Daseinsvorsorge zu und damit die soziale Schutzbedürftigkeit sowie folglich die Arbeitnehmereigenschaft ab[22].

Beuthien / Wehler unterscheiden sich von Lieb / Wiedemann dadurch, daß sie am Merkmal der persönlichen Abhängigkeit im Sinne der herrschenden Meinung festhalten. Sie wollen diesen Gesichtspunkt kumulativ mit dem Verlust der Dispositionsfreiheit über die eigene Arbeitskraft verbinden.

e) Fakultative Verbindung zwischen persönlicher und wirtschaftlicher Abhängigkeit (Konzen)

Auch Konzen[23] kritisiert den herrschenden Arbeitnehmerbegriff. Er stellt in den Vordergrund, daß eine Verkürzung auf organisatorische Merkmale eine angemessene Erklärung der meisten arbeitsrechtlichen Schutzregeln verhindere. Frage man nach dem Sinn der Belastung des Arbeitgebers mit Urlaubsentgelt, Lohnfortzahlung im Krankheitsfall etc., so ergebe sich als Korrelat auf der Arbeitnehmerseite der Verlust der freien wirtschaftlichen Dispositionsmöglichkeit und die damit verbundene Unfähigkeit zur eigenen Daseinsvorsorge. Im Gegensatz zu Beuthien / Wehler will Konzen bei einem Fehlen sozialer Schutzbedürftigkeit die Dienstleistungen nicht unbedingt aus dem Arbeitsrecht verbannen. Von Lieb unterscheidet ihn das Festhalten am Merkmal der persönlichen Abhängigkeit. So kommt er dazu, sowohl die arbeitsorganisatorische Eingliede-

[18] Beuthien / Wehler RdA 1978, 2 (3).
[19] Vgl. etwa RAG ARS 4, S. 143.
[20] Beuthien / Wehler RdA 1978, 2 (6).
[21] Beuthien / Wehler RdA 1978, 2 (4).
[22] Beuthien / Wehler RdA 1978, 2 (6).
[23] Konzen ZfA 1982, 259, 289ff.

rung als auch die wirtschaftliche Abhängigkeit sowie die Weisungsgebundenheit nebeneinander berücksichtigen zu wollen[24].

f) Teleologischer Arbeitnehmerbegriff (Wank / Richardi)

In jüngster Zeit ist ein sogenannter teleologischer Arbeitnehmerbegriff im Vordringen begriffen[25]. Ausgangspunkt ist wiederum die Feststellung, daß die herrschende Meinung darauf verzichtet, einen Zusammenhang zwischen der Tatbestandsseite, den Merkmalen des Arbeitnehmerbegriffes, und der Rechtsfolge, Anwendung des Arbeitsrechtes, herzustellen.

Die Grundkonzeption besteht darin, dem Arbeitnehmerbegriff einen festen Kern zu verleihen, bei dem nicht zweifelhaft sein soll, daß es sich um Arbeitnehmer handele. Modell sei eine fremdbestimmte Tätigkeit, die nicht durch Einzelleistungen begrenzt werde und die den Arbeitnehmer hauptberuflich in Anspruch nehme. Wenn diese Voraussetzungen nicht vorlägen, dann sei teleologisch zu begründen, ob und inwieweit die tatbestandlichen Voraussetzungen gegeben seien, an die das Arbeitsrecht seine Rechtsfolgen knüpfe[26].

Arbeitsrechtliche Schutznormen unterteilt Wank in Berufs- und Existenzschutznormen. Die Berufsschutznormen sollen diejenigen sein, die an die Arbeitsleistung oder an die Person des Arbeitnehmers anknüpfen. Sie seien darauf zurückzuführen, daß der Arbeitgeber den Arbeitsablauf beherrsche und die Organisation zur Verfügung stelle. Der Existenzschutz betreffe die Risiken außerhalb des Arbeitsverhältnisses. Dazu gehöre die Vorsorge für Krankheit oder Mutterschaft. Diese Risiken seien dem Arbeitnehmer weitgehend abgenommen.

Der Berufs- und Existenzschutz der Selbständigen realisiere sich demgegenüber grundsätzlich anders. Der Selbständige müsse durch Versicherungen etc. seine soziale Absicherung ausschließlich selbst finanzieren. Der Selbständige trage daher das Berufs- und Existenzrisiko selbst. Arbeitnehmer sei dagegen, wer nach Vertrag und tatsächlicher Durchführung von seinem Berufs- und Existenzrisiko befreit sei[27].

g) On-line-These

In der Literatur zur Teleheimarbeit wird überwiegend vertreten, der Status eines Teleheimarbeiters werde wesentlich durch die kommunikationstechnische

---

[24] Konzen ZfA 1982, 259 (291); ebenso Schaub §8 II 3. S. 32.

[25] Wank, Arbeitnehmer und Selbständige Bd. II, noch nicht erschienen; vgl. auch ders. RdA 1985, 1ff.; zustimmend Richardi, FS zum 125-jährigen Bestehen der Juristischen Gesellschaft zu Berlin, 1984, 6O7 (615). Nunmehr findet sich eine ausführliche Darstellung des Gedankenganges von Wank bei Kappus, Rechtsfragen S. 1O4ff, dem ein Manuskript vorgelegen haben dürfte.

[26] Richardi a.a.O. 6O7 (615); vgl. auch Kappus, Rechtsfragen S. 94.

[27] So die Darstellung bei Kappus, Rechtsfragen S, 96ff.

Ausstattung des Teleheimarbeitsplatzes geprägt. Arbeitnehmer sei derjenige Teleheimarbeiter, dessen Terminal on-line[28] mit dem Zentralrechner des Auftraggebers verbunden ist. Demgegenüber sei Arbeit im off-line-Verfahren eher Indiz gegen den Arbeitnehmerstatus des Teleheimarbeiters[29].

Besonders konsequent wird von Wedde[30] auf die Kommunikationstechnik zur Einordnung eines Teleheimarbeitsverhältnisses in eine der in Betracht kommenden Rechtsformen abgestellt. Dafür gibt er unterschiedliche Begründungen. So ist er der Auffassung, daß bei on-line-Betrieb regelmäßig eine Bindung an Weisungen des Auftraggebers vorliege. Die persönliche und fachliche Weisungsgebundenheit werde nur ausnahmsweise bei hochqualifizierten Tätigkeiten, etwa bei Softwareentwicklung, fehlen[31]. Auch werde ein on-line-Betrieb regelmäßig eine Eingliederung in eine betriebliche Organisation begründen. Bei einem off-line-Verfahren könnten die Teleheimarbeiter hingegen ohne die technischen Hilfsmittel des Betriebes auskommen[32]. Darüber hinaus führe on-line-Tätigkeit in der Mehrzahl der Fälle zu einer zeitlichen Bindung der Teleheimarbeiter[33]. Ausnahmen vom Arbeitsverhältnis seien folglich bei on-line-Tätigkeit nur für eine Minderheit der Beschäftigten vorstellbar[34].

Kilian[35] tritt der on-line-These deshalb bei, weil bei on-line-Kommunikation der Telearbeiter Zugriff auf fremde Arbeitsmittel nehme. Er arbeite im übrigen in einer fremden Arbeitsorganisation und unterscheide sich nicht wesentlich von einem Arbeitnehmer, der an einem betrieblichen Bildschirmarbeitsplatz arbeitet.

In der Beurteilung der Bedeutung eines off-line-Verfahrens ist die Literatur demgegenüber eher zurückhaltender. So soll bei off-line-Betrieb die persönliche Abhängigkeit von Teleheimarbeitern wohl häufiger zu verneinen sein[36]. Der Umkehrschluß, ein Teleheimarbeiter, der im off-line-Betrieb arbeite, sei kein Arbeitnehmer, sei allerdings nicht erlaubt[37].

---

[28] Zu den Begriffen on-line und off-line vgl. oben 2. Teil: A. IV.

[29] So z.B. Gitter/Herrmann/Lohmar S. 26; Wahsner/Steinbrück AiB 1984, 104 (105); Schütt S. 13 (33); Unterhinninghofen Die Mitbestimmung 1983, 577 (577); Ulber AiB 1985, 22 (24); Wedde S. 59f; Däubler S. 849; ähnlich Küfner-Schmitt S. 52f; Kappus, Rechtsfragen S. 110 ff (129); unentschieden Müllner, Privatisierung S. 102; kritisch Schmager S. 24f.

[30] Wedde S. 52; ders. ArbuR 1987, 325 (327).

[31] Wedde S. 53.

[32] Wedde S. 54.

[33] Wedde S. 56; ders. ArbuR 1987, 325 (327).

[34] Wedde S. 60; ders. ArbuR 1987, 325 (327).

[35] Kilian, Forschungsbericht S. 103.

[36] Wedde S. 61; deutlicher jetzt ders. ArbuR 1987, 325 (327).

[37] Kilian, Forschungsbericht S. 105.

h) § 87 Abs.1 Nr. 6 BetrVG

Kappus[38] beurteilt die Aussagekraft der kommunikationstechnischen Ausstattung für die Rechtsform des Teleheimarbeitsverhältnisses zurückhaltender. Nach seiner Ansicht führt der on-line-Betrieb nur insoweit, dann allerdings zwingend, zur Arbeitnehmereigenschaft, als die Einrichtung des Teleheimarbeitsplatzes nach §87 Abs. 1 Nr. 6 BetrVG mitbestimmungspflichtig ist. Er vertritt die Auffassung, daß unabhängig von on- oder off-line-Betrieb eine persönliche Abhängigkeit stets bei solchen Teleheimarbeitern vorliege, die an einem dezentralen Arbeitsplatz tätig sind, der als betrieblicher der Mitbestimmung nach §87 Abs. 1 Nr. 6 BetrVG unterläge[39]. Dann bestehe eine intensive Überwachung, die die Arbeitnehmereigenschaft des Teleheimarbeiters begründe. Die persönliche Abhängigkeit der Telebeschäftigten könne somit nach der Reichweite des §87 Abs. 1 Nr. 6 BetrVG ermittelt werden.

i) Erledigung unselbständiger Teilaufgaben

In der Literatur zur Teleheimarbeit wird schließlich im Anschluß an Kappus[40] die These vertreten, die persönliche Abhängigkeit zeige sich auch darin, daß die zu verrichtende Tätigkeit einen unselbständigen Teil einer Gesamtaufgabe darstellt[41].

3. Stellungnahme

Die teleheimarbeitsrechtliche Literatur ist dadurch gekennzeichnet, daß sie sich um eine abstrakte Begriffsbestimmung weitgehend nicht bemüht. Vorwiegend wird mit dem herkömmlichen Begriffsarsenal eine Begründung für die sogenannte on-line-These versucht. Diese Vorgehensweise ist unbefriedigend, weil sie das komplexe Problem ausklammert, wie ein Arbeitnehmerbegriff gerade vor dem Hintergrund der speziellen teleheimarbeitsrechtlichen Situation abstrakt zu bilden ist.

Von vornherein abzulehnen ist die zuletzt genannte Auffassung, die persönliche Abhängigkeit manifestiere sich darin, daß der unselbständige Teil einer Gesamtaufgabe erledigt wird. Dieses Faktum trifft unabhängig von der Rechtsform auf dezentrale Bürotätigkeit schlechthin zu. Es ist insbesondere bei Text- oder Datenerfassung, z. B. auch bei Adressenschreiben, in Heimarbeit zu beobachten. Ein Spezifikum für persönliche Abhängigkeit ist darin nicht zu sehen.

---

[38] Kappus, Rechtsfragen S. 145.

[39] Kappus, Rechtsfragen S. 113ff; ebenso Simon/Kuhne BB 1987 201 (203); Kilian, Forschungsbericht S. 117.

[40] Kappus, Rechtsfragen S. 134.

[41] Kilian/Borsum/Hoffmeister NZA 1987, 401 (404).

Der Meinungstand im übrigen läßt sich grob danach untergliedern, ob wirtschaftliche Abhängigkeit und soziale Schutzbedürftigkeit in den Arbeitnehmerbegriff integriert werden oder ob es sich um Definitionen handelt, die diese Gesichtspunkte unberücksichtigt lassen. Auch dazu soll nicht im allgemeinen, sondern unter den besonderen Aspekten der Teleheimarbeit Stellung bezogen werden.

a) Zu den Ansätzen, wirtschaftliche Abhängigkeit und soziale Schutzbedürftigkeit in den Arbeitnehmerbegriff zu integrieren

aa) Zu Lieb / Wiedemann

Der Ansicht von Lieb und Wiedemann ist darin zuzustimmen, daß derjenige, der seine Dispositionsfreiheit über die eigene Arbeitskraft durch auf Dauer angelegte fremdnützige Beschäftigung verloren hat, schutzbedürftig ist. Fraglich ist aber, ob dieser Ansatz hilfreich für die in dieser Untersuchung entscheidende Frage ist, ob damit eine klare Trennungslinie zwischen der Anwendung von Arbeitsrecht einerseits und der von Heimarbeitsrecht andererseits gezogen werden kann.

Nimmt man Lieb beim Wort, so kommt es zum einen auf die Fremdnützigkeit der Tätigkeit und zum anderen auf die Dauer der vertraglichen Bindung an. Ungeachtet des durchaus fragwürdigen Bedeutungsinhaltes von „Fremdnützigkeit" ergibt sich daraus für die Abgrenzung des Arbeitnehmers zum Heimarbeiter folgendes:

Ebenso wie der Arbeitnehmer arbeitet der Heimarbeiter „fremdnützig". Er wird nämlich zu Zwecken tätig, die der Auftraggeber bestimmt und die im Rahmen seiner Organisation von Nutzen sind, die aber typischerweise einen darüber hinaus gehenden Nutzen nicht haben. Als Beispiel ist hier das Schreiben von Adressen, Abschreibarbeiten und ähnliche Arbeiten in Heimarbeit zu nennen, die selbstverständlich in Heimarbeit ausgeübt werden können[42]. Die Fremdnützigkeit der Tätigkeit ist somit als Abgrenzungsmerkmal in dieser Untersuchung ungeeignet.

Ein Arbeitnehmer ist in der Regel durch seinen Arbeitsvertrag gehindert, spontan über seine Arbeitskraft anderweitig als zu Zwecken des Arbeitgebers zu verfügen. Er kann sich aber aus einem unbefristeten, also einem auf Dauer angelegten Arbeitsverhältnis durch Kündigung lösen und dadurch seine Dispositionsfreiheit zurückerlangen. Dementsprechend müßte die Dispositionsfreiheit der Personen, die nach Lieb nicht den Arbeitnehmern zugerechnet werden, nicht erst durch einen Rechtsakt wie Kündigung erworben werden, sondern jederzeit vorhanden sein.

[42] Vgl. nur die bindende Festsetzung von Entgelten und sonstigen Vertragsbedingungen für Adressenschreiben, Abschreibearbeiten und ähnliche Arbeiten in Heimarbeit, BAnz. 1983 Nr. 95, BAnz. 1986 Nr.87.

Dies war bei den Heimarbeitern in der Tat sehr lange der Fall. Nach §29 Abs. 1 HAG alter Fassung konnte ein Heimarbeiter ohne Kündigung aus dem Heimarbeitsverhältnis ausscheiden, indem er die Übernahme weiterer Aufträge ablehnte[43]. Erst nach einem Jahr faktischer Heimarbeit für einen Auftraggeber mußte das Heimarbeitsverhältnis durch eine Kündigungserklärung gelöst werden. Nunmehr aber hat der Gesetzgeber in §29 Abs. 1 HAG klargestellt, daß ohne Kündigung die Lösung eines Heimarbeitsverhältnisses beiderseits, also auch seitens des Heimarbeiters, nicht möglich ist. Das Heimarbeitsverhältnis ist folglich ebenso wie das Arbeitsverhältnis ein auf Dauer angelegtes Beschäftigungsverhältnis. Auch ein Heimarbeiter ist somit rechtlich nicht in der Lage, über seine Arbeitskraft spontan am Arbeitsmarkt zu disponieren, sondern er kann ebenfalls nur durch Kündigung seine Dispositionsfreiheit zurückerlangen. Mit dem Ansatz von Lieb und Wiedemann läßt sich folglich eine Abgrenzung zwischen Arbeitnehmern und Heimarbeitern nicht erreichen. Diese Bestimmung des Arbeitnehmerbegriffs ist daher im Rahmen dieser Arbeit nicht verwendbar[44].

bb) Zu Beuthien / Wehler

Die These Beuthien / Wehlers führt dazu, Personen, die einer zeitlich geringfügigen Teilzeitbeschäftigung nachgehen, vom Arbeitsrecht auszuschließen. Dies dürfte sich insbesondere bei Teleheimarbeit auswirken, weil diese Beschäftigungsform Personen anspricht, die eine zeitlich geringfügige Teilzeitbeschäftigung suchen.

Gegen Beuthien / Wehler ist einzuwenden, daß eine formalisierte Arbeitszeitberechnung soziale Schutzbedürftigkeit nicht überzeugend zu konkretisieren vermag. Dagegen spricht nicht nur, daß bei Fehlen anderweitiger Erwerbsquellen die soziale Schutzbedürftigkeit der nur geringfügig Beschäftigten sogar besonders hoch sein dürfte[45], sondern auch, daß diese Auffassung nicht der gesetzlichen Wertung entspricht. Eine gegenteilige gesetzliche Wertung ist z.B. §1 Abs. 3 Nr. 2 LFZG zu entnehmen. Danach gilt der Grundsatz der Entgeltfortzahlung im Krankheitsfalle nicht für jene Arbeiter, deren regelmäßige Arbeitszeit wöchentlich zehn oder monatlich 45 Stunden unterschreitet. Einer solchen besonderen Bestimmung hätte es nicht bedurft, wenn die arbeitsrechtlichen Regeln und Grundsätze bei geringfügiger Beschäftigungszeit ohnehin zu modifizieren oder von der Anwendung ganz auszuschließen wären[46].

---

[43] Maus, HAG-Kommentar 1953 §29 Rn. 2; vgl. auch Maus / Schmidt vor §§29ff. HAG Rn. 2 ff m.w.Nw.

[44] Kritisch auch Kappus, Rechtsfragen S. 102f, der der Auffassung ist, daß das Abstellen auf eine rechtliche im Gegensatz zu einer tatsächlichen Bindung keine sichere Abgrenzung der kleinen Selbständigen an der Nahtstelle zu den Arbeitnehmern ermögliche.

[45] So auch Kappus, Rechtsfragen S. 1O3.

[46] So auch Zeuner RdA 1975, 84 (87).

Derselbe Grundsatz ist auch im Beschäftigungsförderungsgesetz verankert. Nach §4 Abs. 1 BeschFG ist es grundsätzlich zulässig, daß Arbeitgeber und Arbeitnehmer vereinbaren, die Arbeitsleistung entsprechend dem Arbeitsanfall zu erbringen. In einem solchen Fall muß aber zugleich eine bestimmte Dauer der Arbeitszeit festgelegt werden. Unterbleibt eine solche Festlegung, so gilt eine wöchentliche Arbeits-zeit von zehn Stunden als vereinbart. Die Festsetzung des Regelsatzes von zehn Wochenstunden bedeutet, daß einzelvertraglich sowohl eine Abweichung nach oben als auch nach unten zulässig ist[47]. Auch bei einer Abweichung nach unten steht aber die Arbeitnehmereigenschaft des in nur geringem zeitlichen Umfang Beschäftigten nicht in Frage. Hätte der Gesetzgeber eine andere Konsequenz gewollt, dann wäre in §4 BeschFG eine entsprechende Regelung ergangen. Der These von Beuthien / Wehler kann folglich nicht zugestimmt werden. Vielmehr stellt eine zeitlich geringfügige Beschäftigung kein Argument gegen den Arbeitnehmerstatus des Betreffenden dar[48].

cc) Zu Konzen

Der Kritik von Konzen ist darin zuzustimmen, daß die Verkürzung auf organisatorische Merkmale eine angemessene Erklärung der meisten arbeitsrechtlichen Schutzregeln verhindert. Denn auf die fehlende Freiheit zur persönlichen Arbeitsgestaltung lassen sich allenfalls Regeln über den Arbeitsschutz und die arbeitgeberische Fürsorgepflicht zurückführen. Hingegen sind die Lohnfortzahlung im Krankheitsfall, der Mutter- oder der Kündigungsschutz nur vor dem Hintergrund einer typischerweise auch wirtschaftlichen Abhängigkeit verständlich[49].

Demgegenüber ist jedoch zu bedenken, daß der personelle Anwendungsbereich der meisten arbeitsrechtlichen Schutznormen nicht auf Arbeitnehmer beschränkt ist. Vielmehr sind regelmäßig die Heimarbeiter miterfaßt, wenngleich für sie der Schutzgedanke teilweise durch ein anderes Regelungsprinzip verwirklicht wird. Sie erhalten häufig Zuschläge zum Entgelt, während für Arbeitnehmer das Lohnausfallprinzip weitgehend durchgesetzt ist[50]. Die Einbeziehung der Heimarbeiter in die arbeitsrechtlichen Schutzgesetze findet ihre Erklärung aber ebenfalls darin, daß auch sie typischerweise von ihren Auftraggebern wirtschaftlich abhängig und daher sozial schutzbedürftig sind. Deshalb

---

[47] v. Hoyningen = Huene NJW 1985, 18O1 (18O4).

[48] So auch schon BAG v. 19.6.1959 AP Nr. 1 zu §611 BGB Doppelarbeitsverhältnis, bes. Bl. 1 Rs.; BAG v. 14.1.1982 AP Nr. 65 zu §62O BGB Befristeter Arbeitsvertrag, bes. Bl. 2; Hueck / Nipperdey I S. 42; Zeuner RdA 1975, 84 (88); Zöllner S. 44; Schaub §8 III S. 34; Hanau / Adommeit G II S. 176; Söllner §38 II S. 3O2; Seiter, Teilzeitarbeit, AR-Blattei D, 3. Forts.-Blatt; Dietz / Richardi §5 BetrVG Rn. 28; a.A. noch RAG, Sammlung Bd. 14, 333 (334); kritisch auch Lieb §1 I 2 S. 6, besonders Fußnote 25; Wank RdA 1985, 1 ff.

[49] Konzen ZfA 1982, 259 (29O).

[50] Vgl. oben B.II. Ergebnis...

wird der Versuch, den Arbeitnehmerbegriff so zu fassen, daß er zugleich ein Erklärungsmodell für den personellen Anwendungsbereich arbeitsrechtlicher Schutzgesetze liefert, damit bezahlt, eine Abgrenzung des Arbeitnehmers vom Heimarbeiter zu verfehlen. Für die Zwecke dieser Untersuchung ist daher der Ansatz von Konzen nicht geeignet.

dd) Zu Wank / Richardi

Für den Bereich Teleheimarbeit erweist sich auch der Ansatz von Wank als wenig hilfreich[51]. Die Analyse der Rechtsstellung von Teleheimarbeitern in arbeits- und sozialrechtlichen Normenkomplexen hat ergeben, daß Heimarbeitern ebenfalls der Existenzschutz weitgehend abgenommen wird[52]. So besteht in der Kranken-, Renten- und Unfallversicherung kein Unterschied zwischen Teleheimarbeitern im Arbeitnehmer- und solchen im Heimarbeiterstatus. Ähnliches gilt im Ergebnis für recht viele arbeitsrechtliche Schutznormen, etwa für den Mutterschutz, das Urlaubsrecht und die Feiertagsentlohnung.

Zwischenergebnis

Damit ist festzustellen, daß die Versuche, soziale Schutzbedürftigkeit und wirtschaftliche Abhängigkeit in den Arbeitnehmerbegriff zu integrieren, dazu führen, eine Abgrenzung des Arbeitnehmers zum Heimarbeiter zu verfehlen und dabei gleichzeitig Teilzeitbeschäftigung geringen zeitlichen Umfanges aus dem Arbeitsrecht zu verbannen. Diese Ansätze sind daher nicht geeignet, die besondere Problemstellung bei Teleheimarbeit zu bewältigen. Beschränkt man sich darauf, innerhalb des vorhandenen Meinungsspektrums nach geeigneten Lösungen zu suchen und auf gänzlich neue Begriffsbestimmungen hier zu verzichten, spitzt sich die Fragestellung darauf zu, ob eher der herrschenden Ansicht, Arbeitnehmer sei, wer in einen fremden Arbeitsprozess eingegliedert sei, zuzustimmen ist, oder ob die spezifische Problemlage bei Teleheimarbeit zu einem Rückgriff auf die Ansicht von A.Hueck zwingt, der Weisungsbindung als das entscheidende Kriterium herausgestellt hat.

b) Zur Kontroverse zwischen der auf „Eingliederung" und der auf „Weisungsunterworfenheit" abstellenden Ansichten

Zunächst ist den Vertretern der Auffassung, die Weisungsunterworfenheit sei das entscheidende Merkmal, um einen Dienstnehmer als Arbeitnehmer einzustufen, darin zuzustimmen, daß ein vordergründiges Verständnis von „Eingliederung in einen fremden Arbeitsprozess" zu unrichtigen Ergebnissen führte. Eingliederung ist sicher nicht in einem räumlich-gegenständlichen Sinne zu verstehen. Dann wäre in der Tat nur derjenige Arbeitnehmer, der seine

[51] Kritisch auch Kappus S. 104ff.

[52] Vgl. oben B.II. Ergebnis...

Arbeitsleistung in einem Betrieb erbringt. Das Gegenteil aber ist unbestrittenermaßen richtig[53].

aa) Zur spezifisch arbeitsrechtlichen Weisungsunterworfenheit

Wenig ergiebig ist es, bei diesem Meinungsstreit die Gegenauffassung jeweils dadurch falsifizieren zu wollen, daß Gegenbeispiele benannt werden, bei denen das für maßgeblich erachtete Kriterium zwar vorliegt oder nicht vorliegt, gleichwohl aber „anerkanntermaßen" kein Arbeitsverhältnis oder doch ein Arbeitsverhältnis begründet sei. So kann A. Hueck entgegengehalten werden, daß es weisungsunterworfene Dienstnehmer gibt, die gleichwohl keine Arbeitnehmer sind und umgekehrt, daß auch weitgehend weisungsfrei tätige Arbeitnehmer anzutreffen sind. So muß auch der selbständige Handelsvertreter gemäß §§675, 665 BGB Weisungen des Geschäftsherren in bezug auf seine Tätigkeit befolgen[54]. Umgekehrt ist die Haushälterin, die nach ihrem Vertrag weisungsfrei den Haushalt führen soll, nach der Verkehrsanschauung dennoch als Arbeitnehmerin einzustufen[55].

Deshalb sind die Vertreter der im folgenden kurz als die „Weisungstheorie" bezeichneten Ansicht nicht der Notwendigkeit enthoben, die spezifisch arbeitsrechtliche Weisungsunterworfenheit von derjenigen abzugrenzen, der der Schuldner z.B. eines Geschäftsbesorgungsvertrages seinem Gläubiger gegenüber unterliegt.

Bei Zöllner klingt an, beschränkte Weisungsbefugnisse von weitgehenden zu unterscheiden[56]. Demgegenüber ist zunächst darauf hinzuweisen, daß es nicht nur Arbeitnehmer gibt, deren Arbeitsablauf einem intensiven fachlichen und organisatorischen Steuerungsprozeß durch den Arbeitgeber unterliegt, sondern auch solche, die als hochqualifizierte Fachkräfte kraft ihrer besonderen Fachkunde praktisch weisungsfrei arbeiten können. Das Bundesarbeitsgericht hat in der sogenannten „Chefarzt-Entscheidung"[57] ausgeführt, daß eine fachliche Weisungsfreiheit der Annahme eines abhängigen Angestelltenverhältnisses nicht entgegensteht, wenn der Dienstnehmer im übrigen bei seiner Tätigkeit im wesentlichen vom Dienstgeber persönlich abhängig und weisungsgebunden sei.

---

[53] So bereits Zeuner, Soziale Abhängigkeitsverhältnisse S. 16f; Hueck / Nipperdey I §9 IV 5. S. 49; Schaub §1O I 4. S. 4O; u.a. jeweils zum Stichwort „Außenarbeitnehmer".

[54] Dies wird auch von den Vertretern der „Weisungstheorie" nicht bestritten, vgl. z.B. Zöllner S. 45.

[55] Zöllner S. 46; zur „Verkehrsanschauung" vgl. z.B. Staudinger-Nipperdey-Mohnen Vorbem. vor §611 Rdn 19; Hueck / Nipperdey I S. 46; Lieb, Arbeitsrecht §1 I S. 7; kritisch z.B. Beuthien RdA 1978, 2 (4).

[56] Zöllner S. 45; so wohl auch Hueck/ Nipperdey I S. 136, wenngleich dort vom „Umfang" der Weisungsbindung die Rede ist. In der Terminologie von Zeuner, Soziale Abhängigkeitsverhältnisse S. 11ff, ist damit die Intensität der Weisungsunterworfenheit angesprochen.

[57] BAG v. 27.7.1961 AP Nr. 24 zu §611 BGB Ärzte, Gehaltsansprüche, bes. Bl. 1 Rs.

Diese Ansicht hat sich mittlerweile zu Recht durchgesetzt, weil andernfalls hochqualifizierte Berufe in der Regel auch dann vom Arbeitsrecht ausgeschlossen werden würden, wenn ansonsten die typischen Bedingungen abhängiger Betriebsarbeit vorliegen[58]. Deshalb ist an dieser Stelle auch Wedde zu widersprechen, bei dem anklingt, daß hochqualifizierte Fachleute wegen ihrer fachlichen Weisungsfreiheit keine Arbeitnehmer seien[59].

Ausgangspunkt für eine Bestimmung der spezifisch arbeitsrechtlichen Weisungsunterworfenheit ist §84 Abs. 1 Satz 2 HGB. Dieser Vorschrift kommt als dem einzigen positiv-rechtlichen Anhaltspunkt vorrangige Bedeutung zu[60]. Danach ist selbständig, wer im wesentlichen frei seine Tätigkeit gestalten und seine Arbeitszeit bestimmen kann. Die Eigenart der arbeitsrechtlichen Weisungsbefugnis besteht somit darin, daß der ihr Unterworfene die Pflicht hat, Weisungen zu befolgen, die seine eigene Arbeitsorganisation betreffen. Derartige arbeitsorganisatorische Weisungen können insbesondere die konkrete Gestaltung des Arbeitsablaufes, die Arbeitszeit oder den Arbeitsort angehen. Demgegenüber kann der selbständige Dienstnehmer zwar inhaltlichen Weisungen unterstehen, in seiner Arbeitsorganisation ist er jedoch frei.

Stellt man bei der Abgrenzung eines Arbeitnehmers von einem Heimarbeiter auf die arbeitsorganisatorische Weisungsbindung ab, so ergibt sich, daß Arbeitnehmer ist, wer in der Organisation des eigenen Arbeitsprozesses fremder Weisung untersteht, Heimarbeiter demgegenüber, wer in der Organisation seines Arbeitsablaufes weisungsfrei ist.

bb) Zum Verhältnis von arbeitsorganisatorischer Weisungsbindung im Sinne von § 84 Abs. 1 Satz 2 HGB zur Eingliederung in einen fremden Arbeitsprozeß

Die auf diese Weise konkretisierte Weisungstheorie steht der herrschenden Meinung, der zufolge die Eingliederung in einen fremden Arbeitsprozeß entscheidender Gesichtspunkt sei, nicht fern. So zeigt sich nach Ansicht des Bundesarbeitsgerichtes[61] die Eingliederung in eine fremde Arbeitsorganisation darin, daß ein Arbeitnehmer hinsichtlich Zeit, Dauer und Ort der versprochenen Dienste einem umfassenden Weisungsrecht des Arbeitgebers unterliegt. Zuweilen wird auch Eingliederung und Weisungsunterworfenheit als identisch angesehen[62].

---

[58] Herschel, Freier Beruf S. 28; Lieb, Arbeitsrecht §1 I S. 3; Söllner §33. S. 2O; Zeuner RdA 1975, 84 (85); ders. bereits ebenso in Soziale Abhängigkeitsverhältnisse S. 16; Kilian, Forschungsbericht S. 91; a.A. Nipperdey in seinem 1949 erstatteten Gutachten „Chefarzt und Krankenhaus" S. 17ff; ebenfalls kritisch Zöllner S. 84.

[59] Wedde S.53, S.84.

[60] So auch BAG v. 13.1.1983 AP Nr. 42 zu §611 BGB Abhängigkeit, bes. Bl. 3 m.w.Nw.

[61] BAG v. 13.1.1983 AP Nr. 42 zu §611 BGB Anhängigkeit, bes. Bl. 3 Rs.

[62] BSG v. 22.11.1973 AP Nr. 11 zu §611 BGB Abhängigkeit, bes. Bl. 2f; ähnlich auch Zeuner RdA 1975, 84 (85); ders. schon in Soziale Abhängigkeitsverhältnisse S. 16.

Mit dieser Interpretation von Eingliederung könnte man verkürzend sagen, Eingliederung in einen fremden Arbeitsprozeß bedeutet arbeitsorganisatorische Weisungsgebundenheit. Damit scheint der Streit zwischen den verschiedenen Ansichten auf ein terminologisches Problem zurückgeführt zu sein, bei dessen Benennung man es belassen könnte. Es ist auch ohne weiteres zuzugestehen, daß in der Mehrzahl der Fälle die Ergebnisse gleich ausfallen dürften. Denn in der Regel kann derjenige, welcher im Rahmen fremder Arbeitsorganisation, insbesondere in einem Betrieb, beschäftigt ist, auch Zeit, Ort und Ablauf seiner Arbeit nicht frei gestalten. Er ist vielmehr regelmäßig in der Organisation seiner Arbeit weisungsgebunden. Auch umgekehrt läßt sich als Regel formulieren, daß derjenige, der vertraglich im Hinblick auf den organisatorischen Ablauf der geschuldeten Dienstleistung weisungsgebunden ist, bei seiner Leistungserbringung in einen fremden Organisationsbereich eingegliedert ist. Bei der Teleheimarbeit zeigt sich jedoch, daß die Auffassungen sachlich differieren.

Das Bundesarbeitsgericht hat in einigen Entscheidungen zum Status der sogenannten freien Mitarbeiter bei Rundfunk und Fernsehen deren Eingliederung in eine fremde Arbeitsorganisation damit begründet, daß die Mitarbeiter ihre Dienste nur mit Hilfe des technischen Apparates leisten können, den ihnen der Sender jeweils zur Verfügung stellt[63]. Das Gericht stellte folglich auf dem Boden der hier verkürzend „Eingliederungstheorie" genannten Ansicht einen Zusammenhang zwischen der persönlichen Abhängigkeit eines Beschäftigten und der Inanspruchnahme fremder Arbeitsmittel her.

Diese Rechtsprechung ist in der Literatur zur Teleheimarbeit aufgegriffen und auf einen vordergründig technischen Aspekt reduziert worden. So heißt es zuweilen, ein im on-line-Betrieb beschäftigter Teleheimarbeiter sei bei der Erfüllung seiner Aufgabe auf einen fremden technischen Apparat, nämlich auf die betriebliche Rechenanlage, angewiesen. Folglich sei er in den betrieblichen Arbeitsprozeß eingegliedert und daher Arbeitnehmer[64].Gegen diese Auffassung bestehen jedoch gravierende Bedenken.

In einer Vielzahl qualifizierter technischer Berufe wird man die Aufgabenstellung insgesamt oder wenigstens zu großen Teilen ebenso gut mit wie auch ohne technische Apparatur bewältigen können. Die Technik hat in diesem Zusammenhang oft die Funktion eines Hilfsmittels, auf das auch verzichtet werden könnte. Dies gilt insbesondere für die Teleprogrammierung, wie das Beispiel von Freelance Int. Ltd. zeigt[65]. Die Unterstützung ihrer Arbeit durch Informations-

---

[63] BAG v. 15.3.1978 AP Nr. 26 zu §611 BGB Abhängigkeit, bes. Bl. 3 Rs.; abschwächend BAG v. 23.4.1980 AP Nr. 34 zu §611 BGB Abhängigkeit, bes. Bl. 2 Rs., wo eingeräumt wird, daß das Angewiesensein auf die technischen Mittel der Anstalt für sich allein genommen,nicht ausreichend ist, um die Arbeitnehmereigenschaft eines Mitarbeiters zu begründen.

[64] So Wedde S. 54; ähnlich auch Kappus, Rechtsfragen S. 129, 133; Simon/Kuhne BB 1987, 201 (203); Kilian, Forschungsbericht S. 103.

[65] Vgl. hierzu oben 2. Teil: B.II.5.b).

und Kommunikationstechnik ist für die dort beschäftigten Teleprogrammierer ein eher zufälliges Beiwerk, dessen Fehlen oder Vorhandensein die Arbeitsorganisation im übrigen nicht verändert. Ein auf technische Randbedingungen maßgeblich ausgerichtetes Verständnis von Eingliederung aber begünstigte Fehlentscheidungen, bei denen die Arbeitnehmereigenschaft in Abhängigkeit von der jeweiligen Apparatur am Arbeitsplatz bejaht oder verneint werden würde.

Darüber hinaus ist das Abstellen auf Inanspruchnahme fremder Arbeitsmittel auch deshalb problematisch, weil damit Aspekte in den Vordergrund gerückt werden, die der Arbeitgeber einseitig verändern kann. So steht es ausschließlich in seinem Ermessen, ob er Teleheimarbeit im on- oder im off-line Betrieb für seine Zwecke in Anspruch nehmen will. Es wurde bereits oben angeschnitten, daß Zurückhaltung bei der Gewichtung von Gesichtspunkten geboten ist, die der Arbeitgeber kraft seiner Organisationsgewalt vorgibt[66]. Diese Zurückhaltung hat das Bundesarbeitsgericht in anderen Fällen auch durchaus walten lassen[67]. Es zeigt sich hier jedoch die Kehrseite der kasuistisch gebliebenen Rechtsprechung zur persönlichen Abhängigkeit. Sie ist aufgrund ihrer Konzeptionslosigkeit als Kronzeuge unterschiedlichster Ergbnisse benennbar.

Für Teleheimarbeit zeichnet sich eine weitere Entwicklung ab, die zu kritischem Hinterfragen des Gesichtspunktes der Benutzung fremder Arbeitsmittel zwingt. Wenn die Unternehmen, wie in den Vereinigten Staaten bereits geschehen, dazu übergehen, Teleheimarbeit nur an solche Interessenten zu vergeben, die bereit sind, sich die erforderliche Ausstattung selbst anzuschaffen[68], so würden dadurch auf dem Boden eines auf die Inanspruchnahme fremder Arbeitsmittel reduziertem Verständnis von „Eingliederung“ zugleich die Weichen gestellt werden, auf derartige Beschäftigungsverhältnisse kein Arbeitsrecht anzuwenden. Diese Konsequenz, die sich bei so verstandener Eingliederung dann ergibt, wenn von einem Angewiesensein auf fremde Arbeitsmittel keine Rede mehr sein kann, wird in der Literatur zur Teleheimarbeit kaum berücksichtigt. Wenig überzeugend wäre es jedenfalls, die Benutzung fremder Arbeitsmittel zwar positiv als Indiz für eine Eingliederung zu werten, die Inanspruchnahme eigener Arbeitsmittel gleichzeitig aber für unbeachtlich zu halten.

Richtiger erscheint es demgegenüber, allen Versuchen, derartige Fakten zu Entscheidungskriterien zu erheben, mit Skepsis zu begegnen. Zu einfach wäre es, die Arbeitnehmereigenschaft der Beschäftigten von der technischen Ausgestaltung des Arbeitsplatzes abhängig zu machen und damit Zufallsergebnissen Tür und Tor zu öffnen.

---

[66] Vgl. oben C.III.3.

[67] BAG v. 28.6.1973 AP Nr. 10, bes. Bl.10, BAG v. 3.10.1975 AP Nr. 16, bes.Bl.3, BAG v.9.3.1977 AP Nr.21, bes. Bl. 3 Rs, jeweils zu §611 BGB Abhängigkeit.

[68] Berichtet von Simitis S. 162.

Deshalb wird in dieser Untersuchung ein Arbeitnehmerbegriff befürwortet, der keinen Raum für solche Fehlentwicklungen eröffnet. Von der Eingliederung in fremde Arbeitsprozesse als Abgrenzungskriterium wird insoweit Abstand genommen, als dadurch technische Randbedingungen zu Entscheidungskriterien werden. Die hier vertretene Ansicht kann sich insoweit auf das Bundesarbeitsgericht berufen, als auch in einer seiner Entscheidungen einmal ausgeführt wurde, auf eine Eingliederung in betriebliche Arbeitsprozesse komme es bei jenen Personen nicht an, die ihrer Berufstätigkeit vorwiegend außerhalb des Betriebes nachgingen. In solchen Fällen sei vielmehr ausschließlich auf die arbeitsorganisatorische Weisungsunterworfenheit abzustellen[69].

Zwischenergebnis

Zusammenfassend ist festzustellen, daß die besondere Situation bei Teleheimarbeit dazu zwingt, persönliche Abhängigkeit ausschließlich am Merkmal der Weisungsbindung in bezug auf Zeit, Ort und Ablauf der geschuldeten Dienste festzumachen. Dabei sind als Indizien nur solche Fakten berücksichtigungsfähig, die auf eine Weisungsunterworfenheit in diesem Sinne zu schließen gestatten.

Auf dem Boden dieses Ergebnisses soll im folgenden die on-line-These daraufhin überprüft werden, ob sie eine Begründung in der zuweilen aufgestellten Behauptung findet, daß im on-line-Betrieb eine arbeitsorganisatorische Weisungsbindung des Beschäftigten bestehe.

c) Zur on-line-These

aa) Weisungsabhängigkeit bei Beschäftigung im on-line-Betrieb

Zur Begründung des Arbeitnehmerstatus der im on-line-Verfahren tätigen Teleheimarbeiter wird unter anderem angeführt, sie seien für Weisungen betrieblicher Vorgesetzter jederzeit erreichbar und folglich weisungsabhängig[70]. Kappus wirft darüber hinausgehend die Frage auf, „ob eine Weisungsabhängigkeit schon durch die bloße Möglichkeit der Ausübung von Weisungsrechten

---

[69] BAG v. 17.5.1978 AP Nr. 28 zu §611 BGB Abhängigkeit, bes. Bl. 2 Rs.

[70] Wahsner/Steinbrück AiB 1984, 104 (105); Wedde S. 52. Eine Auseinandersetzung mit einem Teil der Literatur ist schon deswegen schwierig, weil die technischen Voraussetzungen, von denen die Autoren ausgehen, nicht geklärt werden. So ist bei Unterhinninghofen Die Mitbestimmung 1983, 577 (577) zu lesen: „Hängt der Heimcomputer an einer elektronischen Nabelschnur, so wird die Möglichkeit für die Firma gegeben sein, Arbeitszeit und Reihenfolge der Arbeitszeit zu beeinflussen". In dieser Formulierung bleibt unter anderem offen, was unter einer „elektronischen Nabelschnur" zu verstehen ist. Der Autor könnte eine Teletexverbindung bereits für eine „elektronische Nabelschnur" halten oder meinen, erst eine Datex- oder HfD-Leitung erfülle die dazu notwendigen Voraussetzungen.

begründet werden kann". Er verzichtet allerdings auf die Beantwortung, weil nach seiner Ansicht „die derzeit für eine Dezentralisierung in Betracht kommenden Arbeitsplätze diese Kommunikationsmöglichkeiten nicht erfordern"[71].

Ausgangspunkt für eine Klärung auch der von Kappus gestellten Frage ist die Feststellung, daß Weisungsabhängigkeit oder -freiheit ein normatives Kriterium, die Ausstattung eines Teleheimarbeitsplatzes hingegen ein technisches Datum ist. Persönlich abhängig zu arbeiten heißt, im Rahmen des Arbeitsvertrages verpflichtet zu sein, Weisungen hinsichtlich Zeit, Ort oder Ablauf der geschuldeten Arbeitsleistung befolgen zu müssen. Der Unterschied zwischen einem Selbständigen und einem in persönlicher Abhänggigkeit Tätigen besteht daher im Dürfen. Der Selbständige darf sich seine Arbeitszeit im wesentlichen frei einteilen und seine Arbeit in eigener Verantwortung selbst gestalten. Der persönlich abhängig Beschäftigte darf es nicht. Wenn letzterer eine arbeitsorganisatorische Weisung erhält, ist er verpflichtet, ihr zu folgen, solange die Weisung vertragliche und gesetzliche Grenzen einhält.

Eine Pflicht, Weisungen zu befolgen, kann ein technisches System nicht begründen. Insbesondere kann auch ein on-line-Verfahren keine Weisungsabhängigkeit in diesem normativen Sinne erzeugen. Damit ist die von Kappus aufgeworfene Frage bereits zum Teil beantwortet.

Offen ist noch, ob eine technische Hürde, ein bestehendes Weisungsrecht auch auszuüben, Weisungsfreiheit und damit Selbständigkeit hervorbringt. Weisungsfreiheit ist als Kontradiktion von Weisungsgebundenheit ebenfalls ein normativer Begriff. Sie meint die Befugnis zur eigenverantwortlichen Gestaltung. Weisungsfreiheit ist von einem lediglich tatsächlichem mehr oder weniger großem Freiraum zu unterscheiden. Denn für das Bestehen einer Pflicht ist es prinzipiell unerheblich, ob von dem korrespondierenden Recht häufig, selten oder zeitweise gar nicht Gebrauch gemacht wird. Erst recht unerheblich ist, ob Weisungen mit Hilfe eines on-line-Anschlusses über das heimische Bildschirmgerät, per Telefon, schriftlich oder mündlich erteilt werden. Aus dem Gesagten ergibt sich auch, daß ein off-line-Betrieb nicht notwendig Weisungsfreiheit bedeutet. Vielmehr können mit Hilfe anderer Medien arbeitsorganisatorische Weisungen ergehen. Die bei der Teleheimarbeit verwendete Kommunikationstechnik ist somit für die Frage der Weisungsbindung des Teleheimarbeiters nicht beachtlich.

Es läßt sich allenfalls vorsichtig formulieren, daß die on-line-Technik bessere Voraussetzungen für die Dezentralisierung von Tätigkeiten schafft, die einer Steuerung durch Vorgesetzte in starkem Maße unterliegen. So wird etwa die Telesachbearbeitung erst dann Verbreitung finden, wenn Weisungen darüber, wie ein bestimmter Arbeitsvorgang zu erledigen ist, von Terminal zu Terminal einfach und bequem übermittelt werden können. Die on-line-Technik transpor-

---

[71] Kappus NJW 1984, 2384 (2385).

tiert dann Weisungen, ist jedoch selbst nicht Grund für die Weisungsabhängigkeit des Empfängers.

bb) Zugriffsrestriktionen im on-line-Verfahren

In der Literatur findet sich der Hinweis, die Arbeitnehmereigenschaft eines Teleheimarbeiters sei zu bejahen, wenn nur zu bestimmten Zeiten auf dem Hauptcomputer in der Zentrale zugegriffen werden könne. Hier liege dann eine zeitliche Bindung vor, die der Weisungsgebundenheit des herkömmlichen Arbeitnehmers hinsichtlich der Arbeitszeit im Betrieb entspreche[72].

Es ist einzuräumen, daß sich aus der betrieblichen Beanspruchung des Arbeitsmittels, daß auch der Teleheimarbeiter zur Arbeitsleistung benötigt, eine Einschränkung der zeitlichen Dispositionsfreiheit ergeben kann. Zu der pauschalen Aussage, Zugriffsrestriktionen stellten stets eine zeitliche Bindung dar, die derjenigen eines Betriebsarbeitnehmers entspreche[73], ist jedoch zu bemerken, daß in sehr unterschiedlichem Maße die zeitliche Dispositionsfreiheit des Teleheimarbeiters beschränkt werden kann. So dürfte eine Sperre, das System zu Betriebsspitzenzeiten zwischen 10.-16.00 Uhr zu beanspruchen, in ungleich stärkerem Maße die Dispositionsfreiheit beeinträchtigen als etwa die Beschränkung, zwischen 24.00 und 06.00 Uhr morgens dieses Arbeitsmittel nicht benutzen zu dürfen. Wenn aber derartige Einschränkungen ein Ausmaß annehmen, daß de facto nur noch zu bestimmten Tages- oder Nachtzeiten gearbeitet werden kann, so stellt dieser Umstand eine Weisung hinsichtlich der Arbeitszeit dar, deren Einhaltung mit Hilfe einer technischen Sperre erzwungen wird.

Zur Bedeutung von Zugriffsrestriktionen für den Status von Teleheimarbeitern wird häufig darauf verwiesen, daß für Teleheimarbeit gerade mit der Möglichkeit besserer Auslastung freier Rechnerkapazitäten in den Abendstunden geworben werde[74]. In der Praxis kommen aber derzeit zeitliche Arbeitsbeschränkungen aufgrund mangelhafter technischer Vorbedingungen, soweit ersichtlich, nicht vor. Auch für den Teletex-gestützten Bereich spielen Zugriffsrestriktionen keine Rolle. Die eigentliche Schreibarbeit kann jederzeit erledigt werden, weil der Text im eigenen Speicher solange aufbewahrt werden kann, bis gegebenenfalls der Empfängerspeicher aufnahmebereit ist. Der eigentliche Arbeitsvorgang wäre also auch dann nicht gehemmt, wenn die Übermittlung nur zu bestimmten Zeiten erfolgen dürfte[75]. Da sich die Leistungsfähigkeit der eingesetzten technischen Systeme in Zukunft noch erheblich steigern dürfte, wird dieser Gesichtspunkt vermutlich kaum eine praktische Bedeutung erlangen.

---

[72] Kappus NJW 1984, 2384 (2385); ders. Rechtsfragen S. 132; Wedde S. 55.

[73] So pauschal Wedde S. 55; differenzierend dagegen Kappus, Rechtsfragen S. 132.

[74] Siehe z.B. Kappus, Rechtsfragen S. 132.

[75] So auch Kappus, Rechtsfragen S. 133.

cc) Kontrolle bei Beschäftigung im on-line-Betrieb

Als eine weitere Begründung für die on-line-These wird angeführt, daß im on-line-Betrieb eine Überwachung technisch möglich sei, so daß jederzeit Arbeitszeit und Arbeitsleistung kontrolliert werden könnten. Dieser Umstand spreche für die Arbeitnehmereigenschaft der im on-line-Verfahren Beschäftigten[76]. Bei off-line-Betrieb hingegen sei eine Kontrolle nicht möglich. Hier sei deshalb das Heimarbeitsrecht anwendbar[77].

(1) Kontrolle als Indiz für Weisungsbindung

Fraglich ist, ob Kontrolle von Arbeitsvorgängen als Indiz für die persönliche Abhängigkeit des unter Kontrolle stehenden Mitarbeiters gewertet werden darf.

Die Kontrolle von Arbeitsvorgängen wird in Rechtsprechung[78] und Literatur[79] als Merkmal für die Arbeitnehmereigenschaft nur gelegentlich aufgegriffen. Das Bundesarbeitsgericht[80] hat dazu ausgeführt, die Überwachung der Arbeit sei kein notwendiges Merkmal und gerade in gehobenen Stellungen vielfach auch nicht üblich. Vielmehr erschienen selbständige Leistungen sogar als tarifliche Tätigkeitsmerkmale, die von angestellten Akademikern ohne weiteres erwartet würden.

Kappus[81] ist der Auffassung, daß die Überwachung des Arbeitsablaufes ab einem bestimmten Intensitätsgrad nur durch Anwendung von Arbeitsrecht kompensiert werden könne. Denn die Kenntnis von Daten, die den Arbeitsablauf betreffen (Pausen, Fehler etc.), schwäche die Verhandlungsposition des Betroffenen. Wer einem anderen derart „in die Karten schauen könne", könne auch den Kalkulationsspielraum des anderen einengen. Dadurch würden Gewinnchancen zunichte gemacht. Nur das Arbeitsrecht sei geeignet, den Beschäftigten vor der Umsetzung der Kenntnis leistungsbezogener Daten in einseitige Marktvorteile zu schützen.

Demgegenüber ist bereits kritisch anzumerken, daß Kappus eine Begründung dafür schuldig bleibt, daß nur das Arbeitsrecht, nicht aber z.B. auch das Heimarbeitsrecht eine Kompensation für die Überwachung der Dienstleistung biete. Seiner Argumentation steht darüber hinaus entgegen, daß es eine Reihe Selbständiger gibt, die ihre Aufträge unter den Augen ihrer Kunden erledigen, ohne dadurch zu Arbeitnehmern zu werden. Dies gilt für alle Handwerker, die in der Wohnung der Kunden Reparaturen durchführen. Selbst wenn der Kunde

---

[76] Wahsner/Steinbrück AiB 1984, 104 (105); Ulber AiB 1985, 22 (24); ähnlich Gitter/Herrmann/Lohmar S. 26.

[77] Wahsner/Steinbrück AiB 1984, 104 (105).

[78] BAG v. 28.2.1962 AP Nr. 1 zu §611 BGB Abhängigkeit, bes. Bl. 3.

[79] Schaub §8 II 3. S. 33.

[80] BAG v. 28.2.1962 AP Nr. 1 zu §611 BGB Abhängigkeit, bes. Bl. 3.

[81] Kappus, Rechtsfragen S. 115f.

den Handwerker dabei die ganze Zeit beobachtete und der Handwerker dadurch Marktvorteile und Gewinnchancen einbüßte, hätte dies nicht die Anwendung von Arbeitsrecht zur Folge.

Die Begründung dafür, daß eine Überwachung des Arbeitsablaufes dennoch als Indiz für eine Weisungsunterworfenheit gewertet werden darf, liegt vielmehr in folgender Überlegung: Eine Kontrolle setzt einen Soll-Ist-Vergleich voraus. Fehlt die Soll-Vorgabe, kann ein Ist-Zustand nicht kontrolliert, sondern allenfalls beobachtet werden. Somit knüpft Kontrolle an ein bestehendes Weisungsrecht an. Eine Kontrolle des Arbeitsvorganges, ohne daß zuvor Weisung erteilt wurde, widerspricht der Erfahrung. Ein Interesse an einer folgenlosen Beobachtung von Arbeitsvorgängen dürfte kaum bestehen[82]. Deshalb hat die Kontrolle von Arbeitsvorgängen gewisse Indizwirkung für die Weisungsabhängigkeit des Kontrollierten und somit für seine Arbeitnehmereigenschaft.

(2) Unterscheidung der Kontrollintensität nach on- oder off-line-Betrieb

Die Autoren, die die on-line-These vertreten und die Behauptung aufstellen, ein off-line-Betrieb biete keine Kontrollmöglichkeiten, gehen von unzutreffenden technischen Voraussetzungen aus. So wird ein signifikanter Unterschied in den Kontrollmöglichkeiten zwischen beiden Betriebsarten unterstellt[83].

Im on-line-Verfahren registriert das Betriebssystem[84] der zentralen Rechenanlage regelmäßig die Benutzungsdauer des dezentralen Terminals sowie weitere Daten zum Arbeitsablauf wie z.B. die Anzahl der Programmdurchläufe, die Fehlerhäufigkeit und anderes. Bei entsprechender Programmierung des Gesamtsystems kann unter Umständen auch der Eingabevorgang am dezentralen Bildschirmgerät in der Zentrale kopiert und am dortigen Bildschirmgerät sichtbar gemacht und dadurch mitverfolgt werden[85].

Auch im off-line-Verfahren kann der Eingabevorgang protokolliert werden, sofern der Beschäftigte an einem entsprechend programmierten System arbeitet. So ist es durchaus denkbar, daß auf dem Datenträger, der zum Transport der Arbeitsergebnisse verwendet wird, zugleich Informationen über Arbeitszeit, Fehlerkorrekturen, Eingabepausen u.ä. an die Zentrale mitgeliefert werden[86]. Die Einhaltung von Weisungen kann daher auch im off-line-Verfahren kontrolliert werden. Der Unterschied des on- zum off-line-Verfahren besteht somit darin, daß im on-line-Verfahren die Zentrale den Eingabevorgang zeitparallel

[82] Ebenso Müllner S. 102.

[83] Wahsner/Steinbrück AiB 1984, 104 (105).

[84] Unter Betriebssystem oder auch Betriebssoftware versteht man Programme, die ein EDV-System für seine eigene Funktionsfähigkeit benötigt.

[85] So auch zutreffend Kappus, Rechtsfragen S. 110ff.

[86] So auch Kappus, Rechtsfragen S. 113, der allerdings ohne Begründung hinzusetzt, dies sei jedenfalls zur Zeit nicht üblich.

mitschneiden, während beim off-line-Verfahren die Leistungskontrolle nur nachträglich erfolgen kann[87]. Der off-line-Betrieb garantiert jedoch keine Kontrollfreiheit. Der Unterschied in den technischen Kontrollmöglichkeiten ist vielmehr so geringfügig, daß darauf eine Unterscheidung in der rechtlichen Einordnung der Teleheimarbeiter nicht gestützt werden kann.

Unabhängig von on- oder off-line-Betrieb lautet die entscheidende Frage vielmehr, wann eine technische Kontrollmöglichkeit in eine tatsächliche Kontrolle des Arbeitsablaufes umschlägt, die die persönliche Abhängigkeit des Kontrollierten begründet. Darauf wird sogleich einzugehen sein. Zur Ablehnung der on-line-These genügt hier die Feststellung, daß ein signifikanter Unterschied in den Kontrollmöglichkeiten nicht besteht.

Abschlußbemerkung zur on-line-These

Es sei hier abschließend die Bemerkung erlaubt, daß die on-line-These auch vor dem Hintergrund einer von ihren Verfechtern prognostizierten technischen Entwicklung zu sehen ist. So kann man z.B. bei Wedde lesen[88]: „Das für die Zukunft abzusehende Vordringen der on-line-Telearbeit wird dazu führen, daß in den meisten Fällen eine persönliche Abhängigkeit der Telearbeiter besteht und daß damit das Arbeitsverhältnis als Regelbeschäftigungsverhältnis anzusehen ist.“ In der Tat schaffen eine zukünftige Breitbandverkabelung in der Bundesrepublik und die Installation multifunktionaler Endgeräte in den Haushalten die Voraussetzungen dafür, daß jeder Teilnehmer mit jedem anderen „on-line“ kommunizieren kann. Der umständliche körperliche Austausch von Datenträgern wird dann der Vergangenheit angehören. Auf der Basis der on-line-These wären somit alle Personen Arbeitnehmer, die in Zukunft im Dienste eines anderen mit Hilfe der zu erwartenden leistungsstarken Kommunikationstechnik tätig werden. Die technische Entwicklung würde die bislang noch bestehenden Befürchtungen eines Rechtsverlustes der dezentral beschäftigten Personen gleichsam gegenstandslos machen.

Dem ist jedoch entgegenzuhalten, daß nur einseitig die Entwicklung der Kommunikationstechnik berücksichtigt wird. Es ist aber auch eine gegenläufige technische Entwicklung zu verzeichnen. Mit zunehmender Leistungsfähigkeit der Mikrocomputer, also eines Bestandteils der Informationstechnik, entfällt die Notwendigkeit, eine zentrale Rechenanlage mit vielen dezentralen Terminals zu betreiben. Vor diesem Hintergrund prognostiziert Kappus[89] sogar das genaue Gegenteil, daß nämlich die Bedeutung des on-line-Betriebes zukünftig abnehmen wird. Welche Entwicklung das Bild prägen wird, ist offen. Fest steht aber, daß eine leistungsstarke Informationstechnik eine leistungsstarke Kom-

---

[87] Dies übersieht Kappus, Rechtsfragen S. 113.

[88] Wedde S. 62.

[89] So Kappus, Rechtsfragen S. 13O.

munikationstechnik in ihrer Bedeutung herabsetzt und umgekehrt. Auch vor diesem Hintergrund erweist sich die on-line-These als bloßer Spielball der Technik.

d) Zur persönlichen Abhängigkeit des Beschäftigten bei betrieblicher Mitbestimmung über den Teleheimarbeitsplatz nach § 87 Abs. 1 Nr. 6 BetrVG

Abschließend soll zu der oben bereits erwähnten Ansicht Stellung genommen werden, ein Teleheimarbeiter befinde sich stets dann in persönlicher Abhängigkeit, wenn er an einem Arbeitsplatz tätig sei, der als betrieblicher der Mitbestimmung nach §87 Abs. 1 Nr. 6 BetrVG unterläge[90].

Nach §87 Abs. 1 Nr. 6 BetrVG ist die Einführung und Anwendung von technischen Einrichtungen der Mitbestimmung unterstellt, wenn diese Einrichtungen dazu bestimmt sind, das Verhalten oder die Leistung von Arbeitnehmern zu überwachen. Der umstrittene Anwendungsbereich der Vorschrift[91] wird nach der hier zu erörternden Auffassung entsprechend den vom Bundesarbeitsgericht[92] entwickelten Leitlinien festgelegt. Danach ist ein Bildschirmarbeitsplatz zwar nicht schon dann nach §87 Abs. 1 Nr. 6 BetrVG mitbestimmungspflichtig, wenn die Hardware des Systems genügend Rechen- und Speicherkapazität aufweist, um die Arbeitsablaufdaten der Benutzer des Systems potentiell erheben und speichern zu können[93]. Jedoch genügt das Vorhandensein von Betriebssoftware, die geeignet ist, Arbeitsablaufdaten der Benutzer zu erfassen und zu speichern, ohne daß eine (automatisierte) Auswertung dieser Daten noch zusätzlich erfolgen müsse[94].

Zuzustimmen ist der eingangs erwähnten Ansicht insoweit, als auch ihr zufolge der bloßen technischen Möglichkeit einer Kontrolle keine Indizwirkung für persönliche Abhängigkeit der Beschäftigten zukommt, wenn diese technische Möglichkeit nicht annähernd realisiert wird, weil es z.B. schon an geeigneter Betriebssoftware mangelt[95]. Die entscheidende Frage lautet somit, wann eine Möglichkeit zur Kontrolle so dicht vor ihrer Realisierung steht, daß das damit verbundene Gefährdungspotential es rechtfertigt, auf persönliche Abhängigkeit des Beschäftigten zu schließen.

---

90 Kappus, Rechtsfragen S. 113ff; ebenso Simon/Kuhne BB 1987 201 (203); Kilian, Forschungsbericht S. 117.

91 Überblick über den Meinungsstand z.B. bei Schapper/Waniorek ArbuR 1985, 246 ff m.w.Nw.

92 BAG v. 6.12.1983 AP Nr. 7 zu §87 BetrVG 1972 Überwachung.

93 BAG v. 6.12.1983 AP Nr. 7 zu §87 BetrVG 1972 Überwachung, bes. Bl. 17; so aber die Gegenmeinung: Klebe/Schumann ArbuR 1983, 40 (44); Engel ArbuR 1982, 79 (84).

94 BAG a.a.O., bes. Bl. 19; vgl. auch BAG v. 14.9.1984 AP Nr. 9 zu §87 BetrVG 1972, bes. Bl. 4; BAG v. 23.4.1985 AP Nr. 12 zu §87 BetrVG 1972 Überwachung, bes. Bl. 2 Rs.; zustimmend Schapper/Waniorek ArbuR 1985, 246 ff m.w.Nw.

95 A.A.Wahsner Anm. zu LAG München v. 30.11.1984 AiB 1985, 94 (95).

Es ist zweifelhaft, ob sich die vom Bundesarbeitsgericht gezogene Grenzlinie zwischen mitbestimmungpflichtigen und mitbestimmungsfreien Bildschirmarbeitsplätzen schlicht auf die davon zu trennende Frage nach persönlicher Abhängigkeit des an einem Bildschirmarbeitsplatz Beschäftigten übertragen läßt. Dieser Argumentation stehen zwei Einwände gegenüber.

Nach §6 BetrVG gelten als Arbeitnehmer auch die in Heimarbeit Beschäftigten, die in der Hauptsache für den Betrieb arbeiten. Nach dem Betriebsverfassungsgesetz werden somit vom Betriebsrat nicht nur die Arbeitnehmer, sondern auch bestimmte in Heimarbeit beschäftigte Personen repräsentiert. Folglich ist aus der Sicht des Betriebsverfassungsgesetzes die Mitbestimmungspflicht bei der Einführung eines zentralen oder auch dezentralen Bildschirmarbeitsplatzes unabhängig davon begründet, ob der Beschäftigte ein Arbeitnehmer ist oder lediglich als Arbeitnehmer im Sinne von §6 Abs. 1 Satz 2 und Abs. 2 Satz 2 BetrVG gilt. Vielmehr ist es aus der Sicht des Betriebsverfassungsgesetzes geboten, die Einrichtung eines Teleheimarbeitsplatzes der Mitbestimmung nach §87 Abs. 1 Nr. 6 BetrVG unabhängig davon zu unterstellen, ob der Teleheimarbeiter Arbeitnehmer oder ein in Heimarbeit Beschäftiger ist. Das Betriebsverfassungsgesetz erlaubt somit keinen Rückschluß von der Mitbestimmungspflichtigkeit der Einrichtung eines Teleheimarbeitsplatzes auf den Status des darauf Beschäftigten.

Ferner ist entgegenzuhalten, daß das Bundesarbeitsgericht mit seiner Auslegung von §87 Abs. 1 Nr. 6 BetrVG einer Gefährdung von Persönlichkeitsrechten der Beschäftigten mit den Mitteln des kollektiven Arbeitsrechtes entgegentreten wollte, ohne einen Rückschluß auf seine individuelle Rechtsposition damit anzudeuten. So hat das Gericht wiederholt betont, es gelte gegenüber den besonderen Gefahren technisierter Überwachung frühzeitig den Betriebsrat als Korrektiv einzuschalten[96]. Das mit automatischer Erhebung und Speicherung von Arbeitsablaufdaten verbundene Gefährdungspotential ist zwar ausreichend, um den Betriebsrat bereits auf dieser Stufe der Einführung und Anwendung derartiger technischer Einrichtungen zwingend zu beteiligen. Wenn aber Arbeitsablaufdaten der jeweiligen Benutzer eines Bildschirmgerätes lediglich automatisch erhoben und gespeichert werden, ohne daß anschließend eine Auswertung dieser Daten erfolgt, so läßt sich dieser Vorgang mit einer bloßen Beobachtung von Arbeitsabläufen vergleichen. Der Benutzer eines solchen Systems wird erst dann im Sinne eines Soll-Ist-Vergleiches kontrolliert, wenn die Arbeitsablaufdaten nicht nur erhoben und gespeichert, sondern auch ausgewertet werden. Denn erst bei einer Auswertung, die automatisch oder auch per Hand durchgeführt werden kann, wird dokumentiert, daß die Speicherung von Arbeitsablaufdaten nicht lediglich zu einer funktionslosen Datensammlung führt, sondern Vorstufe für eine Überprüfung der Einhaltung oder Nichteinhaltung von Sollvorgaben ist und damit ein Indiz für die Weisungsunterworfenheit

---

[96] BAG v. 6.12.1986 a.a.O., bes. Bl. 16 Rs.; BAG v. 14.9.1984 a.a.O., bes. Bl. 6 Rs.

der Kontrollierten darstellt. Deshalb ist der hier vorgestellten Meinung zu widersprechen. Persönliche Abhängigkeit eines Teleheimarbeiters und die Mitbestimmungspflicht bei der Einrichtung seines Arbeitsplatzes sind nicht unter den gleichen Voraussetzungen zu bejahen oder zu verneinen. Indizielle Bedeutung für eine arbeitsorganisatorische Weisungsbindung hat eine automatisierte Erhebung und Speicherung von Arbeitsablaufdaten erst dann, wenn die auf diesem Wege gewonnenen Erkenntnisse auch ausgewertet werden. Die persönliche Abhängigkeit eines Teleheimarbeiters und die Mitbestimmungspflicht bei der Einrichtung eines Teleheimarbeitsplatzes sind daher nicht durch dieselbe Grenzlinie markiert.

Im folgenden soll, anknüpfend an die bereits oben vorgestellten typischen Tätigkeitsfelder zur Teleheimarbeit[97], mit Hilfe von Beispielen etwas Anschauungsmaterial für Teleheimarbeit im Arbeitsverhältnis geliefert und die damit verbundenen typischen Problemlagen näher beleuchtet werden.

4. Beispiele

a) Teletex-Modellversuch in Baden-Württemberg

Das Fraunhofer-Institut hat keine detaillierte Beschreibung der im Modellversuch zur „Schaffung dezentraler Arbeitsplätze unter Einsatz von Teletex"[98] herrschenden Arbeitsbedingungen veröffentlicht. Deshalb wird im folgenden auf eine Schilderung aus einem Zeitungsartikel zurückgegriffen[99], in dem eine der Teilnehmerinnen des Modellversuchs ihre Arbeitsbedingungen wie folgt erläuterte:

Das Regierungspräsidium Freiburg stellte einer bislang in der Hauptverwaltung tätigen Sekretärin zur Einrichtung ihres häuslichen Arbeitsplatzes eine Speicherschreibmaschine und ein Diktiergerät zur Verfügung. Damit erledigte sie Schreibarbeiten, die bislang im Regierungspräsidium zentral ausgeführt wurden. Täglich wurden ihr per Post Tonbänder ins Haus geschickt. Die darauf diktierten Texte erfaßte sie mit der Speicherschreibmaschine und sandte sie anschließend per Teletex an die Zentrale. Vereinbart war eine „normale" 40-Stunden-Woche. Die Entlohnung richtete sich nach dem Bundesangestelltentarif. Urlaub oder Krankheit ging nicht zu Lasten der Teleheimarbeiterin, sondern wurde ebenso wie bei einer Betriebsarbeitnehmerin gehandhabt. In dem Zeitungsartikel heißt es ferner, es sei schon mehrmals vorgekommen, daß sie die bereits fertiggestellte Arbeit habe wiederholen müssen. Ein Stromausfall von wenigen Minuten, verursacht durch Gewitter, habe den Text im Speicher kurzerhand ausgelöscht. Deshalb habe sie in diesen Fällen „unbezahlte Überstunden" ableisten müssen.

---

[97] Siehe oben 2. Teil: B.II.

[98] Vgl. hierzu oben 2. Teil: B.II.1.a).

[99] Weber-Nau „Küche, Kinder und Computer", Frankfurter Rundschau v. 8.12.1984.

In diesem Beispiel spricht die überwiegende Anzahl der Indizien für einen Dienst- und gegen einen Werkvertrag. Lediglich die von den Vertragsparteien geübte Praxis, der Teleheimarbeiterin die Vergütungs- und Leistungsgefahr bei zufälliger Vernichtung des Speicherinhaltes der Schreibmaschine zuzuweisen, ist typisch für einen Werkvertrag. Deshalb veranschaulicht dieses Beispiel, daß eine einseitige, nur auf die vertragliche Risikoverteilung abstellende Beurteilung zu unrichtigen Ergebnissen führte[100].

Darüber hinaus erlauben die geschilderten Arbeitsbedingungen den Schluß, daß die Telesekretärin persönlich abhängig ist. Sie war nach dem Vertrag zur Arbeitsleistung im Rahmen einer 40-Stunden-Woche verpflichtet. Da ihr die Manuskripte täglich ins Haus gebracht wurden und da von ihr erwartet wurde, daß sie die geschriebenen Texte in den Nachmittagsstunden ins Präsidium zurückschickt, entsprach ihr Arbeitstag ungefähr einem gewöhnlichen Büroarbeitstag mit einem im wesentlichen vorgegebenen Arbeitsrythmus. Offen stand ihr lediglich, Beginn und Ende der täglichen Arbeitszeit sowie der Pausen innerhalb des vorgegebenen zeitlichen Rahmens selbst zu bestimmen. Eine solche eingeschränkte zeitliche Dispositionsfreiheit besteht ebenfalls in betrieblichen Gleitzeitmodellen. Sie ist zu geringfügig, um eine im wesentlichen freie Zeiteinteilung anzunehmen. Darüber hinaus läßt die tägliche Postannahme vermuten, daß ihr auch der Arbeitsablauf, also die Reihenfolge, in der sie die Manuskripte zu schreiben hatte, weitgehend vorgegeben wurde. Die geschilderten Arbeitsbedingungen erlauben daher den Schluß auf eine umfassende arbeitsorganisatorische Weisungsbindung. Derartige Arbeitsbedingungen rechtfertigen es, die in dieser Weise beschäftigte Teleheimarbeiterin als Arbeitnehmerin einzustufen.

In der Beschreibung der Arbeitsbedingungen der Telesekretärin wurde erwähnt, daß sie bei zufälliger Löschung des Speicherinhaltes ihrer Schreibmaschine „unbezahlte Überstunden" ableisten müsse.

Dazu ist zu bemerken, daß die Zuweisung des Vergütungsrisikos an einen Arbeitnehmer grundsätzlich zulässig ist. Dies zeigt bereits das Beispiel eines Akkordarbeitsverhältnisses, bei dem der Arbeitnehmer für fehlgeschlagene Bemühung kein Entgelt erhält[101]. Ebenso kann grundsätzlich auch die Leistungsgefahr dem Arbeitnehmer zugewiesen werden, weil im Rahmen der betrieblichen und tariflichen Grenzen, sowie nach Maßgabe der Arbeitszeitordnung, Überstunden angeordnet werden dürfen. Grenzen einer solchen Risikoverteilung können sich jedoch aus einem Tarifvertrag oder einer Betriebsvereinbarung ergeben. Wird im Tarifvertrag eine Mindestvergütung für Überstunden festgeschrieben, ist eine vertragliche Vereinbarung, unbezahlte Überstunden zu leisten, gemäß §4 Abs. 3 TVG unwirksam. Dabei kommt es nicht darauf an, ob die Vereinbarung schriftlich, mündlich oder — wie im Beispiel — konkludent

---

100 Siehe oben I.1.a).

101 Hueck/Nipperdey I S. 137; Schaub § 64 I S. 310.

getroffen wird. So enthält z.B. §35 BAT-Vertrag eine Überstundenvergütungsbestimmung für Angestellte. Daher dürfte im Beispiel eine Pflicht, unbezahlte Überstunden zu erbringen, nicht bestehen.

b) Fotosatzerstellung in der Druckindustrie

In diesem Beispiel wird der Sachverhalt zugrunde gelegt, der in erster Instanz dem Arbeitsgericht München[102] und in zweiter Instanz dem Landesarbeitsgericht München[103] zur Entscheidung vorgelegt wurde[104]. Die Gerichte hatten über den Antrag des Betriebsrates zu befinden, festzustellen, daß die dezentral beschäftigten Mitarbeiterinnen eines Fotosatz herstellenden Unternehmens Arbeitnehmerinnen im Sinne der §§5 Abs. 1, 6 Abs. 1 und 2 BetrVG in Verbindung mit §2 Abs. 1 HAG seien. Sowohl das Arbeits- als auch das Landesarbeitsgericht haben dem Antrag stattgegeben. Der zugrunde liegende Sachverhalt ist typisch für die dezentrale Arbeitserbringung in der Druckindustrie und soll aus diesem Grunde hier vorgestellt werden[105].

Das Unternehmen beschäftigt Teletypistinnen, die in ihrer Wohnung an Mikrocomputersystemen im off-line-Betrieb Texte zur Satzerstellung schreiben. Die erfaßten Texte werden auf Speicherplatten aufgezeichnet und auf diesem Datenträger in den Betrieb zurücktransportiert, um dort weiterverarbeitet zu werden. Die Teleheimarbeiterinnen haben die Computer von dem Unternehmen, das sie beschäftigt, gemietet. Der Mietpreis pro Monat richtet sich nach der Anzahl der tatsächlich ausgeführten Anschläge. Laut Mietvertrag ist es zwar nicht verboten, das Gerät auch für andere Zwecke einzusetzen, de facto aber arbeiten die Teletypistinnen nur für den Vermieter der Geräte. Die Vergütung richtet sich nach dem Umfang der erbrachten Arbeitsleistung. Eine feste Zusage für eine Mindestauslastung wird nicht gegeben. Die auf diese Weise tätigen Teleheimarbeiterinnen haben jeweils ein Gewerbe angemeldet und werden steuerlich als Selbstständige behandelt[106].

---

[102] ArbG München v. 24.2.1984 AiB 1984, 78; mit Anm. von Nies, ebenda.

[103] LAG München v. 30.11.1984 AiB 1985, 94; Anm. von Nies und Anm. von Wahsner, ebenda.

[104] Gegenüber der in AiB veröffentlichten gekürzten Sachverhaltsangabe ist hier die ausführlichere Darstellung aus dem unveröffentlichten Beschluß des LAG München v. 30.11.1984 — 4 TaBV 14/84 — zugrundegelegt.

[105] Vgl. hierzu auch 2. Teil: B.II.2.

[106] Aus den — unveröffentlichten — Gründen des Beschlusses des Landesarbeitsgerichts geht hervor, daß das Gericht davon ausging, die Teleheimarbeiterinnen verrichteten „Büroheimarbeit“, seien also Heimarbeiterinnen im Sinne des §2 Abs. 1 HAG. Demgegenüber vertritt Wahsner in seiner Urteilsanmerkung a.a.O. die Auffassung, daß diese Annahme zwar bei einem „off-line-Betrieb“ gerade noch angehen mag. Bei on-line-Betrieb aber verlören die Teleheimarbeiter auch noch den letzten Schein von Unabhängigkeit bei der Gestaltung der Arbeitszeit und des Arbeitsablaufes.

Die steuerliche Handhabung des Beschäftigungsverhältnisses ist für die arbeitsrechtliche Beurteilung der persönlichen Abhängigkeit der beschäftigten Personen unerheblich[107]. Erheblich ist vielmehr, ob sie arbeitsorganisatorische Weisungen zu befolgen verpflichtet sind. Eine arbeitsorganisatorische Weisungsbindung läge hier z.B. dann vor, wenn die Frauen bei Bedarf anstatt zu Hause in der Zentrale arbeiten müßten, wenn sie regelmäßige Rückmeldungen über den Stand ihrer Arbeit abliefern oder wenn sie stets zu einer bestimmten Zeit für die Zentrale erreichbar sein müßten. Sie wäre auch dann indiziert, wenn die Teleheimarbeiterinnen verpflichtet wären, laufend Änderungswünsche für den aktuellen Arbeitsvorgang entgegenzunehmen. Für eine solche Weisungsunterworfenheit enthält der Sachverhalt keinen Hinweis. Deshalb ist die Annahme gerechtfertigt, daß die Teletypistinnen Zeit und Arbeitsablauf weitgehend selbst bestimmen können. Sie sind folglich persönlich unabhängig. Der Arbeitnehmerstatus ist ihnen nicht zu eigen.

c) Teleprogrammierung

aa) Im Organisationsmodell der Integrata GmbH — Tübingen

Das Softwareunternehmen Integrata GmbH mit Sitz in Tübingen hat einige Teleheimarbeitsplätze für Programmierer eingerichtet. Auf einem solchen Arbeitsplatz ist seit November 1983 eine Diplom-Mathematikerin beschäftigt. Ihre Arbeitsbedingungen waren Gegenstand einer Veröffentlichung zur Teleprogrammierung[108], die folgender Darstellung zugrunde liegt.

Das Bildschirmgerät der Teleprogrammiererin ist on-line mit dem Zentralrechner in der Hauptverwaltung verbunden. Die Mitarbeiterin kann jederzeit auf den Computer in der Zentrale zugreifen. Gearbeitet wird in einem Team, dessen personelle Zusammensetzung von der Integrata GmbH vorgegeben ist. Um die Arbeitsschritte der Teammitglieder aufeinander abzustimmen, ist es erforderlich, mindestens einmal in der Woche nach Vorgabe des Teamleiters an Teamberatungen in der Zentrale teilzunehmen. Die Teleprogrammiererin hat eine 30-Stunden-Woche und erhält dafür ein festes Gehalt.

Für eine Erfolgszusage der Teleprogrammiererin und damit für einen Werkvertrag als Grundlage ihres Beschäftigungsverhältnisses bestehen keine Anhaltspunkte. Es ist vielmehr naheliegend, hier von einem Arbeitsverhältnis auszugehen. Zwar ist die Arbeitsbeschreibung zu kurz, um die Frage abschließend zu beurteilen. Indiz für persönliche Abhängigkeit ist aber z.B. die Pflicht zur Teilnahme an den Teamberatungen, die der Abstimmung dienen und den eigenen Arbeitsprozess strukturieren sollen. Auch spricht die 30-Stunden-

---

[107] BAG v. 9.3.1977 AP Nr. 21 zu §611 BGB Abhängigkeit, bes. Bl. 3 Rs.; LAG Berlin v. 16.8.1983 AP Nr. 44 zu §611 BGB Abhängigkeit, bes. Bl. 4 Rs.

[108] Heilmann/de Vitorelli Office Management 1984, 442; berichtet auch von Kölbinger, „Kinder, Küche und Computer", Stern Nr. 37 1984 S. 112.

Woche dafür, daß kaum zeitliche Dispositionsfreiheit vorhanden sein dürfte. Vielmehr ist anzunehmen, daß sowohl eine Über- als auch eine Unterschreitung der Zeitvorgabe der Genehmigung des Teamleiters bedürfen. In gewissem Umfang wird von der Teleprogrammiererin vermutlich erwartet werden, daß sie an ihrem häuslichen Arbeitsplatz erreichbar ist, um über kurzfristige Änderungen im Projekt informiert werden zu können. Wahrscheinlich hat die Teleprogrammiererin darüber hinaus nach Weisung das Projekt zu wechseln und sich in einem neuen Team neuen Aufgaben zu stellen.

bb) Im Organisationsmodell von Freelance Int. Ltd.

Das Beispiel der im Organisationsmodell von Freelance Int. Ltd. tätigen Programmierer ist an dieser Stelle fortzuführen. Oben wurde bereits festgestellt, daß die Teleprogrammierer bis auf Ausnahmefälle auf dienstvertraglicher Basis beschäftigt werden[109]. Im folgenden ist zu untersuchen, ob sie bei Erbringung ihrer Dienstleistungen persönlich abhängig sind. Dabei wird zunächst nur nach ihrer persönlichen Abhängigkeit während der Dauer eines Projektes gefragt. Die weiteren Probleme, welche die Zulässigkeit einer für die Dauer eines Projektes jeweils befristeten Beschäftigung betreffen, sind im Anschluß daran kurz anzuschneiden.

(1) Zur arbeitsorganisatorischen Weisungsunterworfenheit während der Dauer eines Projektes

Die zeitliche Dispositionsfreiheit der Teleprogrammierer bei Freelance wird durch folgende Faktoren beschränkt: Die Teleprogrammierer müssen an den Teamberatungen teilnehmen, die der Projektleiter in Abhängigkeit von den arbeitsorganisatorischen Notwendigkeiten festlegt. Sie müssen ferner beim Kunden mindestens zweimal in der Woche erscheinen. Dabei besteht gegenüber Freelance Int. Ltd. die Pflicht, auf die Betriebsorganisation des Kunden Rücksicht zu nehmen und die Arbeit beim Kunden mit dem dortigen internen Arbeitsablauf abzustimmen. Während dieser Tätigkeit beim Kunden ist ein Teleprogrammierer zwar nicht an die arbeitsorganisatorischen Abläufe im Betrieb seines Dienstgebers Freelance gebunden. Er arbeitet aber aufgrund entsprechender Weisung in Abhängigkeit von fremder Arbeitsorganisation, nämlich derjenigen des Kunden. Ferner ist davon auszugehen, daß der Projektleiter während der gesamten Projektlaufzeit Einfluß auf Art und Weise der Arbeitsgestaltung nimmt. Dies mag sich nicht unbedingt immer in Weisungen niederschlagen. Vielmehr kann die Arbeit des einzelnen auch in Form von Teamdiskussionen strukturiert werden. Es besteht aber kein Zweifel, daß bei Meinungsverschiedenheiten über Art, Ablauf und Inhalt der Programmentwicklung der Projektleiter das letzte Wort hat. Die Abhängigkeit bei Art und Ablauf der Programmentwicklung dokumentiert sich auch in der Berichts-

---

[109] Siehe dazu oben I.2.b).

pflicht, durch die eine Überwachung des Fortganges der Arbeit gewährleistet ist. Eine freie Zeit- und Arbeitsablaufgestaltung ist daher nicht vorhanden. Vielmehr herrschen Arbeitsbedingungen, wie sie in ähnlicher Weise bei Rundfunk und Fernsehen anzutreffen sind und die überwiegend so einschränkend sind, daß eine persönliche Abhängigkeit der Dienstleistenden daraus folgt. So hat das Bundesarbeitsgericht für die Einordnung des Vertragsverhältnisses eines jeweils projektbezogen beschäftigten Reporters darauf abgestellt, daß der Sender im Rahmen seiner Gesamtdisposition Zeit und Ort der Dreharbeiten bestimmt und im Rahmen von Teambesprechungen auch Einfluß auf inhaltliche Gestaltung der Filmreportage genommen habe[110]. Es wies den Einwand zurück, die Einschränkung der zeitlichen Dispositionsfreiheit ergebe sich bei derartiger Tätigkeit aus der „Natur der Sache", begründe aber keine persönliche Abhängigkeit. Maßgeblich sei nur die Tatsache, daß Zeit und Ort der Arbeitserbringung teilweise vorgegeben seien.

An diesem Maßstab gemessen, ergibt sich auch für die Teleporogrammierer im Organisationsmodell von Freelance, daß sie persönlich abhängige Dienstnehmer sind. Ins Gewicht fällt insbesondere, daß sie verpflichtet sind, sich in den Arbeitsprozeß beim jeweiligen Kunden zu integrieren. Sie arbeiten dort zwar nicht nach seiner Weisung, sondern nach Weisung von Freelance. Aufgrund dieser Bindung ist es ihnen aber verwehrt, sich über die fremde Arbeitsorganisation des Kunden hinwegzusetzen.

(2) Exkurs zur Zulässigkeit jeweils projektgebundener Arbeitsverhältnisse

Nach der Arbeitsbeschreibung für die Teleprogrammierer im Organisationsmodell von Freelance erfolgt ihre Beschäftigung jeweils für ein Projekt. Danach schließen sich beschäftigungslose Zeiten unbestimmter Dauer an. Es kann durchaus vorkommen, daß ein Teleprogrammierer ein halbes Jahr oder länger keinen Auftrag und somit keine Bezahlung erhält. Diese Schilderung gibt Anlaß, in einem Exkurs die Frage zu beleuchten, ob es sich nach deutschem Arbeitsrecht bei derartigen Arbeitsbedingungen um eine zulässige Form flexibler Arbeitsleistung handeln würde.

In Betracht kommen zwei grundsätzlich verschiedene Flexibilisierungsformen. Es könnte sich einerseits um ein unbefristetes Arbeitsverhältnis handeln,

---

[110] Siehe BAG v. 13.1.1983 AP Nr. 42 zu §611 BGB Abhängigkeit, bes. Bl. 5 Rs. f; siehe aber auch LAG Berlin v. 16.8.1984 AP Nr. 44 zu §611 BGB Abhängigkeit, bes. B. 3 Rsf. Die Rechtsprechung des BAG ist nicht einheitlich. So soll nach Auffassung des 2. Senates ein im Rahmen von Lehraufträgen beschäftigter Lehrer mit einer Wochenunterrichtszeit von 13 Wochenstunden Arbeitnehmer sein, so BAG v. 14.1.1982, 2. Senat, AP Nr. 65 zu §620 BGB Befristeter Arbeitsvertrag, bes. Bl. 2f., hingegen nach Ansicht des 5. Senates ein Volkshochschuldozent mit einer Wochenunterrichtszeit von 14 Stunden freier Mitarbeiter, so BAG v. 25.8.1982, 5. Senat, AP Nr. 32 zu §611 BGB Lehrer, Dozenten, bes. Bl. 2.

bei dem Arbeitgeber und Arbeitnehmer vereinbart haben, die Arbeitsleistung entsprechend dem Arbeitsanfall zu erbringen. Diese Form ist unter dem Stichwort „kapazitätsorientierte variable Arbeitszeit (kurz: Kapovaz)“ in letzter Zeit zunehmend in die Diskussion geraten[111]. Zum anderen kann es sich um die wiederholte Neubegründung von jeweils (zweck-) befristeten Arbeitsverhältnissen handeln. Beide Flexibilisierungsformen haben im Beschäftigungsförderungsgesetz aus dem Jahre 1985 nunmehr eine gesetzliche (Teil-)regelung erfahren.

Kapovazverträge unterscheiden sich von Kettenarbeitsverhältnissen dadurch, daß bei einem Kapovaz-Vertrag gemäß §4 BeschFG der Arbeitnehmer verpflichtet ist, auf Abruf seine Arbeitsleistung zu erbringen[112]. Ist ein Arbeitnehmer dazu nicht verpflichtet, sondern vielmehr berechtigt, eine Arbeitsanforderung auch abschlägig zu beantworten, liegt kein Kapovaz-Vertrag vor. Vielmehr handelt es sich dann um den Neuabschluß eines befristeten Arbeitsvertrages. Die Teleprogrammierer im Organisationsmodell von Freelance Int. Ltd. haben die Möglichkeit, einen Auftrag abzulehnen. Deshalb scheidet für sie ein Kapovaz-Vertrag aus. Fraglich ist hier, ob der wiederholte Abschluß projektgebundener Arbeitsverträge zulässig ist.

(i) Erforderlichkeit eines die Befristung rechtfertigenden sachlichen Grundes

Das Bundesarbeitsgericht[113] hat in ständiger Rechtsprechung zutreffend herausgearbeitet, daß eine Befristungsabrede in einem Arbeitsvertrag gemäß §620 BGB grundsätzlich zulässig ist. Sie ist ausnahmsweise dann unzulässig, wenn sie als rechtliche Gestaltungsmöglichkeit objektiv funktionswidrig verwandt wird. Dies wiederum ist der Fall, wenn der durch die Kündigungsschutzbestimmungen gewährleistete Bestandsschutz des Arbeitsverhältnisses vereitelt wird und dafür kein sachlicher Grund zu Beginn des befristeten Arbeitsverhältnisses vorliegt. Der Verdacht einer Umgehung des Kündigungsschutzes liegt besonders nahe, wenn der Arbeitgeber einen Arbeitnehmer aufgrund aneinandergereihter befristeter Arbeitsverhältnisse beschäftigt (Kettenarbeitsverträge).

---

[111] Vgl. hierzu Löwisch RdA 1984, 197; v. Hoyningen = Huene NJW 1985, 1801; Otto NJW 1985, 1807; Schwerdtner NZA 1985, 577; Kappus, Rechtsfragen S. 260ff; Wedde S. 146ff.

[112] Die Sekretärinnen „auf Abruf“, die der Modellvorstellung von Siemens entsprechen, vgl. oben I.3.a), können auf der Basis von Kapovazverträgen beschäftigt werden. Dadurch könnten die gegenläufigen Interessen, nämlich das Interesse der Teleheimarbeiterinnen, den Arbeitnehmerstatus zu behalten und das Interesse des Unternehmens, für beschäftigungsfreie Zeiten kein Entgelt zu schulden, zu einem gewissen Ausgleich gebracht werden.

[113] Vgl. Großer Senat des BAG v. 12.10.1960 AP Nr. 16 zu §620 BGB Befristeter Arbeitsvertrag, bes. Bl. 4 Rs.f; BAG v. 6.6.1984 AP Nr. 83 zu §620 BGB Befristeter Arbeitsvertrag, bes. Bl. 3; BAG v. 9.5.1985 AP Nr. 97 zu §620 BGB Befristeter Arbeitsvertrag, bes. Bl. 2, jeweils m.w.Nw.

Dann gilt ein unbefristetes Arbeitsverhältnis als begründet, wenn es für die letzte Befristungsabrede keinen sachlichen Grund gibt[114].

Diese Grundsätze der Rechtsprechung sind nunmehr durch die nach §1 BeschFG erleichterte Zulassung befristeter Arbeitsverträge zu modifizieren. Bei Neueinstellungen oder im Anschluß an die Berufsbildung darf einmalig bis zur Dauer von 18 Monaten eine Befristung vereinbart werden, ohne daß es dazu eines sachlichen Grundes bedarf. Für alle sich anschließenden befristeten Arbeitsverhältnisse bleibt es beim Erfordernis eines sachlichen Grundes[115], es sei denn, daß in einem Fall längerer Nichtbeschäftigung ein danach erfolgter Neuabschluß eines abermals befristeten Arbeitsvertrages wiederum eine „Neueinstellung" im Sinne von §1 BeschFG ist. Nach §1 Abs. 1 Satz 2 BeschFG liegt eine Neueinstellung nicht vor, wenn zu einem vorhergehenden befristeten oder unbefristeten Arbeitsvertrag mit demselben Arbeitgeber ein enger sachlicher Zusammenhang besteht. Ein solcher enger sachlicher Zusammenhang ist nach §1 Abs. 1 Satz 3 BeschFG insbesondere anzunehmen, wenn zwischen den Arbeitsverträgen ein Zeitraum von weniger als vier Monaten liegt. Darüber hinaus kann ein enger sachlicher Zusammenhang zwischen zwei Arbeitsverhältnissen auch aus anderen Gründen bestehen. So ist dafür auch die Verrichtung der gleichen Arbeit wie in dem vorherigen Arbeitsverhältnis bei demselben Arbeitgeber für ausreichend zu erachten[116].

Daraus folgt, daß im Beispiel der Teleprogrammierung im Organisationsmodell von Freelance eine zweite befristete Beschäftigung für die Dauer eines Projektes regelmäßig nicht mehr unter den erleichterten Bedingungen des Beschäftigungsförderungsgesetzes möglich wäre. Der Abschluß weiterer befristeter Arbeitsverträge wäre daher nur zulässig, wenn das Projektende einen die Befristung rechtfertigenden sachlichen Grund darstellen würde.

(ii) Projektbeendigung als sachlicher Grund

Der Zulässigkeit einer sogenannten Zweckbefristung steht nach Auffassung von Zöllner[117] entgegen, daß der Endtermin des Arbeitsverhältnisses nicht genau nach dem Kalender bestimmt ist. Demgegenüber halten das Bundesarbeitsgericht und der überwiegende Teil der Literatur bestimmte Zweckbefristungen dann für zulässig, wenn beide Vertragsparteien darüber einig sind, daß die Dauer des Arbeitsverhältnisses von seinem Zweck abhängig sein soll, die Zweckerreichung objektiv feststellbar ist und der voraussichtliche Beendigungs-

[114] BAG v. 8.5.1985 AP Nr. 97 zu §620 BGB, bes. Bl. 3; BAG v. 26.3.1986 NZA 1987, 238 (239).

[115] H.M. Löwisch BB 1985, 12OO (12O1); v. Hoyningen=Huene NJW 1985, 18O1 (18O2); Otto NJW 1985, 18O7 (18O8); a.A. Düttmann/Hinrichs/Kehrmann/Oberhofer AiB 1985, 67 (69), die die Formulierung „einmalige" Befristung in §1 BschFG als Verbot des Abschlusses jeglicher Kettenarbeitsverhältnisse verstehen.

[116] Düttmann/Hinrichs/Kehrmann/Oberhofer AiB 1985, 67 (68f).

[117] Zöllner §21 I S. 217ff.

termin für den Arbeitnehmer überschaubar ist[118]. Ist der Endtermin des Arbeitsverhältnisses nicht absehbar, so folge daraus gleichwohl nicht, daß der Betreffende in einem unbefristeten Arbeitsverhältnis stehe, sondern nur, daß das Arbeitsverhältnis erst nach Ablauf einer Mindestkündigungsfrist ende[119].

Der herrschenden Ansicht zur Zulässigkeit von zeitlich nicht exakt befristeten Arbeitsverträgen ist zuzustimmen. Denn einerseits bleibt unter den genannten Bedingungen das Ausmaß zeitlicher Ungewißheit für den Arbeitnehmer in kalkulierbaren Grenzen, und andererseits kann der Bestandschutz für den Betroffenen nicht weitergehen, als er gehen würde, wenn das im konkreten Fall objektiv umgangene Gesetz zur Anwendung käme. Bei zeitlich ungewissem und dann überraschendem Beendigungstermin kommt aber lediglich in Betracht, daß die Einhaltung von Mindestkündigungsfristen umgangen wird, wenn im übrigen die Befristungsabrede sachlich begründet ist.

Deshalb ist abschließend ein Blick auf das Problem zu werfen, ob die Beendigung eines Projektes einen sachlichen Grund für die Befristung darstellt. Nach weitgehend unbestrittener Auffassung sind bestimmte Zweckbefristungen sachlich begründet[120]. Dazu gehören unter anderem die Fälle der Vertretung erkrankter, im Sonder- oder Mutterschaftsurlaub befindlicher Arbeitnehmer[121] sowie Befristungen bei Engagements an Bühnen oder im Medienbereich[122]. Einigkeit besteht auch darüber, daß die allgemeine Unsicherheit über die wirtschaftliche Entwicklung eine Befristung nicht rechtfertigt[123]. Sehr zweifelhaft sind daher die Fälle, in denen — wie auch im Beispiel der Teleprogrammierer bei Freelance — Mitarbeiter wiederholt zur Erledigung eines bestimmten Arbeitsanfalles eingestellt werden.

Das Bundesarbeitsgericht hat in mehreren Entscheidungen ausgeführt, auch ein vorübergehender Personalmehrbedarf könne an sich ein sachlicher Grund

---

[118] BAG v. 17.5.1962 AP Nr. 2 zu §620 BGB Bedingung, bes. Bl. 1 Rs. f, mit zust. Anm. v. A. Hueck ebenda; BAG v. 20.10.1967 AP Nr. 30 zu §620 BGB Befristeter Arbeitsvertrag, bes. Bl. 2, mit zust. Anm. v. A. Hueck ebenda; BAG v. 9.5.1985 AP Nr. 97 zu §620 BGB Befristeter Arbeitsvertrag, bes. Bl. 1 Rs.; BAG v. 26.3.1986 NZA 1987, 238 (239); Schaub §39 III 2. und 3. S. 168f; Nikisch I §47 II 1. S. 669f; Hueck / Nipperdey I §55 III 1. S. 531.

[119] BAG v. 26.3.1986 NZA 1987, 238 (240).

[120] BAG v. 9.5.1985 AP Nr. 97 zu §620 BGB Befristeter Arbeitsvertrag, bes. Bl. 1 Rs.; BAG v. 3.10.1984 AP Nr. 87 zu §620 BGB Befristeter Arbeitsvertrag, bes. Bl. 3; BAG v. 17.2.1983 AP Nr. 14 zu §15 KSchG 1969, bes. Bl. 2 Rs.; Schaub §39 II und III S. 165ff; Nikisch I S. 672ff; Hueck / Nipperdey §55 III S.530; Hueck §1 KSchG Rn. 48; a.A. Zöllner §21 I 5. S. 220.

[121] BAG v. 3.10.1984 AP Nr. 87 zu §620 BGB Befristeter Arbeitsvertrag, bes. Bl. 3; Schaub §49 II 4. S. 166 m.w.Nw.

[122] BAG v. 25.1.1973 AP Nr. 37, bes. Bl. 3f; BAG v. 13.1.1983 AP Nr. 42 zu §611 BGB Abhängigkeit, bes. Bl. 6; BAG v. 13.1.1983 AP Nr. 43 zu §611 BGB Abhängigkeit, bes. Bl. 2 Rs. f; Schaub §39 II S. 166.

[123] BAG v. 14.1.1982 AP Nr. 64, bes. Bl. 4 Rs.; BAG v. 14.1.1982 AP Nr. 65, bes. Bl. 3 Rs., jeweils zu §620 BGB Befristeter Arbeitsvertrag; Hueck / Nipperdey I §55 III 6.S. 537.

für eine zeitlich befristete Einstellung sein. Voraussetzung für die Anerkennung dieses sachlichen Grundes sei aber, daß im Zeitpunkt der Befristung aufgrund greifbarer Tatsachen mit einiger Sicherheit der Wegfall des Mehrbedarfes nach dem Auslaufen des befristeten Arbeitsverhältnisses zu erwarten sei[124]. Ebenso sei die Befristung von Arbeitsverträgen in Hinblick auf einen künftig sinkenden Bedarf möglich[125]. Auch hierfür sei jedoch eine exakte Bedarfsprognose erforderlich.

Beurteilt man die Befristung der Arbeitsverhältnisse der Teleprogrammierer nach diesen Grundsätzen, so liegt es nahe zu differenzieren. In den Fällen, in denen sich erfahrungsgemäß ein Auftrag an den nächsten reiht, so daß — bis auf kurze Unterbrechungen — der betreffende Teleprogrammierer im Ergebnis fast durchgängig tätig ist, liegt kein vorübergehender Mehrbedarf, sondern ein Dauerbedarf vor. Das jeweilige Ende eines Projektes stellt dann keinen die Befristung rechtfertigenden sachlichen Grund dar. In einem solchen Fall ist nach deutschem Arbeitsrecht ein unbefristetes Arbeitsverhältnis mit dem Teleprogrammierer begründet. Wenn hingegen die Geschäftspraxis zeigt, daß in bestimmten, z.B. von industriellen Ballungszentren entfernt liegenden Gebieten nur gelegentlich ein Programmierungsauftrag anfällt, so daß das Unternehmen seinerseits nur gelegentlich Bedarf für einen dort ansässigen Programmierer besitzt, liegt bei Annahme eines solchen Auftrages ein akuter Personalbedarf vor, der sich mit Beendigung des Projektes nach aller Wahrscheinlichkeit nicht fortsetzen wird. Unter diesen Umständen ist es sachlich begründet, einen Teleprogrammierer für die Dauer eines Projektes befristet einzustellen.

E. Teleheimarbeiter als arbeitnehmerähnliche Personen

I. In Heimarbeit beschäftigte Teleheimarbeiter

1. Teleheimarbeiter als Heimarbeiter

Nach §2 Abs. 1 HAG ist Heimarbeiter, wer in selbstgewählter Arbeitsstätte (eigener Wohnung oder selbstgewählter Betriebsstätte) allein oder mit seinen Familienangehörigen im Auftrag von Gewerbetreibenden oder Zwischenmeistern erwerbsmäßig arbeitet, jedoch die Verwertung der Arbeitsergebnisse dem unmittelbar oder mittelbar auftraggebenden Gewerbetreibenden überläßt.

Der Heimarbeiter unterscheidet sich vom Arbeitnehmer durch seine persönliche Selbständigkeit[1]. Er ist von seinem Auftraggeber nicht persönlich, sondern

---

[124] BAG v. 17.2.1983 AP Nr. 14 zu §15 KSchG 1969, bes. Bl. 3 Rs.; BAG v. 14.1.1982 AP Nr. 64, bes. Bl. 5; BAG v. 14.1.1982 AP Nr. 65, bes. Bl. 3, jeweils zu §620 BGB Befristeter Arbeitsvertrag.

[125] BAG v. 29.9.1982 AP Nr. 70 zu §620 BGB Befristeter Arbeitsvertrag, bes. Bl. 2 Rs.

[1] H.M. Hueck/Nipperdey I §10 I S. 55ff; Nikisch I §16 II.1.S. 136; Schaub §10 II 1 S. 41; Maus/Schmidt §2 HAG Rn. 7; Brecht §2 HAG Rn. 5; Staudinger-Nipperdey-

lediglich wirtschaftlich abhängig. Die wirtschaftliche Abhängigkeit ist für den Heimarbeiter konstituierendes Merkmal, während es für den Arbeitnehmer zwar typischerweise ebenfalls erfüllt ist, aber in dieser Untersuchung als nicht entscheidend für seine persönliche Abhängigkeit und damit für das die Arbeitnehmereigenschaft wesentlich begründende Merkmal angesehen wurde.

Im Gegensatz zum Arbeitnehmer ist der Heimarbeiter nicht notwendig auf der Basis eines Dienstvertrages tätig. Er kann auch auf Werk-, Werklieferungs- oder Kaufvertragsebene sowie sonstiger vertraglicher Grundlage beschäftigt sein[2]. Auf die Einordnung in die vom BGB vorgesehenen Vertragstypen kommt es nach einhelliger Auffassung für die Feststellung eines Heimarbeitsverhältnisses nicht an, so daß sich ein Eingehen auf diese umstrittene Frage[3] hier erübrigt. Es genügt die Feststellung, daß der Heimarbeitsvertrag ein Dauerschuldverhältnis begründet, dessen Ausprägung durch das Heimarbeitsgesetz und andere Vorschriften detailliert geregelt ist.

Die Einordnung eines Beschäftigten als Heimarbeiter hängt zunächst davon ab, ob die Voraussetzungen des §2 Abs. 1 HAG erfüllt sind. Von diesen Voraussetzungen sind einige bei Teleheimarbeit problematisch, andere hingegen nicht. Zu den letzteren gehört das Tätigwerden im Auftrag von „Gewerbetreibenden". Gewerbetreibender ist, wer in Gewinnerzielungsabsicht Geschäfte betreibt[4]. Folglich sind Teleheimarbeiter, die im öffentlichen Dienst beschäftigt sind, in der Regel keine Heimarbeiter[5]. Ausgeschlossen ist danach auch die Heimarbeitereigenschaft für solche Teleheimarbeiter, die für Ärzte, Rechtsanwälte und Notare[6] tätig sind. Hinzuzufügen ist, daß die Beschränkung auf gewerbliche Auftraggeber nur sehr unvollständig durch §2 Abs.4 HAG aufgehoben wird, da nach dieser Vorschrift der Kreis der in Betracht kommenden Auftraggeber nur auf Personen, Personenvereinigungen oder Körperschaften des privaten oder öffentlichen Rechtes erweitert wird, die die Herstellung,

---

Mohnen Vor §611 Rn. 254; a.A. Gröninger/Rost §2 HAG Anm. 2.b), denen zufolge sich der Heimarbeiter vom Arbeitnehmer dadurch unterscheidet, daß der Heimarbeiter „nicht so stark persönlich abhängig" ist; eine ausführliche Darstellung des Meinungsstandes bei Kappus, Rechtsfragen S. 186ff, 196ff; vgl. hierzu bereits oben A.II.2. S. 47ff.

[2] Schaub §10 II S. 41; Hueck/Nipperdey I §16 I 1 S. 57; Brecht §2 HAG Rn. 15 mit der Einschränkung, es käme nur Werk- oder Werklieferungsvertrag in Betracht.

[3] Es wird vertreten, daß der Heimarbeitsvertrag ein gemischter Vertrag sei, so Gröninger/Rost §2 HAG Anm. 4a, ein Vertrag sui generis, so Maus/Schmidt Anh. nach §19 HAG Rn. 11, und daß er ein Werkvertrag mit arbeitsrechtlichen Elementen sei, so Brecht §2 HAG Rn. 15, 23; Überblick über den Meinungsstand bei Kappus, Rechtsfragen S. 176ff, S. 281ff.

[4] Maus/Schmidt §2 HAG Rn. 20; Landmann/ Rohmer Anm. 8ff. zu §14 GewO; Baumbach/ Duden/Hopt Anm. 1 zu §1 HGB; BGHZ 33, 321, 324f; BSG v. 22.10.1971 AP Nr. 7 zu §2 HAG, bes. Bl. 2f.

[5] Im öffentlichen Dienst dürfte es in der Regel an der Gewinnerzielungsabsicht fehlen, da hier die Erfüllung öffentlicher Aufgaben im Vordergrund steht, vgl. auch BGHZ 49, 258 (260); Wlotzke DB 1974, 2252 (2253).

[6] Vgl. z.B Schaub §12 II 1. d), S. 46.

Bearbeitung oder Verpakkung von Waren ohne Gewinnerzielungsabsicht betreiben[7]. In §2 Abs. 1 Satz 2 HAG wird klargestellt, daß die Heimarbeitereigenschaft nicht dadurch beeinträchtigt wird, daß der Heimarbeiter Roh- und Hilfsstoffe und damit unter anderem sein Arbeitsgerät[8] selbst beschafft. Wenn daher ein Teleheimarbeiter die technische Ausstattung ganz oder zum Teil selbständig organisiert, wird seine Eigenschaft als Heimarbeiter dadurch nicht berührt[9]. Diese Feststellung dürfte für die Teleheimarbeit besondere Bedeutung erlangen, da sich bereits heute die Entwicklung ankündigt, die Anschaffung der technischen Ausstattung zur Voraussetzung für die Vergabe von Aufträgen zu machen[10]. Zur Frage, ob das Merkmal „erwerbsmäßig" in §2 Abs. 1 HAG hochqualifizierte Angestelltenberufe aus dem Schutzbereich des Heimarbeitsgesetzes ausgrenzt, ist bereits ablehnend Stellung genommen worden[11]. Entgegen weitverbreiteter Ansicht[12] sind Heimarbeiter nach §2 Abs. 4 HAG nach dem klaren Wortlaut dieser Vorschrift ebenfalls nicht auf gewerbliche Tätigkeit beschränkt[13].

a) Identität von Auftraggeber und Letztverbraucher bei Büroheimarbeit

Heimarbeiter im Sinne von §2 Abs. 1 HAG ist nur, wer die Verwertung der Arbeitsergebnisse dem auftraggebenden Gewerbetreibenden überläßt. Nach einer älteren Auffassung ist daraus zu schließen, daß die Heimarbeitereigenschaft entfalle, wenn der Auftraggeber zugleich der Letztverbraucher der in Heimarbeit hergestellten Produkte ist. Erforderlich sei vielmehr, daß der Auftraggeber die Arbeitsergebnisse am Absatzmarkt verwerte[14]. Demzufolge wäre Büroheimarbeit und insbesondere Teleheimarbeit auf der Basis von Heimarbeitsverträgen weitgehend unmöglich, denn die Arbeitsergebnisse werden typischerweise beim Auftraggeber selbst verwertet. Schreibarbeiten aller

---

[7] Auf die Lückenhaftigkeit der Regelung des §2 Abs. 4 HAG für Teleheimarbeit weist auch Bosman hin, NZA 1984, 185 (188).

[8] Maus/Schmidt §2 HAG Rn. 2.

[9] Demgegenüber ist die Arbeitnehmereigenschaft unter diesen Voraussetzungen nach h.M. wohl zu verneinen, vgl. dazu D.II.3.b)bb) S. 205 ff (208).

[10] So Simitis S. 163; vgl. auch die in der Süddeutschen Zeitung vom 23./24.2.1985 erschienene Annonce: „Lukrative Heimarbeit auf selbständiger Basis zu vergeben. Voraussetzung ist Fingerfertigkeit und Freude im Umgang mit Tastaturen. Anschaffung einer Computeranlage ist erforderlich (ca. 18.OOO,- DM Startkapital). Stundenlohn in Höhe von 1OO,- DM möglich".

[11] Vgl. oben A.II.a)aa).

[12] Maus/Schmidt §2 HAG Rn. 67; Küfner-Schmitt S. 64f; Wlotzke DB 1974, 2252 (2253).

[13] Ebenso Gröninger/Rost § 2 HAG Anm. 6; Kappus, Rechtsfragen S. 175; Wedde S. 69; Simon/Kuhne BB 1987, 201 (203); Kilian Forschungsbericht S. 162.

[14] Kaskel/Dersch 4. Aufl. S. 3O; Hueck/Nipperdey I §1O I 2. S. 57; Maus HAG-Kommentar 1953 §2 Anm. 6; ausführlich dazu Maus Anm. zu BAG v. 1O.7.1963 AP Nr. 3 zu §2 HAG, ebenda, bes. Bl. 3 Rs. ff.

Art, Datenerfassung und ähnliches sind Tätigkeiten, für die es in der Regel keinen vom Auftraggeber verschiedenen Endverbraucher gibt.

Nach zutreffender und nunmehr herrschender Ansicht scheitert an der Identität von Auftraggeber und Endverbraucher die Heimarbeitereigenschaft jedoch nicht[15]. Der Wortlaut des §2 Abs. 1 HAG läßt jede Art der Verwertung der Arbeitsergebnisse zu. Darüber hinaus widerspricht es Sinn und Zweck der Novellierung des Heimarbeitsgesetzes aus dem Jahre 1974, durch die Bürotätigkeiten in den Geltungsbereich des Gesetzes einbezogen werden sollten, hielte man dennoch den Absatz der Heimarbeitsprodukte an einem Warenabsatzmarkt für erforderlich, um den Betreffenden durch das Heimarbeitsgesetz zu schützen.

b) Selbstgewählte Arbeitsstätte

Das Merkmal selbstgewählte Arbeitsstätte in §2 Abs. 1 HAG könnte insbesondere bei der Form der Teleprogrammierung, die eine zeitlich begrenzte Anwesenheit beim Kunden des Auftraggebers einschließt, der Einstufung des Teleprogrammierers als Heimarbeiter entgegenstehen. Für sie stellt sich die Frage, ob eine teilweise Beschäftigung außer Haus im Betrieb des Kunden als Arbeit in „selbstgewählter Arbeitsstätte" begriffen werden darf.

Die oben erörterten Beispiele zur Teleprogrammierung haben zwar zu dem Ergebnis geführt, daß unter den geschilderten Arbeitsbedingungen die Teleprogrammierer Arbeitnehmer sind[16], für Arbeitnehmer stellt sich die aufgeworfene Frage nicht. Es fällt jedoch nicht schwer, Bedingungen anzugeben, unter denen die Softwareentwicklung auf werkvertraglicher Grundlage erfolgen würde[17]. Dann wiederum ist die gestellte Frage von praktischem Interesse.

Nach unbestrittener Auffassung ist eine Arbeitsstätte nur dann selbstgewählt, wenn sie von der des Auftraggebers getrennt ist und seiner Aufsicht nicht unterliegt[18]. Zur Begründung wird gesagt, nur dann behalte der Heimarbeiter die ihn kennzeichnende persönliche Selbständigkeit. Werde er jedoch hinsichtlich seiner Arbeitsleistung, der Einhaltung bestimmter Arbeitsstunden usw., einer Kontrolle durch den Auftraggeber unterworfen, dann sei die Arbeitsstätte nicht mehr selbstgewählt[19]. Danach wäre der zeitweise Aufenthalt des Teleprogrammierers beim Kunden für seine Einstufung als Heimarbeiter unbeachtlich.

---

[15] BAG v. 10.7.1963 AP Nr. 3 zu §2 HAG, bes. Bl. 2 Rs.; BSG v. 22.10.1971 AP Nr. 7 zu §2 HAG, bes. Bl. 2 Rs.; Maus/Schmidt §2 HAG Rn. 22; Kappus NJW 1984, 2384 (2388); differenzierend Brecht §2 HAG Rn. 13, aber zustimmend für Büroheimarbeit; a.A. ArbG Braunschweig v. 6.4.1966 AP Nr. 5 zu §2 HAG, bes. Bl. 1 Rs., für den Fall der Instandsetzung von Kleidungsstücken in Heimarbeit.

[16] Vgl. dazu oben D.I.3.b) und D.II.4.c)bb).

[17] Vgl. dazu oben D.I.

[18] Maus/Schmidt §2 HAG Rn. 13; Brecht §2 HAG Rn. 7; Wedde S. 65.

[19] So Maus/Schmidt §2 HAG Rn. 13; Simon/Kuhne BB 1987, 201 (203).

Zum Teil findet sich in der Literatur unter Berufung auf eine Entscheidung des Bundesfinanzhofes[20] jedoch die Einschränkung, der Heimarbeiter müsse das volle Verfügungsrecht über die Arbeitsstätte haben. Dieser Einschränkung ist nicht beizupflichten. Der Bundesfinanzhof[21] hat in jener Entscheidung auf die Verfügungsbefugnis abgestellt, weil ein Sachverhalt zugrunde lag, in dem die Betriebsräume den in Heimarbeit Beschäftigten von ihrem Auftraggeber überlassen worden waren. Das Gericht maß diesem Umstand keine Bedeutung zu, sondern rückte vielmehr in den Vordergrund, daß die in Heimarbeit Beschäftigten die Verfügungsgewalt über die überlassenen Räume besaßen[22]. Somit deutet diese Rechtsprechung ebenso wie die eingangs zitierte Begründung an, daß die selbstgewählte Arbeitsstätte eines Heimarbeiters als ein begrifflicher Gegensatz zur betrieblichen Arbeitsstätte eines typischen Arbeitnehmers zu verstehen ist. Der Heimarbeiter wird im Gegensatz zum typischen Arbeitnehmer außerhalb des räumlichen Herrschaftsbereiches seines Auftraggebers tätig. Dementsprechend fällt nicht ins Gewicht, ob der erteilte Auftrag es zeitweise notwendig macht, außerhalb der eigenen Wohnung oder Arbeitsstätte zu arbeiten.

c) Bedeutung der Anmeldung eines Gewerbes

Nach einer Ansicht führt eine Gewerbeanmeldung dazu, daß die angemeldete Person nicht mehr als Heimarbeiter, sondern allenfalls als Hausgewerbetreibende einzustufen sei[23]. Diese Meinung hat gerade für den Bereich der Teleheimarbeit schwerwiegende Konsequenzen. Denn für Büroheimarbeit steht im Gegensatz zu gewerblicher Heimarbeit §2 Abs. 2 HAG als „Auffangtatbestand" für Fälle, in denen aufgrund der Gewerbemeldung die Heimarbeitereigenschaft nach §2 Abs. 1 HAG entfallen soll, nicht zur Verfügung. Im Gegensatz zu gewerblicher Heimarbeit ist es für weite Bereiche der Büroheimarbeit und insbesondere Teleheimarbeit nicht möglich, diese unter den Wortlaut des §2 Abs. 2 HAG zu fassen[24]. So ist z.B. Schreibarbeit mit Hilfe von Teletex oder auch eine externe Datenerfassung keine Herstellung, Bearbeitung oder Verpackung von Waren. Deshalb gewinnt eine nunmehr im Vordringen befindliche gegenteilige Auffassung an Bedeutung, der zufolge die förmliche Anmeldung eines Gewerbes kein Hinderungsgrund ist, die betreffende Person als Heimarbeiter einzustufen[25]. Danach können also auch jene allein arbeitenden Teleheimarbeiter Heimarbeiter sein, die ein Gewerbe angemeldet haben.

---

[20] Brecht §2 HAG Rn. 7; Schaub §10 I 1 S. 40.

[21] BFH v. 8.3.1960 BStBl. 1960 III.S.160.

[22] Ebenso Maus/Schmidt §2 Rn. 13; a.A. Brecht §2 HAG Rn. 7; Maus, HAG-Kommentar 1953 §2 Rn. 8.

[23] Maus/Schmidt §2 HAG Rn. 66; Küfner-Schmitt S. 74.

[24] Küfner-Schmitt S. 71ff; Müllner, Privatisierung S. 100; Simon/Kuhne BB 1987, 201 (203); Kilian, Forschungsbericht S. 4; vgl. auch Brecht §2 HAG Rn. 26; Gröninger/Rost §2 HAG Anm. 3. b); Maus/Schmidt §2 HAG Rn. 36; a.A. Wedde S. 75; unklar Kappus, Rechtsfragen S. 171ff, bes. S. 174; siehe auch oben A.II.2.a)bb).

Sowohl §2 Abs. 1 als auch Abs. 2 HAG enthalten ausschließlich materielle Kriterien, um den Schutzbereich des Heimarbeitsgesetzes festzulegen. Insofern findet die Auffassung, die Anmeldung eines Gewerbes sei der Einordnung ins Heimarbeitsrecht hinderlich, bereits im Wortlaut des Gesetzes keine Stütze[26]. Ferner könnte die Anmeldung eines Gewerbes von den Auftraggebern zur Voraussetzung für die Vergabe von Heimarbeit gemacht werden. Damit wäre eine einfache Möglichkeit eröffnet, die Anwendung des Heimarbeitsgesetzes zu umgehen. Zwar wollen die Autoren, nach deren Meinung bei Anmeldung eines Gewerbes der Heimarbeiterstatus ausgeschlossen ist, bei rechtsmißbräuchlicher Gesetzesumgehung den betreffenden Heimarbeitern nach §242 BGB den Schutz des Heimarbeitsrechtes verschaffen[27]. Ihnen ist jedoch entgegenzuhalten, daß es widersprüchlich ist, einerseits die Anmeldung zum Gewerbe zu einem ungeschriebenen Ausschlußtatbestand zu erheben und andererseits bei dessen Vorliegen eine rechtsmißbräuchliche Umgehung des Heimarbeitsgesetzes schon dann in Betracht zu ziehen, wenn „die Auftraggeber diesen Personenkreis ansonsten wie Heimarbeiter behandeln“[28]. Diese Ansicht ist nur dann stimmig, wenn rechtsmißbräuchliche Umgehung des Heimarbeitsgesetzes auch eine entsprechende Umgehungsabsicht des Auftraggebers voraussetzt. Ihr Nachweis dürfte in der Praxis kaum gelingen, so daß damit eine unüberwindliche Schwelle geschaffen würde, das Heimarbeitsgesetz zur Anwendung kommen zu lassen.

Entgegen der Auffassung von Küfner-Schmitt[29] vermag auch die Gleichstellungsentscheidung betreffend Adressenschreiben, Schreibarbeiten und ähnlicher Arbeiten kein Argument für die Relevanz einer Gewerbeanmeldung beim Heimarbeiterbegriff zu liefern. Dort sind zwar unter Nr. 2 Personen gleichgestellt, die ein Gewerbe angemeldet haben (Schreibbüro) und die ohne Heimarbeiter oder fremde Hilfskräfte das Schreiben von Adressen, Versicherungspolicen usw. ausführen[30]. Damit läßt sich aber nicht begründen, schon die Gewerbeanmeldung schließe die Heimarbeitereigenschaft aus. Die Gleichstellungsentscheidung kann ebenso als Klarstellung angesehen werden, daß diese Personen nicht unter Hinweis auf ihre Gewerbeanmeldung vom Schutz des Heimarbeitsgesetzes ausgenommen werden dürfen.

Im übrigen hätte der Heimarbeitsausschuß keine Kompetenz, das Heimarbeitsgesetz in einer die Gerichte bindenden Weise zu interpretieren[31]. Zwar

---

[25] Müllner, Privatisierung S. 1OO; Kappus NJW 1984, 2383 (2387f); Simon/Kuhne BB 1987, 2O1 (2O3).

[26] So auch Müllner, Privatisierung S. 1OO; Kappus NJW 1984, 2384 (2387); vgl. auch Schaub §1O I.2; Nikisch I §16 II 3. S. 138; Staudinger-Nipperdey-Mohnen Vor §611 BGB Anm. 254.

[27] Küfner-Schmitt S. 72; Maus/Schmidt §2 HAG Rn. 66.

[28] So aber Maus/Schmidt §2 HAG Rn. 66.

[29] Küfner-Schmitt S. 74.

[30] Siehe BAnz. 1976 Nr. 54.

[31] So schon BAG v. 1O.7.1963 AP Nr. 3 zu §2 HAG, bes. Bl. 2 Rs., für die Frage, ob

haben die Gleichstellungsentscheidungen des Heimarbeitsausschusses Rechtssatzqualität[32], sie stehen jedoch in der Normenhierarchie auf der gleichen Stufe wie Tarifverträge[33]. Ebenso wie für Tarifverträge gilt deshalb für Gleichstellungsentscheidungen, daß sie grundsätzlich nichtig sind, wenn ihr Inhalt einem Gesetz widerspricht (Rangprinzip)[34]. Allerdings könnte ähnlich wie für Tarifvertragsparteien auch für die Heimarbeitsausschüsse in gewissem Umfang eine Befugnis angenommen werden, unbestimmte Rechtsbegriffe näher zu konkretisieren[35]. Voraussetzung dafür wäre, daß die Entscheidungen des Heimarbeitsausschusses unter ähnlichen Bedingungen zustandekommen wie Tarifverträge. Letztere sind Ergebnis eines Verhandelns zweier prinzipiell gleichstarker Partner. Eine solche Situation liegt aber bei Entscheidungen des Heimarbeitsausschusses nicht vor. Er wird im Gegenteil gerade dann tätig, wenn es an einer für Verhandlungen zwischen den sozialen Gegenspielern kräftemäßig ausgewogenen Ausgangssituation mangelt.

Somit ist festzuhalten, daß die Anmeldung zum Gewerbe die Heimarbeitereigenschaft der angemeldeten Personen nicht von vornherein ausschließt.

2. Teleheimarbeiter als Hausgewerbetreibende

a) Begriffsmerkmale in § 2 Abs. 2 HAG

Hausgewerbetreibender ist nach §2 Abs. 2 Satz 1 HAG, wer in eigener Arbeitsstätte (eigener Wohnung oder Betriebsstätte mit nicht mehr als zwei fremden Hilfskräften (Abs. 6) oder Heimarbeitern (Abs. 1) im Auftrag von Gewerbetreibenden oder Zwischenmeistern Waren herstellt, bearbeitet oder verpackt, wobei er selbst wesentlich am Stück mitarbeitet, jedoch die Verwertung der Arbeitsergebnisse dem unmittelbar oder mittelbar auftraggebenden Gewerbetreibenden überläßt. Nach Satz 2 wird die Eigenschaft als Hausgewerbetreibender nicht dadurch beeinträchtigt, daß er die Roh- und Hilfsstoffe selbst beschafft oder vorübergehend für den Absatzmarkt unmittelbar arbeitet.

Der Begriff des Hausgewerbetreibenden unterscheidet sich von dem eines Heimarbeiters der Umschreibung des §2 Abs. 2 HAG zufolge lediglich in dreierlei Hinsicht. Ein Hausgewerbetreibender arbeitet nicht notwendig allein oder mit seinen Familienangehörigen, sondern darf bis zu zwei fremde Hilfskräfte oder Heimarbeiter beschäftigen. Seine Tätigkeit ist auf die Herstel-

---

eine bindende Festsetzung für den Richter verbindlich bestimmen könne, was „gewerbliches" Arbeiten im Sinne von §2 Abs. 1 HAG ist.

[32] BVerfG v. 27.2.1973 AP Nr. 7 zu §19 HAG, bes. Bl. 3, Bl. 8; vgl. auch Maus/Schmidt §1 HAG Rn. 69 ff m.w.Nw.

[33] BVerfG v. 27.2.1973 AP Nr. 7 zu §19 HAG, bes. Bl. 3ff; BAG v. 10.4.1984 AP Nr. 4 zu §25 HAG, bes. Bl. 2.

[34] Schaub §31 I S. 109; Hanau/Adomeit B I 1.u. 2., S. 29f.

[35] Vgl. hierzu Wiedemann/Stumpf Einl. TVG Rn. 112, 132.

lung, Bearbeitung oder Verpackung von Waren beschränkt, wobei er selbst wesentlich am Stück mitarbeiten muß, d.h. nicht lediglich die Arbeit der anderen organisieren und leiten darf. Ferner beeinträchtigt es seinen Status nicht, wenn er vorübergehend unmittelbar für den Absatzmarkt produziert. Seine Arbeitsergebnisse müssen nicht stets zum Auftraggeber zurückfließen. Allgemein wird angenommen, daß bei einem Arbeitsanteil von 10% für den unmittelbaren Absatzmarkt, das Heimarbeitsgesetz noch anwendbar bleibt[36]. Im übrigen darf auf das oben zum Heimarbeiter Gesagte verwiesen werden.

Für den Bereich der Teleheimarbeit ist in erster Linie von Interesse, ob und unter welchen Voraussetzungen die Tätigkeitsfelder der Teleheimarbeit als Herstellung, Bearbeitung oder Verpackung von Waren begriffen werden dürfen. Dazu wurde oben bereits Stellung bezogen[37]. Danach gibt es Tätigkeitsfelder, die zwar nicht zu den Arbeitertätigkeiten, sondern zu den technischen Angestelltenberufen gehören, die aber gleichwohl die Herstellung von Waren betreffen. Zu denken ist an die Entwicklung von sogenannter Standardsoftware, die als Ware auf dem Softwaremarkt vertrieben wird. Somit ist, entgegen der überwiegend vertretenen Ansicht, die Rechtsposition eines Hausgewerbetreibenden für einen Teleheimarbeiter nicht schlechthin ausgeschlossen.

b) Verkehrsanschauung als ein dem Wortlaut des § 2 Abs. 2 HAG übergeordneter Gesichtspunkt

Im folgenden soll untersucht werden, ob der Auffassung zuzustimmen ist, der zufolge jegliche Angestelltentätigkeit von §2 Abs. 2 HAG erfaßt wird, sofern sich nur eine entsprechende Verkehrsanschauung gebildet habe[38].

Dem steht bereits der Wortlaut dieser Vorschrift entgegen. Dezentrale Text- oder Datenerfassung für ein Unternehmen sind teleheimarbeitstypische Tätigkeiten, die sich nicht als Herstellung, Bearbeitung oder Verpackung von Waren verstehen lassen, ohne dabei die Grenze des noch möglichen Wortsinnes von §2 Abs. 2 HAG zu überschreiten.

Wedde[39] beruft sich zur Stützung seiner Auffassung auf die ältere Rechtsprechung des Bundesarbeitsgerichtes, durch die Büroheimarbeit schon vor der Novellierung des Heimarbeitsgesetzes als „gewerblich“ im Sinne des damaligen §2 Abs. 1 HAG eingestuft wurde[40]. Die Rechtsprechung ging aber seinerzeit nicht über die Grenze des noch möglichen Wortsinnes von „gewerblich“ hinaus. Denn einerseits ist mit gewerblich ein umfassenderes Tätigkeitsfeld gemeint als

---

[36] BFH v. 4.10.1962 BStBl. 1963 III S. 66ff.; Schaub §10 I 1 S. 40; Müllner, Privatisierung S. 101; Maus/Schmidt §2 Rn. 41; Gröninger/Rost §2 HAG Anm. 3. b).

[37] Siehe oben A.II.2.a)bb).

[38] Wedde S. 75; ders. ArbuR 1987 325 (328).

[39] Wedde S. 76.

[40] BAG v. 10.7.1963 AP Nr. 3 zu §2 HAG, bes. Bl. 2 Rs.; BSG v. 22.10.1971 AP Nr. 7 zu §2 HAG, bes. Bl. 3.

dasjenige, das mit Herstellen, Bearbeiten oder Verpacken von Waren umschrieben wird[41]. Zum anderen ist mit gewerblich die Unterscheidung von Arbeiter- und Angestelltentätigkeiten angesprochen, die unbestritten seit jeher einem ständigen Wandel der Verkehrsanschauung unterworfen ist[42]. Deshalb konnte das Bundesarbeitsgericht im Einklang mit der allgemeinen Meinung auf einen Wandel in der Verkehrsanschauung verweisen, um zu begründen, daß jedenfalls einfache Angestelltentätigkeiten gewerblich im Sinne des §2 Abs. 1 HAG a.F. seien. Ein solcher Wandel in der Verkehrsanschauung dürfte sich für den klaren Bedeutungsgehalt von „Herstellen, Bearbeiten oder Verpacken von Waren" nicht ergeben. Aus diesen Gründen überzeugt die Verweisung auf eine Verkehrsanschauung, die Angestelltentätigkeit schlechthin als Hausgewerbe im Sinne von §2 Abs.2 HAG ansieht, nicht.

Fraglich ist, ob §6 Abs. 2 Satz 2 BetrVG ein geändertes gesetzliches Verständnis vom Hausgewerbe nahelegt[43]. Nach dieser Vorschrift zählen zu den Angestellten eines Betriebes auch die in Heimarbeit Beschäftigten, die in der Hauptsache für den Betrieb Angestelltentätigkeiten verrichten. Da die Hausgewerbetreibenden nach §1 Abs. 1 HAG zu den in Heimarbeit Beschäftigten gehören, könnte das Betriebsverfassungsgesetz Indiz dafür sein, daß Hausgewerbetreibende Angestelltentätigkeit aller Art ausüben können.

Dagegen spricht jedoch bereits die zeitliche Reihenfolge, in der das Betriebsverfassungsgesetz einerseits und das Heimarbeitsgesetz andererseits novelliert wurden. Das Betriebsverfassungsgesetz in seiner jetzigen Fassung trat im Jahre 1972 in Kraft. Seinerzeit wurde in §6 Abs. 2 Satz 2 BetrVG hinzugefügt, daß die in Heimarbeit Beschäftigten, die in der Hauptsache für den Betrieb Angestelltentätigkeit verrichten, als Angestellte gelten. Wenn der Gesetzgeber durch §6 Abs. 2 Satz 2 BetrVG ein grundlegend neues Verständnis vom Hausgewerbe hätte einführen wollen, so hätte es nahegelegen, dem im Jahre 1974 im Heimarbeitsgesetz ebenfalls Ausdruck zu verleihen. Ein solcher Schritt ist jedoch unterblieben. Darüber hinaus enthalten die Materialien zum Betriebsverfassungsgesetz keinen Hinweis auf ein neues Verständnis vom Hausgewerbe[44]. Auch in der Literatur zum Betriebsverfassungsgesetz ist — soweit ersichtlich — die Frage übersehen worden, ob es überhaupt Hausgewerbetreibende geben kann, die Angestelltentätigkeiten verrichten[45]. Deshalb ist anzunehmen, daß

---

[41] BAG v. 10.7.1963 AP Nr. 3 zu §2 HAG, bes. Bl. 2; BSG v. 22.10.1971 AP Nr. 7 zu §2 HAG, bes. Bl. 3; a. A. Maus HAG-Kommentar 1953 §2 HAG Rn. 6.

[42] Vgl. dazu Kaskel/Dersch S. 26; Hueck-Nipperdey I S. 69; Schaub §13 II S. 49; Galperin/Löwisch §6 BetrVG Rn. 3.

[43] So Wedde S. 77.

[44] Siehe Begründung zum Reg.-Entwurf BT-Drucksache VI/1786 S. 36.

[45] Vgl. z.B. Dietz/Richardi §6 BetrVG Rn. 19ff.; Fitting/Auffarth/Kaiser/Heither §6 BetrVG Rn. 8; Galperin/ Löwisch §6 BetrVG Rn. 14; Gnade/Kehrmann/Schneider/ Blanke §6 BetrVG Rn. 10; GK-Kraft §6 BetrVG Rn., 9; Stege/Weinspach§6 BetrVG Rn. 2, die übersehen, das in Heimarbeit Beschäftigte seit 1972 auch zu den Angestellten zählen können; ebenfalls keine Stellungnahme bei Maus/Schmidt Anh. nach §19 HAG Rn. 147.

dem Gesetzgeber ein Redaktionsversehen insoweit unterlaufen ist, als §6 Abs. 2 Satz 2 BetrVG bezüglich der Angestelltentätigkeiten verrichtenden Hausgewerbetreibenden weitgehend bedeutungslos ist. Eine gesetzgeberische Absicht, dem Hausgewerbe ein neues Gepräge zu geben, kann jedenfalls nicht angenommen werden.

Die Argumente von Wedde für eine Einbeziehung von Angestelltentätigkeiten aller Art in §2 Abs. 2 HAG vermögen daher nicht zu überzeugen. §2 Abs. 2 HAG erlaubt die Einbeziehung von Teleheimarbeit nur insoweit, wie die Grenze des möglichen Wortsinnes von „Herstellung, Bearbeitung oder Verpackung von Waren“ dadurch nicht überschritten wird.

3. Abgrenzung der in Heimarbeit beschäftigten Teleheimarbeiter von solchen, die vom Heimarbeitsgesetz nicht erfaßt sind

Eine in der Zukunft wichtige Frage wird sein, nach welchen Gesichtspunkten ein Teleheimarbeiter, der vom Heimarbeitsgesetz erfaßt wird, von einem solchen unterschieden werden kann, der außerhalb des Heimarbeitsrechtes einzuordnen ist. Denn wahrscheinlich werden kleine und kleinste Telebüros auf den Markt drängen, die in unternehmerischem Wettbewerb Dienstleistungen anbieten, die bisher in den Betrieben in abhängiger Arbeit verrichtet wurden. Die autarke Texterfassung und die Teleprogrammierung sind Beispiele. Bei den sogenannten „Ein-Mann-Büros“ stellt sich dann die Frage, ob und wann die dort tätige Person Heimarbeiter ist oder — in seltenen Fällen — ob sie ein Hausgewerbe betreibt.

a) Überblick über den Meinungsstand

Bei der Frage, welches die Kriterien sind, nach denen ein in Heimarbeit Beschäftigter von einem Selbständigen unterschieden werden kann, herrscht Unsicherheit. Ebenso wie beim Problem der Bestimmung persönlicher Abhängigkeit wird auch hier ein bunter Strauß von Gesichtspunkten zusammengestellt[46].

Das Bundesarbeitsgericht[47] hat für die Frage der Abgrenzung eines Hausgewerbetreibenden von einem sonstigen Selbständigen, der außerhalb des Heimarbeitsgesetzes steht, ausgeführt, entscheidend sei, ob der Betriebsinhaber nach dem Gesamtbild zu den Personen gehöre, die durch das Heimarbeitsgesetz geschützt werden sollen. Der Hausgewerbetreibende müsse nach seinem sozialen und wirtschaftlichen Status einem Heimarbeiter nahestehen. Dies könne z.B. an der Größe und an der Kapazität der benutzten Maschinen, der Anzahl der Auftraggeber und auch daran gemessen werden, ob die Maschinen dem Betriebsinhaber gehörten oder ob sie geliehen seien. Schließlich sei auch von

---

[46] Siehe Müllner, Privatisierung S. 101; Simon/Kuhne BB 1987, 201 (204).

[47] BAG v. 27.10.1972 AP Nr. 8 zu §2 HAG, bes. Bl. 2.

Bedeutung, wer das Rentabilitäts- und das Kapitalrisiko trage. Ähnlich hat sich auch das Landesarbeitsgericht München geäußert, um zu beurteilen, ob die Telefotosetzerinnen Heimarbeiterinnen nach §2 Abs. 1 HAG oder selbständige Unternehmerinnen seien[48].

Kappus[49] vertritt die Ansicht, der entscheidende Unterschied zwischen Heimarbeit und echter Selbständigkeit liege darin, daß bei echter Selbständigkeit jedenfalls anfänglich ein Marktzugang bestanden habe, der sich beim Selbständigen später aufgrund unternehmerischer Disposition zur Abhängigkeit von im Extremfall einem Kunden verengt habe. In der Möglichkeit, den Marktzugang wieder zu erweitern („potentielle Marktchance"), zeige sich der Unterschied zwischen Heimarbeitern und „wirtschaftlich abhängigen echten Selbständigen". Kriterien der gesteigerten wirtschaftlichen Abhängigkeit ergäben sich aus §1 Abs. 2 Satz 3 HAG und aus §12a TVG.

Nach Auffassung von Wedde[50] stellt sich die Frage der Ausgrenzung nur bei einem off-line-Betrieb. Dann ergäben sich Schwierigkeiten in Fällen, in denen die Teleheimarbeiter ihre Dienste einer größeren Zahl von Auftraggebern anböten. Dies könne „unzulässige Arbeit für den Absatzmarkt" sein. Für die Teleheimarbeiter könnten die Auftraggeber, denen sie ihre Arbeiten anbieten, zum Absatzmarkt werden. Unklar bleibt Wedde, wenn es bei ihm heißt, ein Teleheimarbeiter sei selbständig, wenn er bei wirtschaftlicher Unabhängigkeit vom jeweiligen Auftraggeber eine eigene unternehmerische Chance wahrnehme. Wenn er aufgrund seiner wirtschaftlichen Abhängigkeit als Heimarbeiter anzusehen sei, spreche eine Mehrzahl von Auftraggebern nicht gegen die Heimarbeitereigenschaft[51].

Im übrigen wird darauf hingewiesen, daß ein Heimarbeiter kein kaufmännisches Risiko tragen dürfe[52]. So ist z.B. bei Müllner zu lesen: „Das Gesetz will kleine und kleinste Unternehmer dann besonders schützen, wenn sie die Verwertung ihrer Arbeitsergebnisse dem auftraggebenden Gewerbetreibenden überlassen. Nur wer eine selbständige Tätigkeit für den Markt erbringt und dafür auch das Absatzrisiko trägt, unterfällt nicht dem HAG"[53].

---

[48] LAG München v. 30.11.1984 unveröffentlicht — Az.: 4 TaBV14/84/1OBV 142/83 — vgl. AiB 1985 S. 94; siehe dazu auch oben D.II.4.b).

[49] Kappus, Rechtsfragen S. 213; ders. NJW 1984, 2384 (2389), ebenso Kilian, Forschungsbericht S. 161.

[50] Wedde S. 71f.

[51] Wedde S. 72, siehe auch S. 75 und S. 91

[52] Maus/Schmidt §2 HAG Rn. 6; Küfner-Schmitt S. 64, S. 84, S. 93; Müllner, Privatisierung S. 101.

[53] Müllner, Privatisierung S. 101; ähnlich auch Brecht §2 HAG Rn. 6.

b) Kritik

Bevor ein eigener Lösungsvorschlag unterbreitet wird, sollen einige Bemerkungen zu den in Literatur und Rechtsprechung angeführten Unterscheidungsmerkmalen gemacht werden.

aa) Tätigkeit am Absatzmarkt (Müllner)

Soweit das Überlassen der Verwertung der Arbeitsergebnisse in §2 Abs. 1 HAG als das Merkmal herausgestellt wird, welches einen Heimarbeiter von einem Selbständigen zu unterscheiden gestatte, der demgegenüber selbständig am Absatzmarkt auftrete, ist zu sagen, daß eine eigenständige Verwertung von Arbeitsergebnissen zwar typisch für einen Selbständigen ist, daß aber bei dezentralen Bürotätigkeiten daraus, daß die Arbeitsergebnisse dem Auftraggeber zur Verwertung überlassen werden, für die Anwendbarkeit des Heimarbeitsgesetzes nichts folgt.

Bei selbständiger Vermarktung der Arbeitsergebnisse würde der in Heimarbeit Beschäftigte Waren produzieren und diese selbst an Dritte auf seine Rechnung verkaufen. Er würde sein „Entgelt" von dem Endabnehmer erhalten. Ein Entgeltanspruch gegen den „Auftraggeber" bestünde nicht. Vielmehr hätte im Gegenteil der „Auftraggeber" in einem solchen Fall gegen den Heimarbeiter einen Anspruch auf Bezahlung des gelieferten Rohmaterials. Daraus wird ersichtlich, daß es begrifflich überhaupt nicht möglich ist, daß ein Heimarbeiter und grundsätzlich auch ein Hausgewerbetreibender für den Absatzmarkt unmittelbar arbeitet. Es fehlt dann am Synallagma zwischen der Arbeitsleistung des Heimarbeiters und dem Entgelt des Auftraggebers. Die eigene Verwertung von Arbeitsprodukten an einem Absatzmarkt steht daher der Annahme eines Heimarbeitsverhältnisses prinzipiell entgegen[54]. Deshalb ist es zwar richtig zu sagen, wer seine Produkte selbst vermarktet, ist kein in Heimarbeit Beschäftigter. Jedoch ist der von Müllner gezogene Umkehrschluß, nur wer eine selbständige Tätigkeit für einen Markt erbringe und dafür auch das Absatzrisiko trage, unterfalle nicht dem Heimarbeitsgesetz, zumindest in dieser Kürze falsch. Müllner übersieht dabei, daß er bei Teleheimarbeit zumindest zu konkretisieren hat, was er hier unter Absatzmarkt verstehen will. Für Heimarbeiter und Selbständige gilt hier gleichermaßen, daß sie ihr „Produkt" dem Auftraggeber überlassen, der es in der Regel in seinem Betrieb verwertet. Müllner beläßt es dabei, die für die klassische Heimarbeit gewohnte und in diesem Zusammenhang auch zutreffende Aussage auf Teleheimarbeit zu übertragen. Bei Teleheimarbeit liegt die Schwierigkeit der Abgrenzung von Heimarbeitern und Selbständigen aber gerade darin, die Tatsache einzubeziehen, daß die Arbeitsergebnisse bei den Auftraggebern selbst verwertet werden, so daß allenfalls diese als der Absatzmarkt angesehen werden können[55]. Damit

---

[54] Maus/Schmidt §2 HAG Rn. 23; Kappus NJW 1984, 2384 (2388).

[55] Kappus NJW 1984, 2384 (2388).

verfehlt er das Problem und liefert mit seiner auf Absatzmarkt und Absatzrisiko abstellenden Formel eine für Teleheimarbeit in dieser Kurzform untaugliche Abgrenzung[56].

bb) Auftraggeber als Absatzmarkt (Wedde)

Demgegenüber weiterführend sind die Überlegungen, die dahin gehen, daß die Auftraggeber für Teleheimarbeiter der Absatzmarkt seien[57]. Damit ist der Sache nach die Frage angeschnitten, ob eine Vielzahl verschiedener Auftraggeber eines Teleheimarbeiters seiner Heimarbeitereigenschaft entgegensteht. Darauf bleibt Wedde eine präzise Antwort schuldig. Die von ihm getroffene Aussage, ob die Heimarbeitereigenschaft vorliege oder nicht, könne danach entschieden werden, ob bei wirtschaftlicher Unabhängigkeit vom jeweiligen Auftraggeber eine eigene kaufmännische und unternehmerische Chance bestehe, die ihn zum echten Selbständigen mache, oder ob er aufgrund seiner wirtschaftlichen Abhängigkeit als Heimarbeiter anzusehen sei, ist weitgehend nur eine Reformulierung des Problems.

Versuche, die unbedingt notwendige Konkretisierung der wirtschaftlichen Abhängigkeit oder auch eines — wie auch immer gearteten Marktkontaktes — anhand der kommunikationstechnischen Arbeitsplatzausstattung festmachen zu wollen, sind allerdings als ungeeignet zurückzuweisen. Auch hier gilt, daß die juristische Wertung nicht schlicht an technische Bedingungen geknüpft werden kann. Im Gegensatz zur Ansicht mancher Autoren[58] kann aus der „Zuschaltbarkeit der technischen Kommunikationssysteme zu unterschiedlichen Auftraggebern" ebensowenig auf die Selbständigkeit eines Teleheimarbeiters geschlossen werden, wie dies aufgrund der Tatsache möglich wäre, daß der Teleheimarbeiter ein Telefon besitzt, mit dem er zu vielen Auftraggebern Kontakt aufnehmen könnte.

cc) Unternehmerische Chancen und potentieller Marktzugang (Kappus)

Der Auffassung, wirtschaftliche Abhängigkeit eines Teleheimarbeiters sei danach zu beurteilen, ob dieser noch die „potentielle Chance" hat, seine wirtschaftliche Abhängigkeit zu verringern, erscheint wenig praktikabel. Der Unterschied zwischen Marktchancen und potentiellen Marktchancen ist nicht einleuchtend. Die von Kappus vorgeschlagene wertende Betrachtung, die über das Vorhandensein potentiellen Marktzuganges entscheiden soll, bedarf, um nicht in den Bereich der Intuition abzugleiten, präziser Wertungsmaßstäbe. Diese wiederum will Kappus ohne nähere Begründung „auch" aus §1 Abs. 2 Satz 3 HAG, sowie aus §12a TVG entnehmen. Gerade dies hätte eingehender

[56] So auch Kappus, Rechtsfragen S. 213.

[57] So Kappus NJW 1984, 2384 (2388); Wedde S. 72.

[58] Müllner, Privatisierung S. 101; Simon/Kuhne BB 1987, 201 (204).

Begründung bedurft. Deshalb ist seine Lösung wenig überzeugend, sobald die hohe Abstraktionsebene verlassen wird und konkrete Anhaltspunkte für potentielle Marktchancen gesucht werden. Nicht zu verstehen ist z.B., wie es zu vereinbaren ist, einerseits die Anzahl der Auftraggeber für die Heimarbeitereigenschaft für unerheblich zu halten und andererseits unter Berufung auf §12a TVG nach der Anzahl der Auftraggeber bestimmte Teleheimarbeiter aus dem Geltungsbereich des Heimarbeitsgesetzes herauszunehmen[59].

dd) Kaufmännisches Risiko (Küfner-Schmitt)

Offen ist bislang geblieben, was von dem Hinweis auf das kaufmännische Risiko als Unterscheidungskriterium zu halten ist[60]. Das kaufmännische Risiko für den Teleheimarbeiter besteht darin, keine Aufträge zu erhalten. Das Auftragsrisiko realisiert sich bei Verschlechterung der Auftragslage. Bei einem Selbständigen schlägt ein Auftragsrückgang ungebremst auf seine wirtschaftliche Situation durch. Er erhält dann keine Aufträge mehr. Bei einem Heimarbeiter hingegen bedarf die Reduzierung der Arbeitsmenge um mehr als ein Viertel einer Änderungskündigung nach §29 Abs. 6 HAG. Da jedoch die Vorschrift des §2 KSchG für das Heimarbeitsverhältnis nicht gilt, kann der Auftraggeber die Arbeitsmengen ohne sozial gerechtfertigten Grund im Sinne des Kündigungsschutzgesetzes herabsetzen. Nach §29 Abs. 6 HAG ist der Auftraggeber bei einer Verringerung der Arbeitsmenge um mehr als ein Viertel unter den sonstigen Voraussetzungen dieser Vorschrift lediglich verpflichtet, während der Kündigungsfrist das erhöhte Entgelt fortzuzahlen. Im übrigen ist der Heimarbeiter z.B. gegen eine kontinuierliche Verringerung der Arbeitsmenge nicht geschützt. Er ist somit Konjunkturschwankungen am Markt unmittelbar ausgesetzt. Unter diesen Umständen ist es nicht überzeugend zu sagen, Heimarbeiter trügen im Gegensatz zu Selbständigen kein Auftragsrisiko[61]. Auch dieser Hinweis erweist sich damit letztlich als zu vage, um eine Ausgrenzung bestimmter Personen aus dem Heimarbeitsgesetz zu begründen.

Im folgenden soll der Versuch unternommen werden, das Problem der Ausgrenzung bestimmter Teleheimarbeiter aus dem Geltungsbereich des Heimarbeitsgesetzes einer Klärung zuzuführen.

c) Eigener Lösungsvorschlag

Ausgangspunkt eines eigenen Lösungsvorschlages ist die Feststellung, daß die in Heimarbeit Beschäftigten eine besondere Gruppe arbeitnehmerähnlicher Personen darstellen. Dieser Personenkreis zeichnet sich durch seine wirtschaftliche Abhängigkeit und soziale Schutzbedürftigkeit aus[62], wie nunmehr auch

[59] Kappus, Rechtsfragen S. 214.

[60] Küfner-Schmitt S. 64, S. 84, S. 93; Maus/Schmidt §2 HAG Rn. 6; Müllner, Privatisierung S. 101.

[61] So auch Kappus S. 211.

durch §12a TVG belegt wird[63]. Deshalb sind im folgenden zwei Fragenkomplexe zu klären. Der eine bezieht sich auf die inhaltliche Konkretisierung der Begriffe wirtschaftliche Abhängigkeit und soziale Schutzbedürftigkeit. Der andere betrifft das Verhältnis wirtschaftlicher Abhängigkeit und sozialer Schutzbedürftigkeit zueinander sowie zu den Tatbestandsvoraussetzungen für Heimarbeiter und Hausgewerbetreibende nach §2 Abs. 1 und 2 HAG.

aa) Wirtschaftliche Abhängigkeit

(1) Begriffsinhalt

In Literatur und Rechtsprechung besteht eine grundsätzliche Kontroverse in der Frage, ob wirtschaftliche Abhängigkeit im Verhältnis der Parteien des Beschäftigungsverhältnisses zueinander festzustellen sei[64] oder ob es sich dabei um eine „allgemeine Lage" des Betroffenen handele, sozusagen um eine Eigenschaft in seiner Person, die einen Bezug zu anderen Personen nicht aufweist[65]. Das Bundesarbeitsgericht und die herrschende Meinung in der Literatur vertreten die zuerst genannte Ansicht.

Für die herrschende Meinung spricht bereits der Wortsinn von „wirtschaftlicher Abhängigkeit". Denn ein Abhängigkeitsverhältnis setzt begrifflich eine Beziehung des Abhängigen zu einer Person oder Sache voraus, von der er abhängig ist. Dieses Verständnis von wirtschaftlicher Abhängigkeit wird auch in Hinblick auf §2 BUrlG bestätigt, der den lediglich arbeitnehmerähnlichen Personen einen Anspruch auf Mindesturlaub zuspricht. Das Begriffsmerkmal der wirtschaftlichen Unselbständigkeit tritt dort an die Stelle des das Arbeitsverhältnis kennzeichnenden Merkmals der persönlichen Abhängigkeit. Ein Urlaubsanspruch kann nur einer Person zugesprochen werden, die sich gerade in dem Verhältnis zu jener, von der Urlaub begehrt wird, in wirtschaftlich abhängiger Stellung befindet[66]. Zwei Personen stehen in einem wirtschaftlichen Abhängigkeitsverhältnis, wenn die wirtschaftliche Existenzgrundlage des einen (des Abhängigen) im wesentlichen auf der Geschäftsbeziehung zu der anderen Person beruht[67]. Deshalb ist derjenige, der Geschäftsbeziehungen zu einer

---

[62] Schaub §9 I.1. S.37; Wiedemann/Stumpf §12a TVG Rn. 8.

[63] Es besteht allerdings darüber eine Kontroverse darüber, ob §12a TVG eine allgemeine Begriffsbestimmung enthält, oder lediglich für das Tarifrecht gilt, so Kunze UFITA 1975, 19 (21); vgl. dazu Wiedemann/Stumpf §12a TVG Rn. 11.

[64] BAG v. 28.6.1973 AP Nr. 2 zu §2 BUrlG, bes. Bl. 2ff; BAG v. 8.6.1967 AP Nr. 6 zu §611 BGB Abhängigkeit, bes. Bl. 2; BAG v. 8.11.1967 AP Nr. 7 zu §611 BGB Abhängigkeit, bes. Bl. 4; Nikisch I S. 140; Hueck/Nipperdey I S. 60; Zöllner §4 VI 2. S. 52; Wiedemann/Stumpf §12a TVG Rn. 24; KR-Rost Arbeitnehmerähnliche Personen Rn. 17; Grunsky §5 ArbGG Rn 17; Wlotzke DB 1974, 2252 (2257).

[65] So Reichel WK Nr. 45 §12a TVG Anm. 10; Schaub §9 I 1. S. 37; Lieb RdA 1974, 257 (263).

[66] BAG v. 28.6.1973 AP Nr. 2 zu §2 BUrlG, bes. Bl. 3.

[67] BAG v. 28.6.1973 AP Nr. 2 zu §2 BUrlG, bes. Bl. 2ff; BAG v. 8.6.1967 AP Nr. 6 zu §611 BGB Abhängigkeit, bes. Bl. 2; BAG v. 8.11.1967 AP Nr. 7 zu §611 BGB

Vielzahl verschiedener Auftraggeber unterhält, in der Regel von keinem wirtschaftlich abhängig. Seine Geschäftsbeziehung zu einer einzigen Person ist regelmäßig nicht Ursache seiner wirtschaftlichen Gesamtsituation. Die wirtschaftliche Abhängigkeit sinkt also mit der steigenden Anzahl verschiedener Auftraggeber[68].

Diesem Verständnis steht §12a TVG nicht entgegen. In §12a Abs. 1 Nr. a und b sowie in Abs. 3 TVG werden Kriterien genannt, die wirtschaftliche Abhängigkeit im Sinne des Tarifrechtes konkretisieren[69]. Während die „überwiegende Tätigkeit" für eine andere Person nach Buchstabe a) dem obigen Grundsatz noch entspricht, enthalten §12a Abs. 1 Buchstabe b) mit der „50%-Klausel" und der Absatz 3 eine gesetzliche Erweiterung des allgemeinen Begriffs wirtschaftlicher Abhängigkeit. Der Gesetzgeber hat eine Regelung treffen wollen, die an der sozialtypischen Erscheinung mehrerer Auftraggeber der freien Mitarbeiter bei Rundfunk und Fernsehen nicht vorbeigeht[70]. Dadurch aber ist nicht der Grundsatz in Frage gestellt, daß eine wirtschaftliche Abhängigkeit im Verhältnis zweier Personen zu bestimmen ist.

Es bietet sich an, für den Umstand, daß der Betroffene sich in einer wirtschaftlich schwachen Position befindet, den Begriff der sozialen Schutzbedürftigkeit zu benutzen. Die Umschreibung einer allgemeinen wirtschaftlichen Schwäche ist aber deutlich von wirtschaftlicher Abhängigkeit zu unterscheiden. Deshalb sind die Ansätze, wirtschaftliche Abhängigkeit so „weit auslegen", daß als ein konkretisierendes Element die soziale Schutzbedürftigkeit subsumierbar wird[71], wenig glücklich. Es darf nämlich nicht übersehen werden, daß auch der wirtschaftlich Bessergestellte wirtschaftlich abhängig sein kann und daß andererseits derjenige, der seine Waren oder Dienste auf dem Markt anbietet, nicht arbeitnehmerähnlich ist, mag sein Betrieb noch so klein und mag er wirtschaftlich noch so schwach sein[72].

Selten findet sich in der Literatur eine Äußerung darüber, wann die Zahl der Auftraggeber für so groß gehalten wird, daß wirtschaftliche Abhängigkeit zu verneinen sei. Nach einer Auffassung[73] kann von wirtschaftlicher Abhängigkeit nur bei zwei oder drei Auftraggebern die Rede sein, sofern jede Tätigkeit für sich

---

Abhängigkeit, bes. Bl. 4; Nikisch I S. 140; Hueck/Nipperdey I S. 60; Zöllner §4 VI 2. S. 52; Wiedemann/Stumpf §12a TVG Rn. 24; KR-Rost Arbeitnehmerähnliche Personen Rn. 17; Grunsky §5 ArbGG Rn 17; Wlotzke DB 1974, 2252 (2257).

[68] Wiedemann/Stumpf §12a TVG Rn. 24; Grunsky §5 ArbGG Rn. 17; KR-Rost Arbeitnehmerähnliche Personen Rn. 17ff; BAG v. 28.6.1973 AP Nr. 2 zu §2 BUrlG, bes. Bl. 3; BAG v. 8.11.1967 AP Nr. 7 zu §611 BGB Abhängigkeit, bes. Bl. 4.

[69] KR-Rost Arbeitnehmerähnliche Personen Rn. 17ff.; Wiedemann/Stumpf §12a TVG Rn. 25; Lund BArbBl. 1974 682 (683); Wlotzke DB 1974, 2252 (2257).

[70] Lund BArbBl. 1974, 682 (683).

[71] Vgl. z.B. Reichel AR-Blattei D Arbeitnehmerähnliche Person, 1. Forts.-Blatt Rs.

[72] So bereits Nikisch I S. 140.

[73] Dersch/Neumann §2 BUrlG Rn. 86.

kein Minimum an sozialer Sicherheit schaffe und nur im Zusammenhang mehrerer Tätigkeiten ein Existenzaufbau möglich sei[74]. Anderer Ansicht nach darf ein Heimarbeiter nur einen Auftraggeber haben[75].

Diese Angaben erscheinen wenig plausibel. Zu beachten ist, daß es Fälle geben kann, in denen eine Person überwiegend Aufträge von einer anderen erhält. Sporadisch können weitere Auftraggeber hinzutreten, die jeweils nur für kurze Dauer die Dienst- oder Werkleistung in Anspruch nehmen. Die Wertung für diese Fälle ist in §12a TVG vorgezeichnet. In Ermangelung einer davon abweichenden heimarbeitsrechtlichen Wertung ist auch hier eine wirtschaftliche Abhängigkeit zu dem hauptsächlichen Auftraggeber, der mit seinen Aufträgen die Existenzgrundlage liefert, zu bejahen. Demgegenüber fallen die Aufträge der anderen Personen kaum ins Gewicht. Konsequenterweise ist im Verhältnis zu ihnen eine wirtschaftliche Abhängigkeit zu verneinen. Die Heimarbeitereigenschaft kommt einem derart Beschäftigten dann nur im Verhältnis zu dem maßgeblichen Auftraggeber zu.

(2) Das Verhältnis wirtschaftlicher Abhängigkeit zu den Begriffsmerkmalen in § 2 Abs. 1 und 2 HAG

Fraglich ist, ob die Personen, die die Voraussetzungen des §2 Abs. 1 oder Abs. 2 HAG erfüllen, stets wirtschaftlich abhängig in dem oben beschriebenen Sinne sind oder wenigstens als wirtschaftlich abhängig gelten, oder ob ihre wirtschaftliche Abhängigkeit jeweils zusätzlich zu den Tatbestandsmerkmalen nach §2 Abs. 1 oder 2 HAG festzustellen ist. Der Wortlaut der Vorschriften läßt es zu, daß auch derjenige, der für viele gewerbliche Auftraggeber erwerbsmäßig arbeitet (Abs.1) oder Waren herstellt, bearbeitet oder verpackt (Abs.2) und jeweils die Verwertung der Arbeitsergebnisse dem Auftraggeber überläßt, als Heimarbeiter oder Hausgewerbetreibender eingestuft werden kann. Demnach scheint es auf wirtschaftliche Abhängigkeit im Einzelfall gar nicht anzukommen, sondern die wirtschaftliche Abhängigkeit des Heimarbeiters könnte vielmehr ähnlich der sozialen Schutzbedürftigkeit des Arbeitnehmers im Einzelfall auch fehlen, ohne daß dadurch die Anwendbarkeit von Heimarbeitsrecht in Frage gestellt wäre.

Der soziologische Tatbestand der Heimarbeit, der zur Entwicklung des Heimarbeitsrechtes geführt hat, legt eine typisierende Betrachtungsweise nahe. Der aus historischer Sicht typische Heimarbeiter oder Hausgewerbetreibende, der beispielsweise Trinkstrohhalme schneidet, Weihnachtsbaumschmuck herstellt oder Krabben schält, hat keinen Geschäftskontakt zu mehreren Auftraggebern. Er erhält vielmehr nur von einem einzigen Gewerbetreibenden Arbeitsaufträge und überläßt diesem die Früchte seiner Arbeit. Bei historisch-soziologischer Betrachtung ist die wirtschaftliche Abhängigkeit eines Heimar-

[74] Dersch/Neumann §2 BUrlG Rn. 86.

[75] Simon/Kuhne BB 1987, 2O1 (2O3).

beiters eine Selbstverständlichkeit. Es ist davon auszugehen, daß der historische Gesetzgeber des Heimarbeitsgesetzes, das erstmals im Jahre 1911 und das in seiner heutigen Form im Jahre 1974 gefaßt wurde, diese typische Situation bei Heimarbeit vor Augen gehabt hat, als er die gegenwärtigen Regelungen des Heimarbeitsgesetzes übernahm, veränderte oder einfügte. Wie sich aus dem Wortlaut der erst 1974 eingefügten Sätze 2 und 3 von § 1 Abs.2 HAG ergibt, hat er sich auch im Jahre 1974 als Markt für die Produkte der Heimarbeit lediglich einen Warenabsatzmarkt vorgestellt und dementsprechend diesen „Marktkontakt“ als mit der Anwendung des Heimarbeitsgesetzes in der genannten Vorschrift als grundsätzlich unvereinbar festgeschrieben. Zwar wird dort ebenfalls die „Abhängigkeit von einem oder mehreren Auftraggebern“ genannt. Ein Blick in die Materialien zur Novellierung des Heimarbeitsgesetzes aber zeigt, daß ein Zusammenhang zwischen wirtschaftlicher Abhängigkeit, Marktkontakt und Anzahl der Auftraggeber nicht erkannt worden ist[76]. Es ist offensichtlich auch nicht angestrebt worden, die aneinander gereihten Gesichtspunkte in irgendeiner Weise zu systematisieren. So darf insbesondere bezweifelt werden, ob deutlich gesehen wurde, daß mit der Formulierung „Überlassen der Verwertung der Arbeitsergebnisse“ in § 2 Abs. 1 und Abs. 2 HAG nichts anderes als fehlender direkter Zugang zum Warenabsatzmarkt umschrieben ist, aus dem streng genommen über die Anzahl der Auftraggeber und damit über die wirtschaftliche Abhängigkeit der in Heimarbeit Beschäftigten nichts folgt. Zu wiederholen ist aber, daß die herkömmliche Heimarbeit eine Differenzierung zwischen Auftragsmarkt und Warenabsatzmarkt bislang nicht erforderte. Vielmehr war der für die Vergangenheit typische Heimarbeiter in seiner wirtschaftlichen Existenz von dem Auftraggeber abhängig, dem er seine Produkte zur Verwertung überließ.

Diese historische Ausgangssituation hat sich nicht nur, aber auch durch die veränderten technischen Voraussetzungen grundlegend gewandelt, durch die dezentrale Bürotätigkeiten in bisher unbekanntem Umfang ermöglicht werden. Bei diesen Tätigkeiten ist zu beachten, daß für sie ein Warenabsatzmarkt ohnehin nicht besteht, da „die Produkte“ in der Regel nur bei dem Auftraggeber selbst verwertet werden können (so z.B. bei Text- oder Datenerfassung). Wohl aber können verschiedene Auftraggeber derartige Heimarbeit nachfragen. Diese neue Situation wird an den Beispielen der autarken Texterfassung oder der Fotosatzerstellung deutlich[77]. Sie zwingt dazu, die Voraussetzungen für die Anwendung von Heimarbeitsrecht zu präzisieren. Dann ergibt sich, daß die bislang typischerweise bereits durch den fehlenden Zugang zum Warenabsatzmarkt vorhandene wirtschaftliche Abhängigkeit hier durch den im Einzelfall zu prüfenden Verzicht auf ein Anbieten der Dienstleistung auf dem Markt der Dienstleistungsabnehmer, mithin auf einem Auftragsmarkt, zu konkretisieren ist. Dadurch wird es insbesondere für die Teleheimarbeit erforderlich, neben den

[76] BT-Drucksache 7/975 S. 13.

[77] Vgl. oben 2. Teil: B.II.

Begriffsmerkmalen in §2 Abs. 1 oder Abs.2 HAG stets zusätzlich die wirtschaftliche Abhängigkeit des Teleheimarbeiters als ungeschriebenes Tatbestandmerkmal festzustellen, um ihn als einen in Heimarbeit Beschäftigten zu behandeln.

Als Ergebnis ist somit festzuhalten, daß insbesondere bei Teleheimarbeit die Eigenschaft, Heimarbeiter oder Hausgewerbetreibender zu sein, nicht nur am Wortlaut des §2 Abs. 1 oder des Abs. 2 HAG entschieden werden kann. Hinzutreten muß eine wirtschaftliche Abhängigkeit zu einem Auftraggeber, die als ein ungeschriebenes Tatbestandsmerkmal Voraussetzung für die Anwendung des Heimarbeitsgesetzes ist. Eine Vielzahl verschiedener Auftraggeber ist in der Regel Indiz für wirtschaftliche Unabhängigkeit, mag die wirtschaftliche Situation im übrigen noch so ungünstig sein[78].

bb) Soziale Schutzbedürftigkeit

(1) Begriffsinhalt

Die Stellung der arbeitnehmerähnlichen Personen wird nach allgemeiner Ansicht nicht nur durch ihre wirtschaftliche Abhängigkeit, sondern auch durch ihre soziale Schutzbedürftigkeit gekennzeichnet. In der Literatur zum Heimarbeitsrecht fehlt ein Definitionsversuch für soziale Schutzbedürftigkeit. Zumeist wird pauschal auf den Katalog des §1 Abs. 2 Satz 3 HAG verwiesen[79]. Bei derartigem Vorgehen kann jedoch soziale Schutzbedürftigkeit nicht von wirtschaftlicher Abhängigkeit unterschieden werden. Diese Unklarheit ist auch Kappus vorzuwerfen, der, ohne zu differenzieren, die Kriterien gesteigerter wirtschaftlicher Abhängigkeit unter anderem dem Katalog des §1 Abs. 2 Satz 3 entnehmen will[80].

Hier soll unter sozialer Schutzbedürftigkeit im Einklang mit der wohl herrschenden Auffassung im arbeitsrechtlichen Schrifttum die Unfähigkeit zur eigenen Daseinsvorsorge verstanden werden[81]. Eine solche Unfähigkeit zur eigenen Daseinsvorsorge besteht vor allem dann, wenn so geringe Einkommen erzielt werden, daß eigene Rücklagen zur Absicherung gegenüber den allgemeinen Lebensrisiken nicht gebildet werden können.

Im folgenden soll untersucht werden, in welchem Verhältnis eine so verstandene soziale Schutzbedürftigkeit zu den in §2 Abs. 1 und Abs. 2 HAG genannten Merkmalen steht.

---

[78] Vgl. dazu unten F.III.

[79] Maus / Schmidt §1 HAG Rn. 35; Brecht §1 HAG Rn. 25ff; Gröninger / Rost §1 HAG Anm. 4.a).

[80] Kappus, Rechtsfragen S. 214.

[81] Wiedemann / Stumpf §12a TVG Rn. 31; Lieb RdA 1974, 257 (264); Beuthien / Wehler RdA 1978, 2 (5/6).

(2) Das Verhältnis sozialer Schutzbedürftigkeit zu den Begriffsmerkmalen in § 2 Abs. 1 und 2 HAG

Die soziale Schutzbedürftigkeit eines typischen Heimarbeiters wird von niemandem bestritten[82]. Die Heimarbeitsindustrie hat sich den Ruf einer Elendsindustrie eingehandelt, die in bezug auf soziale Mißstände eine unrühmliche Vorreiterstellung innehat. Erst die Teleheimarbeit und insbesondere die Teleprogrammierung, bei der ein hohes Einkommen erzielbar ist, wirft die Frage auf, ob ein fehlendes soziales Schutzbedürfnis im Einzelfall der Anwendung von Heimarbeitsrecht entgegensteht.

Aus historischer Sicht erschien es nicht erforderlich, in §2 Abs. 1 oder Abs. 2 HAG soziale Schutzbedürftigkeit als Tatbestandsvoraussetzung ausdrücklich aufzunehmen. Die Vorschriften des Heimarbeitsgesetzes setzen dementsprechend eine soziale Schutzbedürftigkeit der in Heimarbeit Beschäftigten stillschweigend voraus. So verpflichtet §8 HAG den Auftraggeber Entgeltverzeichnisse offenzulegen, damit die in Heimarbeit Beschäftigten sich über das ihnen zustehende Entgelt unterrichten können[83]. Damit unverträglich ist die Vorstellung, Entgeltverzeichnisse für hochqualifizierte und hochbezahlte Fachkräfte offenzulegen. Denn bei sogenannten „Spitzenverdienern“ gehört die Höhe ihres Verdienstes zu den auch von ihnen selbst wohlgehüteten Geschäftsgeheimnissen. Ebenso lebensfremd wäre es anzunehmen, für eine hochbezahlte Fachkraft würden Mindestentgelte in Prozeßstandschaft des Landes gemäß den §§23, 24 HAG eingeklagt werden. An einen hochbezahlten Spezialisten würde auch kein Entgeltbuch ausgegeben werden, weil typischerweise nicht zu befürchten ist, daß der Betreffende zur Buchführung über seinen Verdienst nicht in der Lage sein könnte[84]. An den entsprechenden Vorschriften des Heimarbeitsgesetzes zeigt sich, daß das Heimarbeitsrecht auf die sozial unterprivilegierte Stellung von Heimarbeitern und Hausgewerbetreibenden zugeschnitten ist.

Nun könnte man allerdings ebenso wie im Arbeitsrecht auch im Heimarbeitsecht sagen, daß eine im Einzelfall fehlende soziale Schutzbedürftigkeit zugunsten einer generalisierenden Betrachtung hinzunehmen ist. Bei Arbeitnehmern darf heute als ausgemacht gelten, daß eine im Einzelfall fehlende soziale Schutzbedürftigkeit die Anwendung des Arbeitsrechtes keineswegs ausschließt[85]. Insbesondere spielt die Einkommenshöhe für die Arbeitnehmereigenschaft keine Rolle[86].

Eine generalisierende Betrachtung, die bei Fehlen sozialer Schutzbedürftigkeit im Einzelfall einen über das erforderliche Maß hinausgehenden gesetzlichen Schutz in Kauf nimmt, hat den Vorzug der Praktikabilität. Weil soziale

---

[82] Vgl. z.B. Hueck/Nipperdey I §10 I 2. S. 57; Drygala BlStSozArbR 1978, 356.

[83] Maus/Schmidt §8 HAG Rn. 1.

[84] Vgl. dazu Maus/Schmidt §9 HAG Rn. 1.

[85] Zeuner RdA 1975, 84 (88).

[86] BAG v. 27.7.1961 AP Nr. 24 Ärzte, Gehaltsansprüche, bes. Bl. 3.

Schutzbedürftigkeit im Einzelfall nicht nur bei hohem Verdienst fehlen kann, sondern auch bei anderweitigen Einkünftenrecht wie z.B. bei Renten und Unterhaltsberechtigungen oder bei Einkünften aus Kapitalvermögen hätte ein Beharren auf dem Nachweis sozialer Schutzbedürftigkeit z.B. zur Folge, daß die Feststellung, ob jemand als Heimarbeiter oder Hausgewerbetreibender von einer bindenden Festsetzung begünstigt wird, eine intensive Prüfung seiner persönlichen Lebensverhältnisse erforderlich machen würde. Das dürfte in der Praxis kaum zu bewältigen sein[87]. Ähnliche Überlegungen wie hier dürften das Landesarbeitsgericht Frankfurt[88] veranlaßt haben auszuführen, daß ein „erwerbsmäßiges" Arbeiten im Sinne von §2 Abs. 1 HAG auch dann vorliege, wenn die erzielten Einkünfte nicht dem notwendigen Lebensunterhalt dienten, sondern dieser anderweitig gesichert sei. Hinter dieser Entscheidung steht die Intention, daß Heimarbeitsrecht so durchsichtig und praktikabel wie möglich zu gestalten, und die Vorstellung, die konkrete Schutzbedürftigkeit müsse in jedem Einzelfall nachgewiesen werden, im Heimarbeitsrecht ebenso zu verabschieden wie dies im Arbeitsrecht schon lange geschehen ist.

Dem könnte im Heimarbeitsrecht jedoch §1 Abs. 2 Satz 3 HAG entgegenstehen, weil dort unter anderem auf den „Umsatz einer Person"[89], mithin auch auf ihr Einkommen, abgestellt wird, um ihre soziale Schutzbedürftigkeit festzustellen. §1 Abs. 2 Satz 3 HAG bezieht sich jedoch darauf, ob bestimmte Personen oder Personengruppen gleichgestellt werden können. Der dazu entscheidungsberufene Heimarbeitsausschuß ist gehalten, auch im Einzelfall die soziale Schutzbedürftigkeit festzustellen. Demgegenüber ist der Heimarbeiterstatus oder die Eigenschaft als Hausgewerbetreibender nicht erst aufgrund einer behördlichen Entscheidung zu erwerben, sondern sie ist das Ergebnis eines Subsumtionsvorganges, der möglichst transparent zu sein hat, da nicht zuletzt die Betroffenen selbst in der Lage sein müssen, zu beurteilen, ob Heimarbeitsrecht auf ihre Rechtsbeziehung anzuwenden ist oder nicht.

Zusammenfassend ist daher festzustellen, daß es für die Anwendbarkeit des Heimarbeitsgesetzes nicht darauf ankommt, daß soziale Schutzbedürftigkeit im Einzelfall nachgewiesen ist. Auch im Heimarbeitsrecht ist ebenso wie im Arbeitsrecht zugunsten der Rechtsklarheit hinzunehmen, daß im Einzelfall ein über ein notwendiges Maß hinausgehender sozialer Schutz gewährt wird.

---

[87] Es darf bezweifelt werden, ob das Bundesarbeitsgericht in einer Entscheidung aus dem Jahre 1962 diese Konsequenzen bedacht hat. In jener Entscheidung hat das Gericht allerdings die Auffassung vertreten, die arbeitnehmerähnliche Rechtsstellung könne wegen des Bezuges einer Rente entfallen, BAG v. 13.2.1962 AP Nr.3 zu §611 BGB Abhängigkeit, bes. Bl. 2.

[88] LAG Frankfurt v. 14.10.1982 AP Nr. 9 zu §2 HAG bes. Bl. 2 Rs.; mit zust. Anm. vonSeipel, ebenda bes. Bl. 3 Rs.

[89] Zur mangelnden Aussagekraft von Umsatzzahlen für die Heimarbeiter- oder Hausgewerbeeigenschaft vgl auch BAG v. 27.10.1972 AP Nr. 8 zu §2 HAG, bes. Bl. 2.

Zusammenfassung

Ein in Heimarbeit Beschäftigter Teleheimarbeiter ist — neben den in § 2 Abs. 1 und Abs. 2 HAG genannten Begriffsmerkmalen — von einem Selbständigen, auf den das Heimarbeitsrecht nicht anzuwenden ist, durch seine wirtschaftliche Abhängigkeit zu unterscheiden. Dabei ist unter wirtschaftlicher Abhängigkeit eine Geschäftsbeziehung zu einem Auftraggeber zu verstehen, die die wirtschaftliche Existenzgrundlage des Teleheimarbeiters darstellt. Es ist als ungeschriebenes Tatbestandsmerkmal Voraussetzung dafür, einen Teleheimarbeiter als einen in Heimarbeit Beschäftigten einzustufen. Demgegenüber ist es zugunsten der Rechtsklarheit hinzunehmen, daß im Einzelfall auch einmal Personen, die zur eigenen Daseinsvorsorge in der Lage, also nicht sozial schutzbedürftig sind, als in Heimarbeit Beschäftigte anzusehen sind. Soziale Schutzbedürftigkeit ist keine Voraussetzung für die Anwendung von Heimarbeitsrecht.

4. Beispiele

a) Autarke Texterfassung — Siemens AG

Es ist an dieser Stelle noch einmal auf das Beispiel „autarke Texterfassung" zurückzukommen[90]. Ergebnis der obigen Prüfung war, daß die autarke Texterfassung auf der Grundlage von Werkverträgen erfolgen kann.

Es stellt sich hier die Frage, ob die Teletypistinnen in diesem Fall in Heimarbeit Beschäftigte sind. Sie müßten dann zunächst die Begriffsmerkmale des §2 Abs. 1 HAG erfüllen. Die Sekretärinnen arbeiten in ihrer eigenen Wohnung erwerbsmäßig und überlassen die Arbeitsergebnisse dem Auftraggeber, der sie für eigene Zwecke verwertet. Ihre Heimarbeitereigenschaft steht also insoweit nicht in Zweifel.

Fraglich ist darüber hinaus, ob sie wirtschaftlich abhängig sind. Im Modellversuch sind die Vorstellungen von einer zukünftigen „autarken" Texterfassung davon geprägt, daß beliebige Auftraggeber die Telesekretärinnen „an der langen Leine" jeweils für kurze Zeit in Anspruch nehmen können. Wenn unter dieser Voraussetzung die Geschäftsbeziehung zu keinem dieser Auftraggeber als wesentliche Existenzgrundlage betrachtet werden kann, fehlt es an wirtschaftlicher Abhängigkeit zu jedem der Auftraggeber. Das Heimarbeitsrecht findet dann keine Anwendung[91].

b) Fotosatzerstellung in der Druckindustrie

Im Beispiel der Teletypistinnen in der Druckindustrie kommt ebenfalls in Betracht, daß diese Teleheimarbeiterinnen unter das Heimarbeitsgesetz fallen[92].

---

[90] Vgl. oben D.I.3.a).

[91] So auch Wedde S. 89.

[92] Vgl. oben D.II.4.b).

Die Voraussetzungen des §2 Abs. 1 HAG sind erfüllt. Die Frauen arbeiten in ihrer eigenen Wohnung ohne Hilfskräfte. Auftraggeber ist ein Unternehmen, das Fotosatz für die Druckindustrie herstellt, mithin ein Gewerbetreibender. Die Teletypistinnen überlassen die Verwertung des plattengespeicherten Drucksatzes diesem Auftraggeber. Im Gegensatz zur Modellvorstellung der autarken Texterfassung tritt hier nur ein einziger Auftraggeber in Escheinung, von dem die Teleheimarbeiterinnen folglich wirtschaftlich abhängig sind. Von diesem Auftraggeber haben die Teletypistinnen ihre Textstationen gemietet. An diesem Beispiel zeigt sich, daß eine Eigeninvestion, die hier in der Anmietung der Geräte zu sehen ist, nicht notwendig Indiz für wirtschaftliche Unabhängigkeit ist[93] ist. Da dic Höhe des Mietpreises nach dem Umfang der Nutzung der Geräte bestimmt wird, ist das wirtschaftliche Band zwischen Teleheimarbeiter und Auftraggeber besonders fest geknüpft. Denn der Auftraggeber profitiert indirekt über den Mietpreis von der Vergabe seiner Aufträge an die Teleheimarbeiterin, die ihrerseits eine kontinuierliche Abschöpfung von ihrem Entgelt hinnehmen muß. Dafür ist ihr allerdings auch das Risiko dafür abgenommen, daß die Investitionskosten die Erträge übersteigen. Die jeweilige Anmeldung zum Gewerbe steht der Heimarbeitereigenschaft nicht entgegen[94].

Die Teleheimarbeit in der Druckindustrie stellt somit ein Beispiel für die heimarbeitsrechtliche Variante der informationstechnisch gestützten Distanzarbeit dar.

II. Gleichgestellte Teleheimarbeiter

Zu den gleichgestellten Teleheimarbeitern ist eine kurze Bemerkung ausreichend. Zur Zeit gibt es nur eine Gleichstellungsentscheidung, die für den Bereich der Teleheimarbeit von Bedeutung ist. Es handelt sich um die bereits oftmals erwähnte Gleichstellung betreffend Adressenschreiben, Abschreibarbeiten und ähnlichen Arbeiten[1]. Danach genießen alle Personen, die einfache Bürotätigkeiten zu Hause ausführen und die nicht ohnehin nach §2 Abs. 1 HAG vom Geltungsbereich des Heimarbeitsgesetzes erfaßt sind, den partiellen Schutz der nach §1 Abs. 2 Buchstabe a HAG gleichgestellten Personen. Unerheblich ist, ob es sich um Teleheimarbeit oder um herkömmliche, nicht informationstechnisch gestützte Arbeitsplätze zu Haus handelt.

Im übrigen gibt es keine Gleichstellungsentscheidung, die teleheimarbeitstypische Tätigkeitsfelder abdeckt. Personen, die lediglich gleichstellungsfähig nach §1 Abs. 2 HAG sind, haben keine Rechtsstellung nach dem Heimarbeitsgesetz. Sie können aber sonstige arbeitnehmerähnliche Personen sein.

---

[93] In diese Richtung aber BAG v. 27.10.1972 AP Nr. 8 zu §2 HAG, bes. Bl. 2; Maus/Schmidt §2 HAG Rn. 30.

[94] Vgl. oben E.I.1.c).

[1] BAnz. 1976 Nr. 54.

III. Sonstige arbeitnehmerähnliche Teleheimarbeiter

Die arbeitnehmerähnlichen Personen, auf die das Heimarbeitsgesetz keine Anwendung findet, sind das Thema dieses Abschnittes. Möglich wäre es, diese Gruppe wiederum in sonstige arbeitnehmerähnliche Personen im Sinne von § 2 BUrlG, im Sinne von § 5 ArbGG und im Sinne von § 12a TVG zu unterteilen. Wegen der überragenden praktischen Bedeutung der Arbeitnehmerähnlichkeit im Sinne von § 12a TVG ist hier jedoch eine Beschränkung auf diese Personengruppe gestattet.

Nach § 12a Abs. 1 Nr. 1 TVG können für Personen, die wirtschaftlich abhängig und vergleichbar einem Arbeitnehmer sozial schutzbedürftig sind (arbeitnehmerähnliche Personen), Tarifverträge geschlossen werden, wenn sie auf Grund von Dienst- oder Werkverträgen für andere Personen tätig sind, die geschuldeten Leistungen persönlich und im wesentlichen ohne Mitarbeit von Arbeitnehmern erbringen und

a) überwiegend für eine Person tätig sind oder
b) ihnen von einer Person im Durchschnitt mehr als die Hälfte des Entgeltes zusteht, das ihnen für ihre Erwerbstätigkeit insgesamt zusteht.

Abweichend von Absatz 1 Nr. 1 Buchstabe b des § 12a TVG können nach Absatz 3 der Vorschrift für Personen, die künstlerische, schriftstellerische oder journalistische Leistungen erbringen sowie für Personen, die an der Erbringung solcher Leistungen unmittelbar mitwirken, auch dann Tarifverträge geschlossen werden, wenn ihnen von einer Person im Durchschnitt mindestens ein Drittel des Entgeltes zusteht.

1. Wirtschaftliche Abhängigkeit im Sinne von § 12a TVG

Die Bedeutung des § 12a TVG für Teleheimarbeit könnte darin liegen, daß er in gewissem Umfang gestattet, für jene Teleheimarbeiter durch Tarifvertrag Mindesarbeitsbedingungen festzusetzen, bei denen die Heimarbeitereigenschaft aufgrund einer Vielzahl von Auftraggebern abzulehnen ist[1]. Indes wird nach dem Wortlaut des § 12a Abs. 1 Nr. 1 TVG, „und", wirtschaftliche Abhängigkeit zusätzlich zu den dort in Buchstabe a) oder b) genannten Voraussetzungen gefordert. Die wirtschaftliche Abhängigkeit sinkt jedoch mit der steigenden Anzahl von Auftraggebern[2]. Verstünde man daher § 12a Abs. 1 Nr. 1 TVG so, daß die unter den Buchstaben a) oder b) genannten Voraussetzungen zu einer bereits vorhandenen wirtschaftlichen Abhängigkeit hinzutreten müssen, enthielte das Gesetz einen logischen Widerspruch. Die Vorschrift ist folglich in der jetzigen Formulierung mißglückt[3]. Sie hätte zum Ausdruck bringen müssen,

[1] Vgl. oben I.3.b)aa)(1).

[2] Siehe oben I.3.b)aa)(1); Wiedemann / Stumpf § 12a TVG Rn. 24; Wlotzke DB 1974, 2252 (2257).

[3] Wiedemann / Stumpf § 12a TVG Rn. 25.

daß ein Beschäftigter auch dann noch als wirtschaftlich abhängig gilt, wenn er lediglich die Voraussetzungen nach Buchstabe b) erfüllt. § 12a Abs. 1 Nr. 1 TVG ist dementsprechend korrigierend auszulegen[4]. Dann enthält § 12a Abs. 1 Nr. 1 Buchstabe b und auch Absatz 3 dieser Vorschrift eine tarifvertragsrechtliche Erweiterung des Begriffes wirtschaftlicher Abhängigkeit[5].

Nach § 12a Abs. 3 TVG kann ein Beschäftigter, der z.B. bei drei verschiedenen Auftraggebern gleiche Verdienstmöglichkeiten besitzt, als arbeitnehmerähnliche Person eingestuft werden, obwohl er von keiner dieser Personen im strengen Sinne wirtschaftlich abhängig ist[6]. Somit erlaubt es § 12a TVG, für einen größeren Kreis von Personen tarifvertragliche Mindestarbeitsbedingungen festzuschreiben, als es möglich wäre, wenn nman auch hier den strengen Maßstab für wirtschaftliche Abhängigkeit anlegen würde. Gleichwohl ist bei § 12a TVG ebenso wie im Heimarbeitsgesetz die wirtschaftliche Abhängigkeit immer im Verhältnis zu einer Person festzustellen[7]. Wenn deshalb ein Beschäftigter von einem Auftraggeber die Hälfte seines Verdienstes bezieht und die andere Hälfte von einer Vielzahl kleiner Auftraggeber erhält, so ist er im Sinne von § 12a TVG nur im Verhältnis zu dem Hauptauftraggeber wirtschaftlich abhängig.

Für den Bereich der Teleheimarbeit ergibt sich, daß solche Teleheimarbeiter tarifvertraglich abgesichert werden können, die dem Anwendungsbereich des Heimarbeitsgesetzes deshalb entzogen sind, weil sie zu keinem ihrer Auftraggeber in einem so gearteten wirtschaftlichen Abhängigkeitsverhältnis stehen, daß ihre wirtschaftliche Existenz im wesentlichen nur durch Aufträge von einem Auftraggeber gesichert wird. Allerdings müssen darüber hinaus die weiteren Voraussetzungen des § 12a Abs. 1 Nr. 1 Buchstabe a) oder b) oder Abs. 3 TVG vorliegen. So können nach Absatz 3 nur solche Teleheimarbeitsverhältnisse erfaßt werden, bei denen schriftstellerische oder journalistische Leistungen zu Hause erbracht werden[8].

---

[4] Wiedemann/Stumpf § 12a TVG Rn. 25.

[5] Wiedemann/Stumpf § 12a TVG Rn. 25; KR-Rost Arbeitnehmerähnliche Personen Rn. 17; Lund BArbBl. 1974, 682 (683); Woltzke DB 1974, 2252 (2257).

[6] So auch Wiedemann/Stumpf § 12a TVG Rn. 27.

[7] Wiedemann/Stumpf § 12a TVG Rn. 24.

[8] In diesem Bereich wird zunehmend Informations- und Kommunikationstechnik eingesetzt. So beliefern Journalisten, die in abgelegenen ländlichen Gebieten wohnen, mehrere Tageszeitungen mit regionalen Nachrichten, indem sie derartige Meldungen täglich z.B. mit Hilfe von Teletex oder Btx an die jeweiligen Zentralen schicken. Die Kenntnis der Verfasserin beruht auf einer Fernsehsendung, die im 3. Programm des NDR im Jahre 1985 ausgestrahlt worden ist. Die Redakteurin Luc Jochimsen hat dort den Teleheimarbeitsplatz einer Kollegin vorgestellt.

2. Soziale Schutzbedürftigkeit im Sinne von § 12a TVG

Ein Teleheimarbeiter ist nur dann nach § 12a TVG als arbeitnehmerähnliche Person einzustufen, wenn er vergleichbar einem Arbeitnehmer sozial schutzbedürftig ist. Soziale Schutzbedürftigkeit ist auch im Tarifrecht als Unfähigkeit zur eigenen Daseinsvorsorge zu umschreiben[9]. Im Gegensatz zum Heimarbeitsgesetz erhebt § 12a TVG ausdrücklich die soziale Schutzbedürftigkeit einer Person zur Voraussetzung, um sie als arbeitnehmerähnlich nach § 12a TVG anzusehen. Deshalb kommt hier nicht in Betracht, diese Voraussetzung zugunsten einer generalisierenden Betrachtung zu vernachlässigen. Es ist vielmehr erforderlich, soziale Schutzbedürftigkeit genauer zu beleuchten.

In der Literatur zu § 12a TVG wird allgemein vertreten, maßgeblich für soziale Schutzbedürftigkeit sei das Erreichen absoluter Verdienstgrenzen[10]. Demgegenüber wird in der Literatur zur Teleheimarbeit zuweilen auf die Relation zwischen dem Verdienst des Teleheimarbeiters und dem Verdienst eines Arbeitnehmers mit vergleichbarer Tätigkeit abgestellt[11]. Die zuletzt genannte Ansicht verkennt, daß soziale Schutzbedürftigkeit nicht bereits dann entfällt, wenn ein unteres Lohnniveau geringfügig überschritten wird. Es kommt vielmehr darauf an, ob absolute Verdiensthöhen erreicht werden. Diese Vorstellung liegt auch § 5 Abs. 3 ArbGG zugrunde. Danach wird unwiderleglich vermutet, daß ein Ein-Firmen-Handelsvertreter, der weniger als DM 2.000,-- im Monatsdurchschnitt aus dem Vertragsverhältnis mit seinem Geschäftsherren bezieht, arbeitnehmerähnlich ist[12]. Dieser Betrachtungsweise entspricht auch die Praxis der Tarifvertragsparteien, die bei Überschreitung bestimmter Lohn- und Gehaltsgrenzen den betreffenden Personenkreis tarifvertraglich außer Betracht lassen. Es handelt sich zumeist um sogenannte außertarifliche Angestellte. Zur näheren Konkretisierung sozialer Schutzbedürftigkeit ist es naheliegend, sich am Sozialversicherungsrecht zu orientieren. Bei Überschreitung einer bestimmten Jahresarbeitsverdienstgrenze entfällt gemäß § 165 Abs. 1 Nr. 2 RVO die Krankenversicherungspflicht für Angestellte. Der Gesetzgeber geht somit davon aus, daß oberhalb dieser Einkommensgrenze die Fähigkeit zur eigenen Daseinsvorsorge beginnt, mithin die soziale Schutzbedürftigkeit endet. Diese Wertung ist hier zu übernehmen.

Sehr fragwürdig erscheint die allgemein zu § 12a TVG vertretene Ansicht, daß derjenige nicht sozial schutzbedürftig sei, der auf die wirtschaftliche Verwertung seiner Arbeitskraft zur Existenzsicherung nicht angewiesen ist, weil er von Vermögenserträgen, Renten, Unterhaltsleistungen usw. lebt[13]. Ebensowenig

---

[9] Wiedemann/Stumpf § 12a TVG Rn. 31; Lieb RdA 1974, 257 (264); Beuthien/Wehler RdA 1978, 2 (5/6).

[10] Wiedemann/Stumpf § 12a TVG Rn. 32; KR-Rost Arbeitnehmerähnliche Personen Rn. 22.

[11] Müllner, Privatisierung S. 101; unklar Wedde S. 87 und ebenfalls unklar Kilian, Forschungsbericht S. 171.

[12] Vgl. auch Grunsky § 5 ArbGG Rn. 22.

wie es für die Frage, ob eine bindende Festsetzung zugunsten eines Heimarbeiters ein Mindestentgelt garantiert oder nicht, darauf ankommt, ob der Heimarbeiter über sonstiges Einkommen verfügt, kann es für die gleichgelagerte Frage, ob zugunsten einer arbeitnehmerähnlichen Person der Mindesttarif laut Tarifvertrag zu zahlen ist, darauf ankommen, welche Vermögenserträge der betreffenden Person außer ihrem Arbeitslohn noch zustehen.

F. Teleheimarbeiter als freie Unternehmer

Abschließend ist im folgenden der Frage nachzugehen, welche Gesichtspunkte eine Zuordnung zum Status eines freien Unternehmers erlauben.

I. Meinungsstand

In der Literatur zur Teleheimarbeit findet sich — soweit dieses Problem überhaupt behandelt wird[1] — teilweise der Hinweis, die Abgrenzung sei weitgehend unproblematisch. Denn eine „Negativabgrenzung" zu den Arbeitnehmern, den in Heimarbeit Beschäftigten und den arbeitnehmerähnlichen freien Mitarbeitern ergebe, daß der rechtliche Status des Unternehmers nur dann vorliegen könne, wenn weder eine persönliche noch eine wirtschaftliche Abhängigkeit bestehe[2].

Gleichwohl wird zusätzlich noch eine „Positivabgrenzung" mit Hilfe des Unternehmerbegriffes vorgenommen[3]. Unter einem Unternehmer wird — auch im Rahmen dieser Untersuchung — eine Person verstanden, die über eine eigene Unternehmensorganisation verfügt, darüber frei disponieren kann und ein eigenes unternehmerisches Risiko trägt[4]. In der Literatur zur Teleheimarbeit wird im Anschluß an die Begriffsbestimmung ein Katalog von Merkmalen vorgestellt, von dem behauptet wird, daß er die Unterscheidung im Einzelfall vorzunehmen gestatte. So heißt es beispielsweise bei Wedde[5], für die eigene Unternehmensorganisation spreche:

— eine Tätigkeit in eigenen oder gemieteten Geschäftsräumen,

— eigenes Büroinventar,

— die Anstellung weiterer Mitarbeiter im eigenen Namen,

---

[13] Wiedemann / Stumpf § 12a TVG Rn. 32; BAG AP Nr. 3 zu § 611 BGB Abhängigkeit, bes. Bl. 2.

[1] Keine Stellungnahme bei Müllner S. 111; unvollständig Kappus, Rechtsfragen S. 210ff, da er den Status einer arbeitnehmerähnlichen Person im Sinne von § 12a TVG nicht beachtet.

[2] Wedde S. 91; Küfner-Schmitt S. 93.

[3] Simon / Kuhne BB 1987, 201 (204); Wedde S. 91.

[4] Vgl. dazu oben A.II.3.

[5] Wedde S. 91.

— ein eigener Briefkopf,
— ein eigener Firmenname,
— eine eigene Buchführung,
— die Entfaltung selbständiger unternehmerischer Aktivitäten.

Andere[6] führen die Gesichtspunkte an:

— Arbeit im wesentlichen Umfang für unterschiedliche Arbeitgeber;
— freie Vermarktung der Erbeitsergebnisse zu mehr als 10%;
— eigene Werbung und Akquisition;
— eigene unternehmerische Chance und auch eigenes Risiko;
— höheres Entgelt im Vergleich zu Arbeitnehmern mit ähnlicher Tätigkeit;
— Orientierung der Tätigkeit an den Notwendigkeiten des freien Marktes und nicht an den Bedürfnissen des einzelnen Auftraggebers;
— keine technische Integration in das Kommunikationssystem des Auftraggebers.

II. Kritik

Zweifelhaft erscheint, ob diese Kataloge hilfreich sind. Zunächst ist auffällig, daß alle von Wedde genannten Einzelpunkte auch bei Hausgewerbetreibenden vorliegen können. Insbesondere erlaubt das Vorhandensein eines eigenen Briefkopfes oder einer eigenen Buchführung keine Aussage darüber, ob es sich um einen Hausgewerbetreibenden oder um einen freien Unternehmer außerhalb des Heimarbeitsrechts handelt.

Darüber hinaus ist deutlich herauszustellen, woran der Versuch scheitern muß, den Kreis der „freien Teleunternehmer", die keinem der hier interessierenden Sonderrechtskomplexe unterstehen, mit Hilfe des Unternehmerbegriffes positiv zu bestimmen. Eine eigene Unternehmensorganistion führt zwar aus dem Kreis der arbeitnehmerähnlichen Personen im Sinne von § 12a TVG heraus, weil diese Personen über keine derartige Organistion verfügen dürfen, sondern gemäß § 12a Abs. 1 TVG den persönlichen Einsatz ihrer Arbeitskraft schulden und ihn im wesentlichen ohne Mitarbeit von Arbeitnehmern zu erbringen haben. Typische Unternehmer, die sich einer arbeitsteiligen Organisation bedienen und Hilfskräfte einsetzen, sind daher nicht von § 12a TVG erfaßt[7]. Die eigene Unternehmensorganisation und der Einsatz von (maximal zwei) Hilfskräften steht aber der Eigenschaft als Hausgewerbetreibender nicht entgegen. Folglich sagt das Vorhandensein einer kleineren Unternehmensorganisation nicht zuverlässig etwas darüber aus, ob der Betreffende freier Unternehmer, also gesetzlich überhaupt nicht geschützter Teleheimarbeiter ist, oder ob er zumindest als Hausgewrbetreibender anzusehen ist.

---

[6] So Simon/Kuhne BB 1987, 201 (204); Müllner S. 101.

[7] So auch Wiedemann/Stumpf § 12a TVG Rn. 23.

Ferner ist die Behauptung zurückzuweisen, ein freier Unternehmer sei stets wirtschaftlich unabhängig und nicht schutzbedürftig. Die Hausgewerbetreibenden im Sinne von §2 Abs. 2 HAG sind wirtschaftlich abhängige und sozial schutzbedürftige Kleinunternehmer, die deshalb den Schutz des Heimarbeitsrechtes genießen[8].

III. Eigene Lösung

Richtig ist die Feststellung, daß nur eine Negativabgrenzung geeignet ist, Teleheimarbeitern die Rechtsstellung des freien Unternehmers zuzuordnen. Die Negativabgrenzung kann mit einem sozialen Sieb verglichen werden, daß alle Personen als freie Unternehmer durchläßt, die keinem der Sonderrechtskomlexe zuzuordnen sind. Sie sind dadurch gekennzeichnet, daß sie weder Arbeitnehmer, noch in Heimarbeit Beschäftigte, noch den in Heimarbeit Beschäftigten gleichgestellt sind und auch nicht tarifvertraglich nach §12a TVG begünstigt werden. Dies hat zur Konsequenz, daß bestimmte Teleheimarbeiter zwar sozial schutzbedürftig und wirtschaftlich abhängig sein können, gleichwohl aber wie freie Unternehmer behandelt werden. Dazu würde etwa ein kleines Teleprogrammierbüro gehören, in dem der „Chef" und ein festangestellter Programmierer arbeiten. Dieses Telebüro dürfte im wesentlichen nur Aufträge von einem Auftraggeber erhalten, der die Programme in seinem Unternehmen selbst verwertet. Es dürften dabei keine allzu hohen Einkommen erzielt werden, was angesichts des Preisverfalls auf dem Softwaremarkt nicht unrealistisch ist.

Auf einen solchen Teleunternehmer findet §2 Abs. 1 HAG wegen der Beschäftigung der fremden Hilfskraft keine Anwendung. Da die hergestellten Programme nicht als „Waren" auf dem Softwaremarkt vertrieben werden, steht der Wortlaut des §2 Abs. 2 HAG der Einstufung als Hausgewerbe entgegen. Eine Gleichstellungsentscheidung für Programmiertätigkeiten gibt es nicht. §12a TVG ist nach allgemeiner Meinung wegen der ständigen Mitarbeit eines angestellten Programmierers nicht anwendbar[9]. Somit fällt der unter den geschilderten Bedingungen tätige Teleprogrammierer durch das zur Zeit vorhandene Netz hindurch. Er ist bei sozialer Schutzbedürftigkeit auf die Sozialhilfe angewiesen.

Ob der Kreis der Teleunternehmer, die keinerlei Schutzrecht für sich in Anspruch nehmen können, in Zukunft eine Randerscheinung sein wird, darf bezweifelt werden[10]. Hier liegt m.E. ein soziales Problem der Zukunft, daß mit einem gesetzlichen Verbot der Vergabe von Teleheimarbeit außerhalb des Arbeitsverhältnisses kaum vollständig zu erfassen sein dürfte[11]. Erst recht nicht läßt sich dieses Problem mit Hinweis auf die zukünftig umfassend mögliche on-

---

[8] Vgl. auch BAG v. 27.10.1972 AP Nr. 8 zu §2 HAG, bes. Bl. 2.

[9] Siehe z.B. Wiedemann/Stumpf §12a TVG Rn. 23.

[10] So aber Küfner-Schmitt S. 93; a.A. auch Wedde S. 92.

[11] Weichsel/Schröder/Beck, Entwurf für ein Fernarbeitsgesetz, §1.

line-Kommunikation erledigen[12]. Vielmehr gilt es, sich weitergehend auch mit der Frage auseinanderzusetzen, wie der sozialen Verelendung einer neuen Klasse „freier Unternehmer“ begegnet werden könnte, selbst wenn die betreffenden Personen nicht wirtschaftlich von einem Auftraggeber abhängig, sondern nur sozial schutzbedürftig sind[13]. Zu denken wäre an die Festsetzung von Mindestentgelten für bestimmte Dienstleistungen. Allerdings ist die hier angeschnittene Fragestellung nicht auf Teleheimarbeit beschränkt. Insoweit ist die „neue Informations- und Kommunikationstechnik“ nur ein begünstigender Faktor für eine Entwicklung, in deren Verlauf der Arbeitnehmer durch den freien Unternehmer zunehmend ersetzt werden könnte, weil ursprünglich betriebliche Tätigkeiten vermehrt ausgelagert werden können.

[12] Siehe dazu oben D.II.3.Abschlußbemerkung.

[13] A.A. Kappus NZA 1987, 408 (411), der einen Regelungsbedarf weitgehend verneint.

4. Teil

Ergebnisse

Die vorliegende Untersuchung hat verschiedene Ergebnisse hervorgebracht.

So wurde nachgewiesen, daß Arbeits- und Sozialrecht so eng miteinander verzahnt sind, daß privatautonomer Gestaltung bei der Wahl der Rechtsform für Teleheimarbeit enge Grenzen gezogen sind. Den Vertragsparteien ist grundsätzlich diejenige Rechtsform zwingend vorgegeben, die der tatsächlichen Gestaltung ihrer Rechtsbeziehungen entspricht. Hervorzuheben ist, daß entgegen landläufiger Ansicht auch eine Abweichung zugunsten des Beschäftigten, etwa die Vereinbarung eines Arbeitsverhältnisses anstatt des an sich passenden Heimarbeitsvertrages, nicht unbeschränkt zulässig ist. Wegen der für Arbeitnehmer und Heimarbeiter zum Teil verschiedenen Regelungskonzepte im Sozialrecht besteht Vertragsfreiheit nur insoweit, wie die vertragliche Vereinbarung sich zu diesen Regelungskonzepten nicht in Widerspruch setzt.

Ferner ist aufgezeigt, daß Teleheimarbeit zu einem Rückgriff auf einen streng an arbeitsorganisatorischer Weisungsbindung orientierten Arbeitnehmerbegriff zwingt. Alle Versuche, soziale Schutzbedürftigkeit und wirtschaftliche Abhängigkeit in den Begriff zu integrieren, oder gar an die Stelle prersönlicher Abhängigkeit zu setzen, führen zu einem Verzicht auf eine Abgrenzungsmöglichkeit zwischen Arbeitnehmern und Heimarbeitern. Ein solcher Verzicht ist insbesondere imBereich der Teleheimarbeit nicht hinnehmbar, weil eine genaue Grenzziehung zwischen einem Arbeits- und einem Heimarbeitsverhältnis hier einen Problemschwerpunkt darstellt. Bei Teleheimarbeit wird darüber hinaus deutlich, daß die „Eingliederung in eine fremde Arbeitsorganisation“ als Kriterium für persönliche Abhängigkeit nur insoweit tauglich ist, als diese Eingliederung im Sinne arbeitsorganisatorischer Weisungsbindung zu verstehen ist. Andere Ansätze, die Eingliederung zu konkretisieren, wie etwa durch das Merkmal des Angewiesenseins auf einen fremden technischen Apparat, führen in die Nähe, die Arbeitnehmereigenschaft von technischen Randbedingungen abhängig zu machen. Eine derartige Fehlentwicklung stellt die in der Literatur zur Teleheimarbeit überwiegend vertretene on-line-These dar, der zufolge Arbeitnehmer ist, wer an einem Teleheimarbeitsplatz mit on-line-Anschluß zu einer betrieblichen Rechenanlage tätig wird. Dieser Auffassung wurde nachdrücklich widersprochen.

Die Abgrenzung von Teleheimarbeit auf der Basis von Heimarbeitsverträgen von solcher, die außerhalb des Heimarbeitsrechtes anzusiedeln ist, hat zu Tage gefördert, daß die neuen Formen dezentraler Bürotätigkeit zu einer Präzisierung des Heimarbeiterbegriffes nötigen. Neben den Merkmalen des §2 Abs. 1 oder auch des Abs.2 HAG ist es bei diesen neuen Formen dezentraler Bürotätigkeit erforderlich, die wirtschaftliche Abhängigkeit des Betreffenden von einem Auftraggeber im Einzelfall festzustellen. Im Gegensatz zu herkömmlicher gewerblicher Heimarbeit ist die wirtschaftliche Abhängigkeit von Teleheimarbeitern nicht schon dadurch indiziert, daß die Tatbestandsmerkmale des §2 Abs. 1 oder Abs. 2 HAG erfüllt sind. Vielmehr ist darüber hinaus im Einzelfall festzustellen, ob die Geschäftsbeziehungen zu einem Auftraggeber die wirtschaftliche Existenzgrundlage des Beschäftigten bildet und er mithin von diesem Auftraggeber wirtschaftlich abhängig ist.

Wirtschaftliche Abhängigkeit ist von sozialer Schutzbedürftigkeit zu unterscheiden. Letztere ist als Unfähigkeit zur eigenen Daseinsvorsorge zu umschreiben. Zugunsten eines Zuwachses an Rechtsklarheit ist die Vorstellung zu verabschieden, Heimarbeitsrecht könne nur dann zur Anwendung kommen, wenn im Einzelfall soziale Schutzbedürftigkeit zu bejahen ist. Ähnliches gilt auch für das Tarifvertragsrecht. Es geht an der Realität vorbei, die Zahlung eines Tariflohnes davon abhängig machen zu wollen, ob die Person über sonstiges Einkommen verfügt oder nicht, ob sie mithin zur Daseinsvorsorge aus eigener Kraft in der Lage ist oder nicht.

De lege lata ergibt sich die Rechtsstellung als „freier Unternehmer“, der keinem der hier erörterten Sonderrechtskomplexe untersteht, durch eine Negativabgrenzung. Dieser Status kommt zwangsläufig allen Personen zu, die weder Arbeitnehmer noch in Heimarbeit Beschäftigte noch ihnen Gleichgestellte sind und die auch nicht nach §12 a TVG durch Tarifvertrag begünstigt werden können. Dabei lassen sich Beispiele bilden, in denen sozial schutzbedürftige und wirtschaftliche abhängige Personen nach geltendem Recht wie freie Unternehmer behandelt werden. Es ist ein Augenmerk darauf zu richten, ob soziale Probleme der Zukunft gerade in dieser Schicht der „neuen Selbständigen“ auftreten werden, die nach gesetzlichen Regelungen neuer Art verlangen könnten. So ist in Erwägung zu ziehen, Mindestentgelte für bestimmte Dienstleistungen gesetzlich festzusetzen. Diese Entwicklung ist zwar — wie viele andere in dieser Untersuchung aufgezeigten Probleme auch — nicht ausschließlich teleheimarbeitsrechtlicher Natur. Jedoch begünstigen die „neuen Kommunikations- und Informationstechniken“ und die damit verbundenen Möglichkeiten der Ersetzung betrieblicher Arbeit durch dezentrale Dienst- oder Werkleistung das Entstehen derartiger Problemlagen, die hier — insofern am Beispiel der Teleheimarbeit — erläutert wurden.

Literaturverzeichnis

Adomeit, Klaus: Das Arbeitsverhältnis — alternativ, NJW 1984, S. 1337ff.

Bahl-Benker, Angelika: Dezentralisierung aus der Perspektive der Arbeitnehmer/innen, ONLINE'85, 8. Europäische Kongreßmesse für Technische Kommunikation, Düsseldorf 1985.

— Elektronische Heimarbeit — die „schöne neue Arbeitswelt"?, Die Mitbestimmung 1983, S. 572ff.

Ballerstedt/Dipper/Krebsbach-Grath/Mandrella/Marchand/Heilmann/Krcmar: Studie über Auswahl, Eignung und Auswirkungen von informationstechnisch ausgestalteten Heimarbeitsplätzen, Forschungsbericht im Auftrag des Bundesministeriums für Forschung und Technologie, DV 82-OO2, 1982, zit.: Ballerstedt, Forschungsbericht.

Baumbach/Duden/Hopt: Handelsgesetzbuch, 27. Auflage, München 1983.

Beck, Thorsten: Elektronische Fernarbeit und Arbeitsrecht, WSI-Mitteilungen 1985, S. 55Off.

Becker, Rudolf: Die freie Mitarbeit, Berlin 1982.

Beuthien, Volker: Arbeitsrecht und Vereinsfreiheit 25 Jahre Bundesarbeitsgericht, S. 1ff, München 1979, zit.: Beuthien FS BAG.

Beuthien/Dehler: Stellung und Schutz der freien Mitarbeiter im Arbeitsrecht, RdA 1978, S. 2ff.

Bötticher, Eduard: Vertragstheorie und Eingliederungstheorie, RdA 1955, S. 321ff.

Bosman, Wieland: Arbeitsrechtliche Fragen bei der Einführung von Neuen Medien, NZA 1984, S. 185ff.

Brecht, Hans-Theo: Heimarbeitsgesetz Kommentar, München 1977.

Brox, Hans: Grundbegriffe des Arbeitsrechts, 7. Auflage, Stuttgart 1985.

Bulla/Buchner: Mutterschutzgesetz, 5. Auflage, München 1981.

Christ, Rose-Marie: Der Computer steht im Eigenheim, Welt der Arbeit, DGB-Zeitung v. 16.12.82.

Claus, Volker: Einführung in die Informatik, Stuttgart 1975.

Däubler, Wolfgang: Arbeitsrecht II, 4. Auflage, Reinbek 1986.

Däubler/Hege: Tarifvertragsrecht, 2. Auflage, Baden-Baden 1981.

Dersch/Neumann: Bundesurlaubsgesetz, 6. Auflage, München 1981.

Dietz/Richardi: Betriebsverfassungsgesetz Bd. 1, 6. Auflage, München 1981.

Dobberthien, Marliese: Zurück zur Heimarbeit?, WSI-Mitteilungen 1983, S. 387ff.

— Modellversuch schon im Ansatz verfehlt, DGB-Angestellten-Magazin, Heft 7 1983.

— Teletex gefährdet Arbeitsplätze, Druck^Papier, Heft 14 1983, S. 18ff.

Doetsch/Schnabel/Paulsdorff: Gesetz über die Fortzahlung des Arbeitsentgeltes im Krankheitsfalle, 6. Auflage, Bergisch Gladbach 1983.

Drygala, Renate: Die soziale und rechtliche Situation der Heimarbeiter in der Bundesrepublik Deutschland, BlStSozArbR 1978, S. 356ff.

Düttmann/Hinrichs/Kehrmann/Oberhofer: Kommentierung des „Beschäftigungsförderungs"-gesetzes, AiB 1985, S. 67ff.

Engel, Hiltrud: Die Mitbestimmung des Betriebsrates bei Bildschirmarbeitsplätzen, ArbuR 1982, S. 79ff.

Esser/Weyers: Schuldrecht Band II, Besonderer Teil, Heidelberg 1984.

Fabricius/Kraft/Thiele/Wiese: Gemeinschaftskommentar zum Betriebsverfassungsgesetz, Bd.I, 4. Auflage, Neuwied und Darmstadt 1987, zit.: GK-Bearbeiter.

Färber/Klischan: Lohnzahlung an Feiertagen, München 1985.

Falkenberg, Rolf-Dieter: Arbeitnehmerähnliche Personen I, AR-Blattei 1987.

Fenn, Herbert: Arbeitsverhältnisse und sonstige Beschäftigungsverhältnisse — Eine Skizze zur Freiheit der Rechtsformwahl und zum Rechtsformzwang im Arbeitsrecht, FS Bosch, 1976, S. 171ff.

Fitting/Auffarth/Kaiser/Heither: Betriebsverfassungsgesetz, 15. Auflage, München 1987.

Flume, Werner: Allgemeiner Teil Bd. 2, Das Rechtsgeschäft, 3. Auflage, Berlin u. a. 1979.

Galperin/Löwisch: Kommentar zum Betriebsverfassungsgesetz, 6. Auflage, Heidelberg 1982.

Gamillscheg, Franz: Mutterschutz und Sozialstaat, Festschrift für Molitor, S. 57ff, München/Berlin 1962.

Gemeinschaftskommentar zum Kündigungsschutzgesetz und sonstigen kündigungsschutzrechtlichen Vorschriften, 2. Auflage, Neuwied/Darmstadt 1984, zit.: KR-Bearbeiter.

Gesamtkommentar RVO Loseblatt, zit.: Bearbeiter in RVO Gesamtkommentar.

Gilles, Peter: Das Gesetz über den Widerruf von Haustürgeschäften und ähnlichen Geschäften, NJW 1986, S. 1131ff.

Gitter, Wolfgang: Arbeits- und sozialrechtliche Auswirkungen der Beschäftigung an Heimcomputern. Stellungnahme zum Hearing der CDU am 29. Januar 1985 in Bonn zum Thema „Frauenbeschäftigung und neue Technologien", S. 90ff, CDU-Bundestagsgeschäftsstelle, Hauptabteilung Politik, Bonn 1985.

Gitter/Herrmann/Lohmar: Telearbeit, Beiträge zur Gesellschafts- und Bildungspolitik Nr. 109, Institut der deutschen Wirtschaft, Köln 1985.

Gitter/Küfner-Schmitt: Die Telearbeit in der gesetzlichen Rentenversicherung, Die Angestelltenversicherung 1986, S. 54ff.

Gnade/Kehrmann/Schneider/Blanke: Betriebsverfassungsgesetz, 2. Auflage, Köln 1983.

Goldmann/Richter: Teleheimarbeit in „typischen" Frauenarbeitsbereichen, Teleheimarbeiterinnen in der Satzerstellung/Texterfassung für die Druckindustrie, Sozialforschungsstelle Dortmund 1985.

Goldschmidt: Mindestarbeitsbedingungen, Das Gesetz über die Festsetzung von Mindestarbeitsbedingungen, AR-Blattei 1952.

Goos, Wolfgang: Der Job-sharing Arbeitsvertrag, DB 1980, S.2339ff.

Gröninger / Rost: Heimarbeitsrecht, Kommentar, Reihe: Der Wirtschafts-Kommentator Arbeits- und Sozialrecht Nr. 55, Frankfurt 1976.

Gröninger / Thomas: Mutterschutzgesetz, Reihe: Der Wirtschafts-Kommentator Arbeits- und Sozialrecht Nr. 52, Frankfurt 1985.

Grunsky, Wolfgang: Arbeitsgerichtsgesetz, 4. Auflage, München 1981.

Hagemeier / Kempen / Zachart / Zilius: Tarifvertragsgesetz, Kommentar für die Praxis, Köln 1984.

Hanau / Adomeit: Arbeitsrecht, 8. Auflage, Frankfurt am Main 1983.

Heilmann, Joachim: Kommentar zum Mutterschutzgesetz, Baden-Baden 1984.

Heilmann, Wolfgang: Stand und Entwicklung der Teleprogrammierung: Organisation, Informationstechnik, Vertragsgestaltung, wirtschaftliche und soziale Aspekte, ONLINE'85, 8. Europäische Kongreßmesse für Technische Kommunikation, Düsseldorf 1985.

— Bringt „Telearbeit" eine neue Heimarbeiterwelle?, Vom Bildschirmmitarbeiter zum Klein-Unternehmer, in: Blick durch die Wirtschaft vom 20.5.1983, Frankfurter Allgemeine Zeitung.

Heilmann / de Vittorelli: Teleprogrammierung in der Bundesrepublik Deutschland, Office Management 1984, S. 442ff.

Heilmann, W. / Heilmann, H.: Softwareentwicklung am Telearbeitsplatz, Handbuch der modernen Datenverarbeitung 1983, Heft 110, S. 95ff.

Heilmann / Krcmar: Freiberufliche Softwareentwicklung zu Hause. Ein Beispiel für neue Formen der Büroarbeit, Handbuch der modernen Datenverarbeitung 1983, Heft 112, S. 71ff.

Herb, Armin: Telearbeit — Chancen, Risiken und rechtliche Einordnung des Computerarbeitsplatzes zu Hause, DB 1986, S. 1823ff.

Herrmann, Helga: Schlesische Verhältnisse? Elektronische Heimarbeit ist für die Gewerkschaften ein Reizthema, Gewerkschaftsreport 1984, Heft 8, S. 12ff.

Herschel, Wilhelm: Freier Beruf und Arbeitsverhältnis, Heidelberg 1964.

— Die Kündigung der arbeitnehmerähnlichen freien Mitarbeiter, Film und Recht 1977, S. 290ff.

Herschel / Löwisch: Kommentar zum Kündigungsschutzgesetz, 6. Auflage, Heidelberg 1984.

Hess / Schlochauer / Glaubitz: Kommentar zum Betriebsverfassungsgesetz, 3. Auflage, Neuwied / Darmstadt 1986.

Heuberger, Georg: Sachliche Abhängigkeit als Kriterium des Arbeitsverhältnisses, Königsstein / Ts. 1982.

Heußner, Hermann: Die freien Mitarbeiter bei Rundfunk und Fernsehen im Sozialversicherungsrecht, RdA 1978, S. 12ff.

— Urlaubsrecht, Düsseldorf 1964.

Hilger, Marie Luise: Rundfunkfreiheit und „freie Mitarbeiter", RdA 1981, S. 265ff.

Hoyningen=Huene, Gerrick v.: Das neue Beschäftigungsförderungsgesetz 1985, NJW 1985, S. 18O1ff.

— Rechtliche Gestaltungsmöglichkeiten beim Job-sharing-Arbeitsverhältnis, BB 1982, S. 124Off.

Hueck, Alfred: Vertragstheorie und Eingliederungstheorie, RdA 1955, S. 323ff.

— Kündigungsschutzgesetz Kommentar, 1O. Auflage, München 198O, zit.: Bearbeiter in Hueck KSchG.

Hueck, Götz: Zur arbeitsrechtlichen Stellung des GmbH Geschäftsführers, ZfA 1985, S. 25ff.

Hueck / Nipperdey: Lehrbuch des Arbeitsrechts, Erster Band, 7. Auflage, Berlin/ Frankfurt a.M. 1963.

IBM Deutschland GmbH: Von Abakus bis Computer — Eine Entwicklungsgeschichte der Rechentechnik -, Stuttgart 1975.

Issaias, Heike: Stationierung geplant, in:Klotz/Degenhardt (Hrsg.), Personalinformationssysteme, 137, Reinbek 1984.

Jahnke, Volker: Rechtsformzwang und Rechtsformverfehlung bei der Gestaltung privater Rechtsverhältnisse, ZHR 146 (1982), S. 595ff.

Jentzsch, Barbara: Mit weniger Geld zurück in die Isolation, ÖTV-Magazin 1985, Heft 6, S. 36ff.

Kaiser / Dunkl: Die Entgeltlfortzahlung im Krankheitsfalle, 2. Auflage, München 1984.

Kappus, Matthias: Telearbeit de lege ferenda, NZA 1987, S. 4O8ff.

— Rechtsfragen der Telearbeit, Diss. Heidelberg 1986.

— Die Computerheimarbeit, NJW 1984, S. 2384ff.

Kaskel / Dersch: Arbeitsrecht, 4. Auflage, Berlin 1932.

Kehrmann / Pelikan: Lohnfortzahlungsgesetz, 2. Auflage, München 1973.

Kern, Peter: Telearbeit — Auf dem Weg in die Dezentralität? ONLINE'85, 8. Europäische Kongreßmesse für Technische Kommunikation, Referat 1-N, Düsseldorf 1985.

Kern / Wawrzinek: Dezentrale Schreibarbeitsplätze im Verbund mit der Zentrale, Office Management 1984, S. 436ff.

Kilian, Wolfgang: Dezentralisierung: Fragen und Probleme aus der Sicht des Arbeitsrechts, ONLINE'85, 8. Europäische Kongreßmesse für Technische Kommunikation, Referat 7-N, Düsseldorf 1985, = DSWR 1986, S. 83ff.

Kilian / Borsum / Hoffmeister: Telearbeit und Arbeitsrecht — Ergebnisse eines Forschungsprojektes, NZA 1987, S. 4O1ff.

—/—/— Telearbeit und Arbeitsrecht. Forschungsbericht im Auftrag des Bundesministers für Arbeit und Sozialordnung, Bonn 1987, zit.: Kilian, Forschungsbericht.

Klebe / Schumann: Die Rechte des Betriebsrates bei der Einführung und Anwendung von Personalinformationssystemen, ArbuR 1983, S. 4Off.

Koeve, Dieter: Das Job-Sharing-Arbeitsverhältnis, ArbuR 1983, S. 75ff.

Konzen, Horst: Arbeitsrechtliche Drittbeziehungen, ZfA 1982, S. 259ff.

Kubicek, Herbert: Neue Technologien — neue Aufgaben der Mitbestimmung, Die Mitbestimmung 1985, S. 4ff.

Kubicek / Rolf: Mikropolis. Mit Computernetzen in die Informationsgesellschaft, Hamburg 1985.

Küfner-Schmitt, Irmgard: Die Krankenversicherung der Telearbeiter, SGb 1986, S. 398ff.

— Die soziale Sicherheit der Telearbeiter. Stellung und Schutz der Telearbeiter im Arbeits- und Sozialrecht, Spardorf 1986.

Kunze, Otto: Der neue §12a des Tarifvertragsgesetzes, UFITA 74 (1975), S. 19ff.

Landmann / Rohmer: Gewerbeordnung, Kommentar, 13. Auflage, München 1983.

Lange / Kubicek / Reese, J. / Reese, U.: Sozialpolitische Chancen der Informationstechnik, Frankfurt / New York 1982.

Larenz, Karl: Allgemeiner Teil des Deutschen Bürgerlichen Rechts, 5. Auflage, München 198O, zit.: Larenz, AT.

— Lehrbuch des Schuldrechts Band II Halbband 1 Besonderer Teil, 13. Auflage, München 1986, zit.: Larenz, SchuldR II/1.

— Methodenlehre der Rechtswissenschaft, 5. Auflage, Berlin u. a. 1983, zit.: Larenz, Methodenlehre.

Leinemann, Wolfgang: Der Urlaubsanspruch nach dem Bundesurlaubsgesetz, DB 1983, S. 989ff.

Lieb, Manfred: Arbeitsrecht, 3. Auflage, Heidelberg 1984, zit.: Lieb, Arbeitsrecht.

— Rechtsformzwang und Rechtsformverfehlung im Arbeitsrecht, RdA 1975, S. 49ff.

— Die Schutzbedürftigkeit arbeitnehmerähnlicher Personen, RdA 1974, S. 257ff.

Loderer, Eugen: „Neue Heimarbeit" durch Informations- und Kommunikationstechniken, Gewerkschaftliche Monatshefte 1983, S. 385ff.

Löwisch, Manfred: Arbeits- und sozialrechtliche Hemmnisse einer weiteren Flexibilisierung der Arbeitszeit, RdA 1984, S. 197ff.

— Das Beschäftigungsförderungsgesetz 1985, BB 1985, S. 12OOff.

Lorenz, Martin: Teilzeitarbeit, Sozialplan und die sozialversicherungsrechtlichen Regelungen, NZA 1985, S. 473ff.

Lorenz / Schwedes: Das Beschäftigungsförderungsgesetz, DB 1985, S. 1O77ff.

Lotmar, Philipp: Der Arbeitsvertrag, Bd I/II, Leipzig 19O2/19O8.

Lund, Heinrich: Tarifautonomie für arbeitnehmerähnliche Personen, Bundesarbeitsblatt 1974, S. 682ff.

Martens, Klaus-Peter: Vertretungsorgan und Arbeitnehmerstatus in konzernabhängigen Gesellschaften, FS für Hilger-Stumpf 1983, S. 437ff.

— Arbeitsrechtlicher Rechtsformzwang und gesellschaftsrechtliche Beschäftigungsverhältnisse, RdA 1979, S. 347ff.

Maus, Wilhelm: Heimarbeitsgesetz 1951 Kommentar, München / Berlin 1953.

Maus / Schmidt: Heimarbeitsgesetz Kommentar, 3. Auflage, München 1976.

Mc Williams, Peter: Persönliche Computer für Einsteiger, Reinbek 1984.

Meisel / Hiersemann: Mutterschutz und Mutterschaftshilfe, München 1978.

Meyer, Jürgen A.E.: Handelsvertreterrecht, Stuttgart 1978.

Müllner, Wolfgang: Privatisierung des Arbeitsplatzes. Chancen, Risiken und rechtliche Gestaltbarkeit der Telearbeit, Stuttgart u. a. 1985.

— Arbeitsrechtliche Aspekte der Telearbeit, CuR 1985, S. 33ff.

Münchener Kommentar zum Bürgerlichen Gesetzbuch: Bd. 1 Allgemeiner Teil (§§ 1-240), AGB-Gesetz, München 1978; Bd. 3 Schuldrecht Besonderer Teil 1. Halbband (§§ 433-656), AbzG, München 1980.

Nikisch, Arthur: Arbeitsrecht, I. Band, 3. Auflage, Tübingen 1961.

Nipperdey, Hans-Carl: Chefarzt und Krankenhaus, Sonderdruck aus „Der Krankenhausarzt", 1949 Heft 4, S. 4ff.

Olson, M.H.: Der Job im Wohnzimmer, Chip 2/1983, S. 16ff.

Otto, Hansjörg: Erleichterte Zulassung befristeter Arbeitsverträge, NJW 1985, S. 1807ff.

Palandt: Bürgerliches Gesetzbuch, 47. Auflage, München 1988.

Pfarr, Heide: Vorschlag für eine gesetzliche Regelung der Fernarbeit, in: Gustav-Radbruch-Forum für Rechtspolitik, Rechtswissenschaft, Rechtspraxis, Gelsenkirchen 9./10.3.1985, S. 89f., Selbstverlag SPD-Parteivorstand, Ollenhauer Straße 1, 5300 Bonn 1.

— Elektronische Fernarbeit, Die Angestellten Nr. 379/38, 11.2.1985, S. 21ff.

Plander, Harro: Bezirksleiter, Verkaufsleiter und andere Mittelinstanzen mehrstufiger Vertriebssysteme mit sogenannten Untervertretern: Selbständige oder Arbeitnehmer?, RdA 1973, S. 234ff.

Plous, Fritz: Flexiplace — Datenaufbereitung in Heimarbeit!?, Nachrichten aus der Arbeitswelt, Bonn 28.2.1983.

Prokop, Dieter: Heimliche Machtergreifung: Neue Medien verändern die Arbeitswelt, Frankfurt am Main 1984.

Rehbinder, Eckard: Zur Politisierung des Internationalen Privatrechts, JZ 1973, S. 151ff.

Richardi, Reinhard: Arbeitnehmerbegriff und Arbeitsvertrag, FS zum 125-jährigen Bestehen der Juristischen Gesellschaft zu Berlin, S. 607ff, 1984.

Rosenfelder, Ulrich: Der arbeitsrechtliche Status des freien Mitarbeiters, Berlin 1982.

Rümelin, Gustav: Dienstvertrag und Werkvertrag, Tübingen 1905.

Rüthers, Bernd: Probleme der Organisation des Weisungsrechtes und der Haftung bei Gruppenarbeit, ZfA 1977, S. 1ff.

— Programmfreiheit der Rundfunkanstalten und Arbeitsschutzrecht, DB 1982, S. 1869ff.

Schapper / Waniorek: Die Mitbestimmung des Betriebsrates bei der Einführung und Anwendung von Personalinformationssystemen nach § 87 Abs. 1 Ziff. 6 BetrVG, ArbuR 1985, S. 246ff.

Schaub, Günter: Arbeitsrechts-Handbuch, 5. Auflage, München 1983.

Schirdewahn, Gerhard: Arbeitnehmer-Begriff, AR-Blattei, 1983.

Schmager, Burkhard: Rechtsprobleme der Teleheimarbeit, Diplomarbeit im hochschulübergreifenden Studiengang Wirtschaftsingenieur Universität Hamburg — Fachhochschule Hamburg — Technische Universität Hamburg-Harbug, 1984.

Schneider, Hans-Jochen (Hrsg.): Lexikon der Informatik und Datenverarbeitung, München u. a. 1983.

Schröder, Klaus-Theo: Entwicklung von Technik, Netzen und Diensten als eine Grundlage für die Dezentralisierung der Arbeit, ONELINE'85, 8. Europäische Kongreßmesse für Technische Kommunikation, Referat 2-N, Düsseldorf 1985.

Schüren, Peter: Job-Sharing, Heidelberg 1983.

Schütt, Bernd: Neue Medien — Der Weg zur Heimarbeit, Die Mitbestimmung 1983, S. 36ff.

— Informations- und Kommunikationstechniken: Schlüssel zur Rationalisierung und Privatisierung der Arbeit, in: Kohl, H./Schütt, B. (Hrsg.), Neue Technologien und Arbeitswelt, S. 13ff, Köln 1984.

Schwerdtner, Peter: Abschied vom befristeten Probearbeitsverhältnis, ZIP 1983, S. 4O6ff.

— Beschäftigungsförderungsgesetz, Tarifautonomie und Betriebsverfassung, NZA 1985, S. 577ff.

Seidel, Norbert: Die arbeitnehmerähnlichen Personen im Urlaubsrecht, BB 197O, S. 971ff.

Seiter, Hugo: Teilzeitarbeit, AR-Blattei, 1971.

Siara, Berthold: Mindesturlaubsgesetz für Arbeitnehmer, Reihe: Der Wirtschafts-Kommentator, Arbeits- und Sozialrecht Nr. 49, Frankfurt a.M. 1975.

Simitis, Spiros: Zur Verrechtlichung der Arbeitsbeziehungen, in: Kübler (Hrsg.), Verrechtlichung von Wirtschaft, Arbeit und sozialer Solidarität, S. 73ff, Baden-Baden 1984.

Simon / Kuhne: Arbeitsrechtliche Aspekte der Telearbeit, BB 1987, S. 2O1ff.

Söllner, Alfred: Grundriß des Arbeitsrechtes, 8. Auflage, München 1984.

Soergel: Kommentar zum Bürgerlichen Gesetzbuch Bd. 3, Schuldrecht II (§§ 516 — 7O4), Stuttgart u. a. 198O.

Stahlhacke / Bachmann / Bleistein: Gemeinschaftskommentar zum Bundesurlaubsgesetz, 4. Auflage, Neuwied bei Darmstadt 1984.

Staudinger: Kommentar zum Bürgerlichen Gesetzbuch, II. Band 3. Teil, Schuldverhältnisse, 11. Auflage, Berlin 1958.

Stege / Weinspach: Betriebsverfassungsgesetz, 5. Auflage, Köln 1984.

Stevens-Bartol, Eckart: Probleme der „Kapovaz"-Anmerkungen zu Art. 1 §4 des Beschäftigungsförderungsgesetzes, AiB 1985, S. 122ff.

Stolterfoht, Joachim N.: Die Selbständigkeit des Handelsvertreters, Düsseldorf 1973.

Tippmann, Michael: Arbeitsflexibilisierung durch Telearbeit, Der Arbeitgeber 1984, S. 236ff.

Trinkhaus, Hans: Handbuch der Versicherungsvermittlung Bd I, Provision und Abfindung der Versicherungsvermittler, Berlin/München 1955.

Ulber, Jürgen: Heimarbeit, neue Technologien und betriebliche Interessenvertretung, AiB 1985, S. 22ff.

Unterhinninghofen, Hermann: Rechtlicher Status von elektronischer Heimarbeit, Die Mitbestimmung 1983, S. 577ff.

Wahsner/Steinbrück: Elektronische Fernarbeit — Mehr Selbständigkeit per Computer?, AiB 1984, S. 104ff.

Wank, Rolf: Arbeitnehmer und Selbständige , Bd. II Der Arbeitnehmerbegriff in der Rechtsdogmatik, bisher nicht veröffentlicht

— Die Teilzeitbeschäftigung im Arbeitsrecht, RdA 1985, S. 1ff.

Wawrzinek, Stephan: Dezentrale Texterstellung mit Teletex: Erste Ergebnisse aus dem Modellversuch der Landesregierung Baden-Württemberg „Schaffung Dezentraler Arbeitsplätze unter Einsatz von Teletex", ONLINE'85, 8. Europäische Kongreßmesse für Technische Kommunikation, Düsseldorf 1985.

Wawrzinek/Fröschle: Schaffung dezentraler Arbeitsplätze unter Einsatz von Teletex — Zwischenbericht -, Fraunhofer-Institut für Arbeitswirtschaft und Organisation (IAO), Stuttgart 1985.

Wedde, Peter: Telearbeit und Arbeitsrecht, Schutz der Beschäftigten und Handlungsmöglichkeiten des Betriebsrates, Diss. Köln 1986.

— Der Schutz der Telearbeiter — eine Herausforderung an das Arbeitsrecht, ArbuR 1987, S. 325ff.

Wegener, Hans-Ulrich: Advent der freien Texterfassung, Der Erfolg 1982 Heft 12, Der Erfolg 1983 Heft 1/2.

— Telearbeit für das Büro — Bericht über einen Modellversuch der Siemens AG, data report 1983, Heft 1, S. 4ff.

Weichsel/Schröder/Beck: Vorbereitung eines Gesetzes zum Schutz der Arbeitnehmer vor den negativen Auswirkungen der neuen Technologien, Berichte und Dokumente, Freie und Hansestadt Hamburg, Staatliche Pressestelle, Hamburg 1, Rathaus, 1985.

Wiedemann, Herbert: Das Arbeitsverhältnis als Austausch- und Gemeinschaftsverhältnis, Karlsruhe 1966.

Wiedemann/Stumpf: Tarifvertragsgesetz Kommentar, 5. Auflage, München 1977.

Wlotzke, Otfried: Neuerungen im gesetzlichen Arbeitsrecht, DB 1974, S. 2252ff.

Zeuner, Albrecht: Soziale Abhängigkeitsverhältnisse als Zurechnungsgrundlage im BGB, Diss. Hamburg 1952.

— Buchbesprechung von Manfred Lieb, Arbeitsrecht 1975, RdA 1977, S. 254ff.

— Überlegungen zum Begriff des Arbeitnehmers und zum Anwendungsbereich arbeitsrechtlicher Regeln, RdA 1975, S. 85ff.

Zmarzlik/Zipperer: Mutterschutzgesetz, 4. Auflage, Köln u. a. 1984.

Zöllner, Wolfgang: Arbeitsrecht, 3. Auflage , München 1983.

FSC
www.fsc.org
MIX
Papier | Fördert gute Waldnutzung
FSC® C083411

Kolibri 360 GmbH
Ferdinand-Jühlke-Straße 7
99095 Erfurt, Deutschland
produktsicherheit@kolibri360.de

Druck:
CPI Druckdienstleistungen GmbH
im Auftrag der
Kolibri 360 GmbH
Ferdinand-Jühlke-Str. 7
99095 Erfurt